财务分析与精细化管理研究

郭 鹏 李永正 邵井安 主编

吉林科学技术出版社

图书在版编目（CIP）数据

财务分析与精细化管理研究 / 郭鹏, 李永正, 邵井安主编. -- 长春：吉林科学技术出版社, 2022.12
ISBN 978-7-5744-0128-0

Ⅰ. ①财… Ⅱ. ①郭… ②李… ③邵… Ⅲ. ①会计分析—研究②财务管理—研究 Ⅳ. ① F231.2 ② F275

中国版本图书馆 CIP 数据核字 (2022) 第 247047 号

财务分析与精细化管理研究

主　　编	郭　鹏　李永正　邵井安
出 版 人	宛　霞
责任编辑	李红梅
封面设计	刘梦杳
制　　版	刘梦杳
幅面尺寸	170mm×240mm
开　　本	16
字　　数	330 千字
印　　张	19.75
印　　数	1-1500 册
版　　次	2023年8月第1版
印　　次	2023年8月第1次印刷

出　　版	吉林科学技术出版社
发　　行	吉林科学技术出版社
地　　址	长春市南关区福祉大路5788号出版大厦A座
邮　　编	130118
发行部电话/传真	0431-81629529　81629530　81629531
	81629532　81629533　81629534
储运部电话	0431-86059116
编辑部电话	0431-81629510
印　　刷	廊坊市印艺阁数字科技有限公司

书　　号	ISBN 978-7-5744-0128-0
定　　价	70.00 元

版权所有　翻印必究　举报电话：0431—81629508

编委会

主　编　郭　鹏　李永正　邵井安
副主编　姜　波　胡志华　项　恒
　　　　　朱祥娟　王　晓　李　颖
　　　　　王雅玲　黄　敏　史晓洁

前言

财务管理通常被认为主要在微观经济领域中发挥有效作用，讨论的是一个经济组织的筹资和内部投资决策，因此，一般情况下，人们讨论财务管理，主要就局限于某一个企业或企业集团。但是，经济发展方式从粗放型向集约型的战略转变，是一项涉及速度和效益、经济整体素质、生产要素、结构优化、规模经济、科技进步、现代管理诸多方面的宏伟工程，这一工程的各个环节都与财务管理密切相关。各级各类财务管理人员应深刻认识企业财务管理面临的经济背景和问题，转变财务管理观念，改革财务管理手段，从转变企业经济增长方式入手，形成有利于节约资源、降低消耗、优化配置、增加效益的企业理财机制。

本书突出了财务分析与精细化管理，内容涉及面广、针对性强，注重现代财务分析与精细化管理的具体应用，可以为读者提供财务分析与精细化管理方面的参考，能够增加广大读者在这方面的知识储备。对于有兴趣了解财务分析与精细化管理的具体应用的读者来说，本书可以为其打开新的阅读视野，有利于其对理论知识的理解和具体财务分析与精细化管理应用的掌握。对于从事财务分析与精细化管理工作或其研究的专业人员来说，本书可以使其了解最新的应用与研究进展。

作者在写作本书的过程中，借鉴了许多前辈的研究成果，在此表示衷心的感谢。由于财务分析与精细化管理研究需要探究的层面比较深，作者对一些相关问题的研究还不够透彻，加之撰写时间仓促，书中难免存在一定的不妥和疏漏之处，恳请前辈、同行以及广大读者斧正。

目录

第一章 财务管理基础理论研究 ... 1
第一节 财务活动与财务关系 ... 1
第二节 财务管理的概念 ... 4
第三节 财务管理与职业发展 ... 6
第四节 财务管理目标与环节 ... 10
第五节 财务管理本质与假设 ... 14
第六节 财务管理原则与方法 ... 18
第七节 财务管理内容 ... 26

第二章 财务环境基础理论研究 ... 39
第一节 财务管理环境概述 ... 39
第二节 财务管理环境类型 ... 48
第三节 企业组织形式 ... 52
第四节 金融市场 ... 55
第五节 利息率 ... 63
第六节 税收环境 ... 67

第三章 财务管理信息化建设研究 ... 72
第一节 财务管理信息化概述 ... 72

第二节　财务管理信息化的基础 ··· 79
　　第三节　财务管理信息化的建设策略 ··· 88
　　第四节　财务管理信息化系统的优化策略 ································· 94

第四章　财务管理与资本管理 ·· 100
　　第一节　资金时间与投资风险价值 ·· 100
　　第二节　营运资金与现金管理 ·· 108
　　第三节　应收账款与存货管理 ·· 122

第五章　财务会计信息化发展探究 ·· 135
　　第一节　会计信息化的发展历程研究 ··· 135
　　第二节　会计信息化的特征与实施条件 ····································· 146
　　第三节　会计信息化对会计实务的影响 ····································· 153
　　第四节　会计信息系统的"五化"研究 ····································· 160

第六章　财务会计精细化管理探究 ·· 164
　　第一节　财务会计精细化管理概述 ·· 164
　　第二节　财务会计精细化管理实务研究 ····································· 170

第七章　财务分析的基础理论研究 ·· 183
　　第一节　财务分析概述 ·· 183
　　第二节　财务分析方法 ·· 184
　　第三节　财务指标分析与综合指标分析 ····································· 189

第八章　财务控制研究 ·· 205
　　第一节　财务控制概论 ·· 205

第二节　货币资金控制·······················208

　　第三节　应收款项控制·······················219

　　第四节　存货控制···························226

　　第五节　投资控制···························230

　　第六节　固定资产控制·······················236

　　第七节　成本费用控制·······················244

第九章　财务核算研究·························250

　　第一节　货币资金的核算·····················250

　　第二节　应收和预付款项的核算···············252

　　第三节　存货的核算·························254

　　第四节　投资的核算·························257

　　第五节　固定资产的核算·····················259

第十章　财务预算与内部控制研究···············262

　　第一节　财务预算···························262

　　第二节　财务预算的编制·····················264

　　第三节　财务内部控制及其管理制度···········266

第十一章　财务信息质量管控规划与设计研究·····286

　　第一节　财务信息质量管控策略规划···········287

　　第二节　财务统一核算制度与管控组织设计·····292

　　第三节　内部交易协同与控制流程设计·········299

　　第四节　多视角动态查询与财务报告···········303

参考文献·····································305

第一章　财务管理基础理论研究

第一节　财务活动与财务关系

一、财务活动

企业是一个以营利为目的的组织，其出发点和归宿是营利，企业一旦成立，就面临竞争、市场需求变动和宏观经济政策等多种因素的影响。企业必须正确利用有利因素，克服不利因素，才能实现其目标。企业财务活动是以现金收支为主的企业资金收支活动的总称。财务活动包括资金的筹集、运用、耗费、回收及分配等一系列行为，其中资金的运用、耗费和收回可统称为投资。财务活动具体由筹资活动、投资活动、资金营运活动和分配活动四部分组成。

（一）筹资活动

筹资是指企业为了满足生产经营活动的需要，从一定的渠道、采用特定的方式筹措和集中所需资金的过程。筹集资金是企业进行生产经营活动的前提，也是资金运动的起点。一般而言，企业的资金可以从以下三个方面筹集并形成两种性质的资金来源，从而为企业开展生产经营业务活动提供资金保障。

（1）从投资者处取得的资金形成企业资本金；
（2）从债权人处取得的资金形成企业负债；
（3）从企业盈利中取得的资金形成部分所有者权益。

（二）投资活动

企业筹资的目的是投资，投资是为了实现企业的经营目标，追求股东价值最大化[①]。投资有广义和狭义之分，广义的投资是指企业将筹集的资金投入使用的过程，包括企业内部使用资金的过程以及企业对外投放资金的过程；狭义的投资是指企业采取一定的方式以现金、实物或无形资产对外或其他单位进行投资。企业内部使用资金的过程构成企业内部投资，具体由流动资产投资、固定资产投资、无形资产投资、递延资产投资等组成。

（三）资金营运活动

它是指企业在正常生产经营过程中所发生的资金收付活动。

（四）分配活动

企业通过资金的投放和使用，必然会取得各种收入，各种收入抵补各种支出、缴纳税金后形成利润。企业必须在国家的分配政策指导下，根据公司章程确定分配原则，合理分配企业利润，以使企业获得最大的长期利益。

二、财务关系

财务关系是指企业在财务活动中与有关各方所发生的经济利益关系。就其内容来讲，一般包括以下几种：

（一）企业与税务机关的财务关系

这种关系是指企业要按税法的规定依法纳税而与国家税务机关所形成的经济关系。任何企业都应按照国家税法的规定缴纳各种税款，以保证国家财政收入的实现，满足社会各方面的需要。及时、足额地纳税是企业对国家的贡献，也是对社会应尽的义务。因此，企业与税务机关的关系反映的是依法纳税和依法征税的权利义务关系。

---

① 马元兴.21世纪高职高专财务会计系列教材 财务管理[M].北京：高等教育出版社，2002：2.

（二）企业同其所有者的财务关系

这种关系主要是指企业所有者向企业投入资金，企业向其所有者支付投资报酬所形成的经济关系。企业所有者可归为四类：国家、法人、个人、外商。企业所有者要按有关合同、协议、章程的约定履行出资义务，以便及时形成企业的资本金。企业利用投资者投入的资金进行生产经营，实现利润后，应按出资比例或合同、章程的规定向其所有者分配利润。企业同其所有者之间的财务关系，体现着所有权性质，反映的是经营权和所有权的关系。

（三）企业同其债权人的财务关系

这种关系是指企业向其债权人借入资金，并按借款合同的规定按时支付利息和归还本金所形成的经济关系。企业除利用资本金进行生产经营外，还要借入一定数量的资金，以便降低企业资金成本，扩大企业生产经营规模。企业债权人主要有：债券持有人、贷款机构、商业信用提供者、其他出借资金给企业的单位或个人。企业利用债权人的资金后，要按约定的利息率及时向债权人支付利息，债务到期时，要合理调度资金，按时向债权人归还本金。企业同其债权人的关系反映的是债务与债权关系。

（四）企业同其被投资单位的财务关系

这种关系是指企业将其闲置的资金以购买股票或直接投资的形式向其他企业投资所形成的经济关系。随着经济体制改革的深化和横向经济联合的开展，这种关系将会越来越广泛。企业向其他单位投资，应按照约定履行出资义务，每年参与被投资单位的利润分配及其他约定活动。企业与其投资单位的关系反映的是所有权性质的投资与被投资的关系。

（五）企业同其债务人的财务关系

这种关系是指企业将其资金以购买债券、提供借款或商业信用等形式借给其他单位所形成的借贷关系。企业将其资金贷出后，有权要求其债务人按约定的条件支付利息和归还本金。企业同其债务人的关系反映的是债权与债务的关系。

（六）企业内部各单位的财务关系

这种关系是指企业内部各单位之间在生产经营各环节中互相提供产品或劳务所形成的经济关系。在企业实行内部经济核算制的条件下，企业的销、产、供各部门以及各生产单位之间，相互提供产品和劳务要进行计价估算。这种企业内部所形成的资金结算关系，反映的是企业内部各单位之间的利益关系。

（七）企业与其职工的财务关系

这种关系是指企业向其职工支付劳动报酬过程中所形成的经济关系。企业要用自身的产品销售收入，向职工支付工资、津贴、奖金等。这种企业与其职工之间的财务关系，反映的是职工和企业在劳动成果上的分配关系。

第二节 财务管理的概念

一、财务管理的概念

财务管理是指按照一定的原则，运用特定的量化分析方法，从价值量角度出发，组织企业的财务活动，处理企业财务关系的一项经济管理工作，是企业管理的重要组成部分[1]。财务管理是基于企业在经营中客观存在的财务活动和财务关系而产生的，它主要利用价值形式对企业所从事的生产经营活动进行管理。其目的是有效地利用资源，以便实现企业的目标。

财务管理的对象是企业资金的循环与周转。财务管理的实质是处理好企业与各方面的财务关系，其主要内容是筹资、投资和收益分配，其主要职能是预测、决策、预算、控制与分析评价。

---

[1] 王欣荣，唐琳，刘艺.财务管理[M].上海：交通大学出版社，2018：2.

二、财务管理的特征

现代财务管理以企业价值和股东财富最大化为目标，以企业资本运动为对象，以财务决策为核心，以投资、融资、营运资本管理为主要内容，贯穿企业管理的全过程。因此，财务管理的本质实际上是一种关于价值的管理和决策，是对企业再生产过程中的价值运动所进行的管理。

现代企业的财务管理具有如下特征：

（一）涉及面广

企业生产经营的各个方面、各个领域、各个环节都与财务管理紧密相连。企业生产要素的购买、生产的组织、营销的开展、资产的管理、技术的开发、人事与行政的管理、分配的进行等活动无不伴随着企业资金或资本的运动，每个部门或环节在如何使用资金、成本的大小及如何实现收入等方面，都受到财务管理制度的制约，从有效利用资源的角度看，财务管理涉及企业生产经营和管理的各个方面。

（二）综合性强

财务管理能以价值形式综合反映企业的生产经营及管理的效果、财务信息和财务指标，能综合地反映企业的资产负债情况、成本与收益大小、资源利用效率等，进而反映企业的管理水平、竞争力及市场价值。通过财务信息把企业生产经营的各种因素及其相互影响等全面、综合地反映出来，进而有效地促进企业各方面管理效率的提高，是财务管理的一个突出特点。此外，在进行财务分析和决策时，财务管理人员必须了解和掌握现代经济学、金融学、会计学、统计学、管理学等相关知识和方法。从这个意义上说，财务管理决策具有知识综合性强的特点。

（三）企业管理的核心

现代企业管理，包括生产管理、技术管理、人力资源管理、财务管理、营销管理、资产管理、战略管理等许多内容，其核心是资源配置和价值创造。钱从哪里来、往哪里花，企业的终极目标是什么，如何少花钱多办事，如何有效地利用资源，如何有效地激励管理人员和员工，如何考核、度量企业的经营绩效，如何分配企业的经营成果等，这些都是企业管理者必然关注的问题。企业生产运营、管理的一切方面，最终都归结为财务管理的基本问题，都要通过财务指标来反映。再好的企业如果长期处于亏损状态，就不能说是一个好的企业；再好的管理，如果不能实现公司的价值目标，不能使股东财富或企业价值增加，就不能说是一个有效的管理。从这个意义上说，财务管理是现代企业管理的核心。

（四）不确定性和复杂性

在现实世界中，未来充满着不确定性。由于信息不完全或信息不对称，以及委托代理关系的普遍存在，使得现代企业在进行财务管理决策时，受到众多不确定性因素的影响。例如，商品及要素价格的变化、利率及汇率的变化、决策者偏好、竞争对手策略、市场结构与市场需求的变化、国内外金融市场的波动、宏观经济政策的调整、技术创新与变革、制度变化等，都将对企业的财务管理活动和财务管理决策产生重要影响，这些变量具有较大的不确定性或不可预知性，使得企业财务管理面临极大的不确定性，财务管理决策就变得更加复杂。

第三节　财务管理与职业发展

一、财务管理是企业管理的中心

财务管理与相关求职者的就业有很大的联系，这是由财务管理在企业管理中的中心地位造成的。

将财务管理确定为企业管理的中心，是由于以下几个方面的原因：

（一）财务管理贯穿于企业生产经营管理全过程

企业财务管理是从价值角度，对企业生产经营全过程（货币资金的筹集、投放、营运过程、销售、货款回收）进行管理。

（二）企业经营目标决定了财务管理的中心地位

在市场经济中，企业经营的最终目标是实现企业所有者的投资回报最大化，而这个目标只有在财务管理中体现得最为充分，也最有落实依据。

（三）财务管理在企业管理中的渗透和辐射作用

财务管理通过价值管理将其决策和控制渗透到各个经营单位和部门。例如，通过成本管理，对生产进行控制；通过应收账款管理，对营销部门进行控制；通过存货管理，对仓储部门和采购部门进行控制；通过全面预算和现金预算，对企业各部门的经济活动和收支总额进行监控。

由于财务管理在企业管理中的中心地位，财务管理就成为企业管理人员所必须具备的基本知识，这种知识无论对财务管理部门还是非财务管理部门的经营管理者都十分重要。

二、非财务管理部门管理人员与财务管理

对于非财务管理部门的管理人员来说，虽然他们不直接从事财务管理事务，但他们仍有必要了解一些财务管理知识。

（一）落实财务管理措施

企业财务管理部门的许多决策，需要靠其他业务部门落实。比如，企业的预算管理，需要业务部门执行；企业的投资决策需要固定资产、采购、生产等部门落实。在落实这些财务管理措施时，如果企业的其他业务部门对财务管理的基本知识不了解，就难以完全按财务管理部门的计划执行业务，从而使财务管理的效率降低。

（二）协调财务管理行为

企业各部门的行为相互影响，因此企业在财务管理过程中，不仅需要财务人员努力管理，还需要其他各部门密切配合、相互协调。例如，在预算管理中，企

业如因突发事件而需要修改生产安排，就需要销售部门、采购部门、生产部门等密切合作，修改各自的预算，使它们的预算重新保持一致。这就需要各部门在统一的预算管理下，协调彼此的行为。

（三）收集财务管理信息，制定各种决策

企业财务管理需要各种信息，比如投资决策需要新产品市场需求信息、产品成本信息、固定资产需求信息等。所有这些信息很难由财务管理人员提供，而需要相关业务部门在经营管理中收集。因此，企业需要通过各种非财务管理部门人员收集有关财务管理信息，而只有这些管理人员了解财务管理的基本知识，才能收集一些适合决策需要的准确信息。

三、财务经理与财务管理

在现阶段，财务经理的职责已不再是简单的资本筹集，而是包括如下五个方面的复杂任务：

（一）帮助确定企业战略

企业战略是以未来为主导，实现企业总体目标的长期性谋划与对策[①]。而所谓战略管理是企业高层管理人员从整体和长远利益出发，就经营目标、内部资源及其环境的积极适应等问题进行谋划与决策，并依靠企业内部能力将这些谋划和决策付诸实施。在企业确定长远发展战略时，财务经理起着十分重要的作用。他要从企业的长远发展前景出发，根据市场投资机会和威胁，根据企业的筹资和财务管理能力，提出企业可能的发展规划方案。这就需要财务经理了解企业的成本、财务能力、竞争对手的优势和缺点等因素，提出可行的长远规划。

（二）制订企业财务计划

在确定了战略规划后，企业需要确定具体的落实步骤，而这主要靠企业的财务计划来落实。财务计划是用价值形式表现的企业在一定时期内（1~5年）主要经营项目的收支和现金流入、流出计划。只有把企业的发展战略落实为财务计

---

① 王明虎.财务管理原理[M].北京：中国商业出版社，2006：8.

划，企业的发展战略才能逐渐落实。在制订财务计划时，财务经理要依据企业一定时期内可供使用的资源，结合一定时期内的经营目的和任务，将资源配置到各个部门和单位，并确定各部门和单位的目标业绩。

（三）控制企业资金流动

资金流动是企业经营的血液循环系统。只有保持资金的合理流动，企业才会取得很好的经营效率和效益，而要合理地控制企业资金流动，就需要财务经理了解企业一定时期内所有的现金来源和需求，并分析各种资金来源渠道和资本成本，研究各种资金需求的效益，确定资金的合理流向。

（四）与其他业务部门协调配合

企业的财务管理是一个系统工程，不仅企业的各种财务管理决策需要其他业务部门落实，而且企业的财务管理信息也需要各个业务部门收集，因此企业的财务经理需要与其他部门协调配合好，这就需要财务经理密切关注各业务部门的业务进展和资金流动情况，协调好各部门的工作进度安排。

（五）参与企业基本决策

企业的重要财务决策，如投资决策、筹资决策、股利分配等，对企业的财务状况、经营成果和资金流动有重要影响，因此需要财务经理经过仔细研究分析，了解各种决策的影响，以便制订各种可行方案，供企业决策。

第四节 财务管理目标与环节

一、财务管理目标

从理论上说，财务管理的目标应与企业的目标一致，但财务管理作为一种特殊的管理业务，有其他管理业务所不具有的特点——价值管理属性，也就是说，从本质上看，财务管理目标是一种价值取向。

（一）财务管理目标的几种观点

在财务管理发展的历史中，人们提出过一系列财务管理目标，具有代表性的观点有：

1.利润最大化

利润最大化的理论依据是西方微观经济学中的厂商理论。这种观点认为，企业财务管理的目标是使企业获得尽可能多的利润，因为利润代表了企业的价值增值程度。这种理论在以独资形式为主的社会经济中具有统治地位，因为在独资企业中利润代表了业主投资的增长程度。

然而，随着社会经济的发展和企业组织形式的不断变革，对这种观点的争议也越来越多，主要的反对理由是：

（1）利润最大化目标的含义难以界定清楚，导致企业在财务管理实务中难以运用。

（2）利润最大化目标不能划分不同时期的利润，因而无法考虑货币的时间价值。

（3）利润最大化目标无法考虑风险因素。

（4）利润最大化在会计上具有可操作性，但利润本身却极容易被管理人员利用种种合法和非法手段操纵。

（5）利润最大化不考虑股东的投入与产出关系，因而可能导致企业财务管理决策错误。

2.每股盈余最大化

为了克服利润最大化不考虑股东投入的缺点，有些管理者提出以每股盈余最大化作为财务管理的目标。这种观点认为，财务管理的目的是让股东的每股盈余最大化。然而这种观点除克服了上述利润最大化第五个缺陷外，还是没有克服其他四个缺点。

不过，在证券市场分析中，每股盈余还是一个重要指标，它简便易行，便于人们在不同企业之间比较经营业绩，因而深得证券分析人士的青睐。

3.股东财富最大化

股东财富最大化是现代财务管理学普遍接受的观点。这里的股东财富是指股东因持有企业股票而获得的财富，在经济生活中，股东财富主要是指企业的股票市场价格。

股东财富最大化的理论依据：股东投资企业的目的是使其投资增值，也就是使他们拥有股份的价值增值；而企业的管理者只是受托负责管理企业的工作人员，他们服务于企业向股东负责，因此他们经营管理企业的目的要服从股东的要求，即使股东财富最大化。

与利润最大化和每股盈余最大化相比，股东财富最大化的进步在于：

（1）利润最大化考虑的是利润的绝对额，没有把获得的利润与股东投入的资本相联系；而股东财富最大化考虑的是利润的相对额，即单位投资所实现的增值额。

（2）利润最大化考虑投资收益时，注重的是期间利润；而股东财富最大化则要区分不同时期的报酬，即要考虑货币的时间价值和风险因素。

（3）在股东财富最大化目标指导下，企业财务管理不仅要关注投资决策，也要关心筹资决策和股利政策。考虑筹资决策的目的是，既要充分利用负债的杠杆效应，又要减少财务风险以维护企业的稳定发展。考虑股利政策的目的是，充分考虑投资者的短期利益和长期利益，使企业增强发展后劲，扩大股票价值。

股东财富最大化之所以被广泛接受，还在于它所具有的社会意义。如果每个企业在资本市场的竞争下都能从股东财富价值最大化角度考虑经营管理，则整个社会资源的分配必将得到最优安排。

4. 企业价值最大化

随着现代股份公司越来越社会化，人们更关注股份公司对社会经济和生活的影响。随之有许多学者提出企业财务管理的目的不应该是股东财富最大化，而应该是企业价值最大化，他们认为，股东只是提供了企业发展所需的物质资本，而没有提供人力以及一些自然资源，所有这些都是企业经营所必需的条件，因此企业的发展不仅要满足股东的需要，还要满足员工、客户以及社会的需要。在这种情况下，如果片面强调股东财富最大化，会影响其他利益相关者（员工、顾客、社会其他成员）的利益，从而影响其他利益相关者对企业的帮助，最终会降低企业股东财富。因此，只有当企业财务管理以企业价值而不仅仅以股东财富最大化时，才能将股东、员工、顾客和社会等的共同目标联系起来，共同努力提高企业的经营管理，使每个利益相关者都能获得最大利益。

（二）企业的社会责任和财务管理目标

企业作为社会的一分子，从社会获取资源，必然要履行作为一个社会成员的责任，向社会作出一定的贡献，但当企业向社会履行责任和作出贡献时，必然会减少股东的财富，这似乎与财务管理的目标相违背。但事实上，企业履行社会责任并不影响企业财务管理的目标，因为只有企业很好地履行了社会责任，才能获得社会的支持，获取更多、更优质的资源，为企业的长远发展打下良好基础。相反，如果企业只注重短期的股东财富，不关注或不履行自身的社会责任，就必然会遭到社会的惩罚，其结果是使自身的长期价值受损。

二、财务管理的环节

财务管理环节是企业整体财务管理工作的各个阶段。由于企业财务管理工作是一个相互配合、相互联系、周而复始的循环过程，要完整理解财务管理的各个不同环节，就需要了解财务管理的循环过程。

财务管理循环揭示了以下事实：

（一）财务预测是财务管理循环的起点阶段

在企业财务管理活动中，财务预测往往不是孤立进行的，也就是说，财务预测需要与市场预测、生产预测结合进行[①]。由于财务预测是财务决策的前提，也是财务预算的原始依据，所以，预测信息的多样本采集和因素的变动性预测分析就显得非常必要。如果财务预测只偏重于一种事态倾向，可能导致无效预测或者错误预测，其后果是不言而喻的。由此可见，财务预测对财务管理工作发挥着信息保障作用。

（二）财务决策是财务管理循环的重点阶段

财务决策不允许失误！这是市场竞争严酷现实的警告。保证决策正确性的措施就是要实行决策的科学论证。为此，需要充分调动和发挥利益相关者的关注权。在财务决策的相关内容中，筹资决策的影响重于股利分配决策的影响，投资决策的影响重于筹资决策的影响。因此，投资决策需慎之又慎，这是企业家的普遍共识。

（三）财务预算是财务管理循环的行动指南

财务预算是企业财务管理的战术安排，需要具备可操作性、灵活性、激励性和约束性的基本特征。在以人为本的企业文化中，财务预算与经济责任应当成为合理的"搭档"。只有将财务预算真正作为企业全体员工的既定任务，才能使财务管理循环在有效性的框架内运行；如果失去预算的严肃性或者不具备严格要求的约束，企业员工的内在潜能就很难自动释放出来。

（四）财务控制是财务管理循环的执行阶段

管理控制是延续不断、反复发生的过程，在这个过程中，管理者力争在特定的期限内，以经济、有效的方式完成各项既定目标。由于财务控制指标的综合性对某个经营部门或者经营岗位不具有明确性，所以将财务上的大指标划分为小指标，将综合指标划分为具体指标是实施科学控制的首要工作。

财务控制是否成功和授权是否适当紧密相关。企业经营者如果对下级管理者授权过度，就可能造成放弃控制权而最终无法驾驭全局的局面；企业经营者如果对下级管理者授权不足，则可能造成下级管理者无所事事和处于事事请示的状

---

① 乔世震，王满.财务管理基础[M].沈阳：东北财经大学出版社，2005：13.

态。所以，财务控制权必须适应企业的业务类型和财务管理组织结构，形成事事有人管的权责统一的控制系统。

（五）财务分析是财务管理循环承上启下的评价总结

财务分析是以企业财务报告反映的财务指标为主要依据，对企业财务状况进行评价的财务管理业务手段。财务分析按其主体可以划分为内部分析和外部分析。内部分析是由企业经营者及其财务管理专职人员所进行的分析；外部分析主要是投资人、债权人及其他人所进行的分析。由于上述财务分析主体的立场不同，财务分析的重点也不尽相同。

在正常情况下，企业经营者的财务分析是比较全面的。企业偿债能力、盈利能力、营运能力以及综合财务状况和未来财务预期都体现了企业利益相关者的共同关注。经营者通过财务分析，可以为下一轮的财务管理循环提出应当解决的问题，使企业财务预测、财务预算等各项工作开展得科学合理。

总之，财务管理循环的有效性依赖于财务管理各个环节的工作效率，而工作效率的提高是不同利益相关者和谐共处的结晶。财务管理循环的关键在于协调企业利益相关者的经济利益关系，从而为提高管理效率创造良好的机制。

第五节　财务管理本质与假设

一、财务管理的本质

在研究财务管理时，要以财务管理本质为依据，研究财务管理的原则和方法。有关财务管理的本质目前尚存有争议，主要的观点有：

（一）管理过程说

管理过程说认为，财务管理是利用价值形式，对企业的生产经营进行预测、决策、计划、控制、分析和评价等管理过程的综合。在这种观点下，财务管理被认为是企业不断循环往复的价值管理。

管理过程说看到了财务管理的主要职能和工作表现形式，也看到了财务管理的管理属性，这是它的可取之处，但它无法将许多特殊的财务管理事项（如发行证券、企业合并等）融入财务管理中，也没有将财务管理的中心资金流动概括出来，这些都是它存在的问题。

（二）管理工作说

管理工作说认为，财务管理是有关资金的筹集、投放和分配的管理工作。这种观点看到了财务管理工作的主要表现形式，也看到了财务管理的中心资金管理，这是它的理论优点，但无法将财务管理的工作与职能联系起来，也无法将一些特定的财务事项——企业合并、预算管理等财务管理工作合并到财务管理的研究对象中，使财务管理的研究受到很大的限制。

（三）决策活动说

决策活动说认为，财务管理是对企业投资、筹资、利润分配、营运资金管理等事项进行决策。这种观点看到了财务管理理论研究的主要方面，也看到了财务管理的主要功能。但将财务管理仅限于决策职能，同时没有意识到财务管理的主要工作还包括更多、更复杂的综合决策，是这种观点的致命缺陷。

一般认为，财务管理的对象是资金，财务管理主要是做好资金的运动控制和管理；财务管理的职能包括预测、决策、计划、控制、分析和评价；财务管理的主要工作内容是筹资、投资、利润分配和营运资本管理等日常事务，以及企业合并、财务战略等特殊事务。总结这些基本结论不难看出，财务管理是以资金运动为主线，通过预测、决策、计划、控制、分析和评价等工作方式，对企业的筹资、投资、利润分配和营运资本管理等日常事务以及企业合并、财务发展战略等特殊事务进行管理的价值管理形式。

二、财务管理的假设

在财务管理理论的研究中，人们假设财务管理总是在一定的条件下进行的，这些条件被称为财务管理假设。财务管理中需要如下几个基本假设：

（一）财务主体假设

财务主体假设是假设财务管理所服务的对象是独立进行财务活动的具有独立或相对独立的物质利益的经济实体。一个经济实体要成为一个财务主体，需要具备如下几个条件：

1.独立性

所谓独立性是指财务主体能独立地从事自身的财务管理活动。其表现在两个方面：

（1）自己拥有或能控制资产，并独立地承担债务，这是财务主体独立性的基础。

（2）独立自主地进行筹资、投资等财务管理活动，这是财务主体独立性的表现形式。

财务主体的独立性在财务管理中具有重要意义。只有财务主体具有独立性，企业才有进行财务管理的可能性和必要性。在我国改革开放以前，企业的生产经营和投资计划完全由国家控制，资金的需求也由国家解决，因此我国改革开放前企业的财务管理实际上并不完整，至多只是对企业资金的收付进行日常安排。

2.目的性

目的性是指财务主体进行财务管理，并非为其他企业或机构服务，而是从本企业的目标出发，开展财务管理活动。财务管理的目的性对财务管理活动的指导意义在于：只有财务主体具有目的性，企业的财务管理才有一个明确的方向，才能以这一目的来衡量财务管理的效率。

财务主体假设是财务管理的首要假设。首先，该假设从空间上限定了财务管理要素的具体范围，将财务主体的财务管理活动与其他企业的财务管理活动区分开来。其次，它使财务主体、财务客体、财务管理目标、财务管理信息、财务管理方法具有了空间归属，并赋予了其特定的经济含义。最后，它明确了财务管理工作的服务对象。这样，又为财务管理目标的提出给定了标准，也就是说，财务管理目标应与特定财务主体的目标一致。

（二）持续经营假设

持续经营假设是指财务主体在目前的状况下会继续按设定的规模和方向经营下去，不会有破产或清算的可能性[①]。持续经营假设对大多数正常经营的企业都是适用的，因为在正常经营的情况下，企业都会以其收入抵减支出，获取盈余，并按其经营计划和战略持续经营下去。相反，如果企业长期亏损，经营前景暗淡，则业主必然会对企业进行清算，债权人也可能接管该企业以保全自己的债权，在这样的情况下，企业自然无法经营下去。

持续经营假设是财务管理中的一个重要假设，它对财务管理的指导意义在于：

（1）它使得企业的财务管理有了长远发展和规划的可能。只有企业持续经营，财务管理人员才能预测企业未来的投资机会和筹资需求，进而进行财务决策；如果企业不能保证持续经营，则企业将进入清算或破产程序，所有对企业未来的规划将变得毫无意义。

（2）它使得企业的财务管理活动能够按预先设定的程序进行，保证财务管理目标的实现。只有企业持续经营下去，企业才能按原先的财务战略或计划，开展财务管理活动，保障企业财务管理目标的实现。

（三）理性理财假设

理性理财假设是指从事财务管理工作的人员都是理性的理财人员，因而他们的理财行为也是理性的。他们都会在众多的方案中，选择最有利的方案。从本质上说，理性理财假设主要是对理财人员属性的假设，做这种假设的原因在于：

（1）只有设定财务管理人员的理性理财，才能保证企业财务管理按其发展规律开展下去，保障财务管理的效率。

（2）只有设定财务管理人员的理性理财，才能保障财务管理人员在各种可供选择的决策方案中，经过综合平衡，选择一个比较优化的方案。

（3）只有设定财务管理人员的理性理财，才能保证企业的财务管理制度有效，并在运行中得到完善。

---

① 田建军.现代财务管理基础[M].北京：对外经济贸易大学出版社，2008：16.

理性理财假设的基本要求：

（1）从认知能力看，企业财务管理人员应该具备一定的能力和素质，具有在现代市场经济条件下开展现代财务管理活动的能力。

（2）从职业道德看，企业财务管理人员应具备较高的职业道德，能从企业的长远利益出发，对各种财务管理事项进行决策。

（四）财务信息可靠假设

企业的财务管理离不开各种信息，这些在财务管理中运用的信息被称为财务信息。企业的财务信息有多种来源，有的来自会计报告和账簿系统，有的来自企业的统计台账以及其他业务部门的数据，除了这些内部信息外，还有一些来自企业外部的信息，如宏观经济运行信息、行业信息、市场信息、客户信息等。这些信息大部分并不是直接由财务管理人员收集和加工的，而是由其他部门或企业外部人员提供的。如果不假设财务信息可靠，财务管理人员势必要对每一种信息都进行稽核，这就使财务管理工作无法进行下去。

假设财务信息可靠，并不是让财务管理人员盲目信任任何取得的数据，财务管理人员对任何取得的数据都要进行适当的职业判断，以滤过一些明显错误的信息，并经过不断的财务分析，发现各种不同来源的信息中可能出现的矛盾，并据此判断不同来源信息的准确性。

第六节 财务管理原则与方法

一、财务管理的原则

财务管理原则，是指人们在组织开展各种财务管理活动时应遵循的基本规则。在漫长的财务管理实践中，人们逐渐总结出一些在财务管理中具有普遍意义的规则，这些规则逐渐成为财务管理原则。企业财务管理原则有如下几条：

（一）风险与收益均衡原则

在市场经济中，风险是客观存在的，而由于投资者的风险厌恶特性，导致企业的经营风险对其市场价值有影响。因此财务管理人员在理财活动中，要把握好风险与收益的均衡关系，既不能害怕风险而排斥许多可行的决策，也不能不顾风险而盲目决策。

风险与收益均衡原则要求财务管理人员在处理风险与收益的关系时，要保证企业不能承担超过收益限度的风险。在收益既定的条件下，应最大限度地降低风险，在企业的筹资和投资决策中，人们往往需要根据风险和收益的均衡原则，在衡量各个可供选择的决策方案风险与收益的基础上，正确地进行决策。

（二）资源优化配置原则

企业作为一个财务主体，拥有货币、员工、财物等各种资源，这些资源都是企业花费一定的代价获得的，企业必须合理地使用这些资源，才能保证其所获得的现金流入超过资源消耗，取得经济效益。然而，企业的各种资源只有配合使用，才能生产出社会需求的商品和服务，获得现金收入，企业的各种资源配置方法不同，其所产生的现金流入也不同，因此企业应尽量保证资源配置处于最佳状态，以取得最佳经济效益。

资源优化配置原则要求企业财务管理人员在开展理财活动时，既要保证有限资源得到充分利用，以防止资源闲置，又要分析各个不同的资源配置方案产生的效益，从效益最佳角度出发，优先保证资源使用效益最佳的决策方案得到资源配置。

在企业的预算管理、投资项目决策等财务管理活动中，人们要根据资源优化配置的原则，确定各部门、各投资项目的资金分配，以保障企业的效益不断提高。

（三）分级分权管理原则

在现代公司制企业中，所有权与经营权相分离，委托—代理关系的存在，使企业呈现出分权、分层的治理特征。与此相适应，企业财务管理也必然是分级、分权管理。

由于所有者和经营者对企业财务管理具有不同的权限，必须进行分权财务管理。而按照企业的组织结构，所有者财务管理和经营者财务管理，分别由股东大会、董事会、经理层、财务与会计部门来实施，进行分层财务管理。

从企业治理角度看，与现代企业治理结构相适应，企业应建立适当的财务治理结构，它是规范所有者和经营者财务权限、财务责任和财务利益的制度安排。企业财务治理包括财务决策机制、财务监督机制、财务激励机制等内容，反映了出资者对被投资企业的股权—资本的控制关系，也反映了资本所有者对管理者的委托—代理的控制关系，还反映了企业内部会计控制系统对业务系统、会计人员对经理人员的监督与控制关系。企业财务治理的分层控制包括以下三个层次：

（1）所有者对经营者的控制。出资者为了实现保值增值目标，只能通过控制其资本的方式操纵法人财产。

（2）CFO行使会计控制权利，实际上，CFO是代表经营者进行会计控制和理财的，经营者财务控制的对象是企业法人财产。

（3）企业内部的会计控制：即直接面向经营者及经营主体，贯彻企业财务和会计方面的控制制度。

财务控制权的分层管理也表现在两个方面：

（1）财务决策权的分层管理和配置。企业股东或董事会决定企业的重大投融资事项；经营管理层决定企业的营运资本管理；而各职能部门或分企业则主要负责企业的营业性收入和支出管理。

（2）财务监督权的分层配置。股东大会对董事会、财务总监和监事会对经理层、经理层对会计人员和各所属部门的管理与控制。

在委托—代理框架下，企业财务管理坚持分级、分权管理，能够提高企业的运营和管理效率。因此，这一原则体现了现代企业的管理效率观。

（四）动态平衡原则

财务管理的重心是企业的资金流动。在企业的运营中，只有资金周转顺畅，才能保证企业的正常运转，否则企业可能陷入财务危机。在市场经济中，由于许多不确定因素的存在，企业的资金流入和流出在某一个时段可能不均衡。在这种情况下，如果企业不能预计这一现象的发生，进而采取预防措施，就无法保证资金周转的顺畅。为此，企业财务管理者要定期预计未来一段时期（一个月、季度、年）可能的现金流入和流出，发现现金流入和流出不均衡的未来状况，及时采取控制措施（筹集资金或组织闲置资金投资），保持未来现金收支的大致均衡。因此，动态平衡原则就是要求财务管理人员能及时预测未来的现金流入和流出，及时发现企业可能出现的现金流入、流出失衡，从而采取针对措施，保持企业现金流动的长期动态平衡。

（五）利益关系协调原则

在企业财务活动中，主要的利益冲突有两类：一是股东与经营管理者之间的利益冲突，二是股东与债权人之间的利益冲突。

1.股东与管理者

管理者的目标可能不同于股东的目标。管理者一般有其自身的利益或目的，常把股东的最大化目标放在其他管理目标之后。二者之间的利益冲突表现为：管理者不持有企业的股份，他的努力所带来的企业盈利的增加不能为自己所有，但却要承担这些努力的全部成本；或者相反，管理者花钱的成本由全体股东承担，而花钱的好处却由管理者来享受。管理者与股东之间的利益冲突还体现在许多方面。

2.股东与债权人

股东与债权人之间存在利益冲突的根源在于他们对企业现金流量索取权的本质差别。债权人通常对企业现金流量具有第一位的索偿权，但当企业履行偿还债务时，他们只能得到固定的本金和利息，而股东则只对剩余现金流量有索取权。如果没有充足的现金流量履行其在财务上的债务义务，那么股东有权宣告企业破产，因此，债权人以比股东更消极的眼光看待项目选择和决策中的风险。

在企业财务管理中，应力求企业与利益相关者的利益分配均衡，减少企业与利益相关者之间的利益冲突。企业在进行投资决策、资本结构决策、融资决策和利润分配决策时，应时刻考虑利益相关者的利益，使企业的利益分配在数量和时间上达到动态的协调平衡，从而实现合作共赢。企业的利益关系协调原则体现了现代企业的利益观和发展观。

二、财务管理的方法

财务管理方法是指为了实现财务管理目标，完成财务管理任务，在进行理财活动时所采用的各种技术和手段[①]。财务管理的方法按照财务管理的环节，可分为财务预测方法、财务决策方法、财务计划方法和财务分析方法。

（一）财务预测方法

财务预测是财务人员根据历史资料、依据现实条件，运用特定的方法对企业未来的财务活动和财务成果所作出的科学预计和测算。

财务预测是企业财务管理的开始，无论是筹资管理、投资管理，还是收益分配管理，首先要进行财务预测；同时，财务预测是财务决策的基础，是编制财务预算的前提，也是组织日常财务活动的必要条件，财务预测的方法有定性预测法和定量预测法两种。

1.定性预测法

定性预测法主要是指利用直观材料，依靠个人经验的主观判断和综合分析能力，对事物未来的状况和趋势作出预测的一种方法。这种方法是在企业缺乏完备的历史资料、无法用定量预测法的情况下所采用的。

定性预测法的过程：企业首先选择经验丰富、对企业的生产经营和财务管理熟悉、了解市场情况的专家，提出财务预测报告；然后召开会议，征求意见；最后修改定稿。

2.定量预测法

定量预测法是指根据变量之间存在的数量关系、建立数学模型来进行预测的方法。定量预测法包括：趋势预测法和因果预测法。

（1）趋势预测法是按照时间顺序排列历史资料，根据事物发展的连续性来预测今后一段时间内发展趋势和可能达到的水平。这种预测方法具体包括：算术平均法、加权平均法、移动平均法、平滑指数法、回归分析法等。

（2）因果预测法是根据历史资料，通过认真地分析，找出预测变量与其他变量之间的因果关系，建立数学模型来进行预测的一种方法。这种预测方法具体包括：量本利分析法、销售利润率法、投资回收期法、现金流量法等。

---

① 王红梅，赵胜刚.现代工业企业管理[M].南京：东南大学出版社，2007：189.

定性预测法和定量预测法各有利弊，应把两种预测方法有机结合，才能正确地进行财务预测。

（二）财务决策方法

财务决策是指财务人员在财务目标的总体要求下，从若干个可以选择的财务活动方案中选择最优方案的过程。

财务决策步骤一般包括：根据财务预测的信息提出问题；确定解决问题的备选方案；分析、评价、对比各种方案；拟定择优标准，选择最佳方案。

财务决策的方法通常有优选对比法、数学微分法、线性规划法、概率决策法、损益决策法等。

1.优选对比法

优选对比法是把各种不同方案排列在一起，按其经济效益的好坏进行优选对比，进而作出决策的方法，优选对比法是财务决策的基本方法，按其对比方式的不同，又可分为总量对比法、差量对比法、指标对比法等。

2.数学微分法

数学微分法是根据边际分析原理，运用数学的微分方法，对具有曲线联系的极值问题进行求解，进而确定最优方案的一种决策方法。数学微分法一般适用于最优资本结构决策、现金最佳持有量决策、存货的经济批量决策等，数学微分法是财务决策的一种重要方法。

3.线性规划法

线性规划法是根据运筹学的基本原理，用来对具有线性联系的极值问题进行求解，进而确定最优方案的一种方法。线性规划法能帮助企业管理人员优化配置人力、物力和财力，是在若干约束条件下，对人、财、物决策的重要方法。

4.概率决策法

概率决策法是根据风险型决策原理，对各种备选方案用概率法来计算方案的期望值，从中选择期望值最大的方案为最优方案的一种决策方法。概率决策法通常以决策树表示，整个决策过程形象生动、一目了然。

5.损益决策法

损益决策法是指在势态不明的情况下，依据决策者的经验、态度以及所持观

点,借助一定方法进行的一种决策。损益决策法通常包括:

(1)小中取大法,是指决策时找出各种方案的最小后悔值,并择其最大者为最优。

(2)大中取大法,是指决策时找出各种方案的最大后悔值,并择其最大者为最优。

(3)大中取小法,是指决策时找出各种方案的最大后悔值,并择其最小者为最优。

(三)财务计划方法

财务计划也可称为财务预算,是在一定的计划期内以货币形式反映生产经营活动所需要的资金及其来源、财务收入和支出、财务成果及其分配的计划。

财务计划主要包括现金预算、预计利润表和预计资产负债表等。

1.现金预算

现金预算又称现金收支预算,它是以业务预算和专门决策预算为基础编制的反映企业预算期间现金收支情况的预算,现金预算主要反映现金收支差额、现金筹措使用情况以及期初、期末现金余额,包括现金收入、现金支出、现金多余或不足、资金筹措和使用等内容。

2.预计利润表

预计利润表又称利润预算,是以货币为计量单位,全面、综合地反映企业预算期内全部经营活动及其最终财务成果的预算,是控制企业经营活动和财务收支的主要依据。预计利润表是在汇总销售预算、产品生产成本预算、销售及管理费用预算、现金预算等的基础上编制的,目的在于反映企业预算期的盈利水平。

3.预计资产负债表

预计资产负债表是以货币为计量单位,反映企业预算期末财务状况的总括性预算,它是利用基期期末资产负债表,根据预算期销售、生产、成本等预算的有关数据加以调整编制的,目的在于明确预算所反映财务状况的稳定性和流动性。

财务预算的编制方法主要有固定预算与弹性预算、增量预算与零基预算、定期预算与滚动预算。

（四）财务分析方法

财务分析是根据有关信息资料，运用特定方法，对企业财务活动过程及其结果进行分析和评价的一项工作。通过财务分析，可以掌握各项财务计划指标的完成情况、评价财务状况，研究和掌握企业财务活动的规律性，改善财务预测、决策、计划和控制，提高企业经济效益，改善企业管理水平。财务分析常用的方法有对比分析法、比率分析法和综合分析法。

1. 对比分析法

对比分析法亦称指标比较法，是对财务报表所揭示的财务实际指标与所设定的比较指标进行对比，借以揭露矛盾、评价成绩、找出问题，从而进一步寻求改进及完善的措施指标。对比分析法的比较指标可根据财务分析的需要及可能，自行设立，通常可以与计划指标、上期实际指标、历史最好指标、同行业先进指标、国际先进指标进行对比等。

对比分析法是一种比较好的分析方法，它具有适应面广、分析过程简单、揭示问题清楚的特点。运用对比分析法，必须注意对比指标的可比性，对不可比指标进行相互对比是毫无意义的。

2. 比率分析法

比率分析法通常是利用财务报表不同项目指标间的相互关系计算出比率，通过比率评价、分析企业经营业绩和财务状况的一种分析方法，比率分析法主要有三种：相关比率分析法、趋势比率分析法和构成比率分析法。

（1）相关比率分析法

相关比率分析法即根据财务活动中存在依存关系的项目，建立指标对比关系，计算出比率，从而分析企业的经营和财务状况。例如：将利润、成本费用、销售收入、总资产建立指标对比关系，计算出销售利润率、成本费用率、成本费用利润率、资产利润率等。

（2）趋势比率分析法

趋势比率分析法即根据过去的财务历史资料同类指标的数字进行对比而求出比率，并通过观察这类比率的增减速度和发展趋势，预计企业在某方面的未来趋势，以发现企业经营活动及财务管理中的成绩和不足。例如：将历年的销售额指标进行趋势比率分析，可用定基和环比的方法，计算出定基发展速度和环比发展速度以及平均发展速度，通过计算可预测未来销售额，并与实际销售额对比评价成绩与不足。

（3）构成比率分析法

构成比率分析法即根据财务报表揭示的经济指标各个组成部分占总体的比重，来观察构成的变化及其合理性，从而掌握企业的经营及财务现状，了解不同项目构成的特点，为进一步改进工作找出办法和途径。例如：资产总额由流动资产、长期投资、固定资产、无形资产、递延资产和其他资产组成，通过观察其构成比率是否合理、变化情况如何，可以分析企业的资产管理状况。

3.综合分析法

综合分析法是把有关财务指标和影响财务状况的各种因素都有序地排列在一起，综合分析企业财务状况和经营成果的一种方法。对任何单一指标、单一因素进行分析，都不能全面评价企业的财务状况及其发展变动趋势，必须进行综合分析，才能对企业财务状况作出全面、系统的评价。

一般而言，在进行财务分析时，对财务分析的内容、项目，既要交叉运用对比分析法、比率分析法等定量财务分析方法说明指标差异，又要根据市场信息和企业实际情况运用定性描述说明情况，所以，综合分析法对全面、系统、综合地评价企业财务状况具有十分重要的意义。

第七节　财务管理内容

一、筹资管理

（一）筹资管理的内涵

1.筹资管理的定义

筹资管理就是根据企业自身经营的特点以及实际的资金需求，通过分析筹资的渠道、成本、风险等方面的内容，为企业筹到成本最低、速度最快、效率最高的资金的手段。最主要的筹资手段就是通过股权和债券进行资金的筹措。

根据筹资管理的定义，其主要目的是满足企业日常经营对于资金的需求，有效地降低资金的使用成本，加强风险控制。企业筹资的动机如表1-1所示：

表1-1 企业筹资的动机

主要需求	主要内容
建设性筹资动机	企业在开设初期，为了满足建设期日常经营对于资金需求而形成的筹资需求
买卖性筹资动机	企业为了开展日常生产和销售过程中形成的买卖的筹资需求
成长性筹资动机	企业在成长期所需增加的固定资产方面的投入产生的筹资需求
过渡性筹资动机	企业在经营过程中，可能对业务进行调整而形成的过渡性筹资需求

筹资的方式主要有筹措股权资金和筹措债务资金。筹资管理最主要的任务就是解决企业日常经营对于资金的需求，并且通过有效的手段，降低成本、增加效率、保障利益。

2.筹资管理的原则

企业筹资管理的基本要求，是在严格遵守国家法律、法规的基础上，分析影响筹资的各种因素，权衡资金的性质、数量、成本和风险，合理选择筹资方式，提高筹集效果。

（1）遵循国家法律、法规，合法筹措资金

不论是直接筹资还是间接筹资，企业最终都是通过筹资行为向社会获取资金。企业的筹资活动不仅为自身的生产经营提供资金来源，而且也会影响投资者的经济利益，影响社会经济秩序。企业的筹资行为和筹资活动必须遵循国家的相关法律、法规，依法履行法律、法规和投资合同约定的责任，合法合规筹资，依法披露信息，维护各方的合法权益。

（2）分析生产经营情况，正确预测资金需求量

企业筹集资金，首先要合理预测资金的需求量。筹资规模与资金需求量应当匹配一致，既避免因筹资不足影响生产经营的正常进行，又要防止筹资过多造成资金闲置。

（3）合理安排筹资时间，适时取得资金

企业筹集资金，还需要合理预测并确定资金需要的时间。要根据资金需求的具体情况，合理安排资金的筹集时间，适时获取所需资金，使筹资与用资在时间

上相衔接，既避免过早筹集资金形成的资金投放前闲置，又防止取得资金的时间滞后错过资金投放的最佳时间。

（4）了解各种筹资渠道，选择资金来源

企业筹集资金都要付出资本成本的代价，不同的筹资渠道和筹资方式所取得的资金，其资本成本各有差异。企业应当在考虑筹资难易程度的基础上，针对不同来源资金的成本进行分析，尽可能选择经济、可行的筹资渠道与方式，力求降低筹资成本。

（5）研究各种筹资方式，优化资本结构

企业筹资要综合考虑股权资金与债务资金的关系、长期资金与短期资金的关系、内部筹资与外部筹资的关系，合理安排资本结构，保持适当的偿债能力，防范企业财务危机，提高筹资效益。

（二）筹资管理的作用

企业资金注入的流程从筹资开始，筹资管理最重要的作用就是为企业解决资金方面的需求，并通过有效的手段，实现筹资成本最低、筹资渠道确定、筹资规模预测、筹资风险管控等各方面对筹措的资金进行全生命周期的管控。

1.对资金需求量进行有效预测

资金是保障企业日常经营的核心资源，对于资产的投入，购买原材料和服务、销售产品等各个环节都起到了至关重要的作用。不管是什么类型的企业，为了形成生产力、销售能力、售后服务能力等，都必须有资金的保障。但是有效的预测对于筹资更为重要，筹资往往需要一定的时间和合理的规模区间，企业只有科学地预测所需资金的数量，才能保障资金的及时供给。大多数情形下，企业主要通过资金满足两方面的需求，一是满足日常经营的需求，二是满足未来发展的需求。企业所处的不同生命周期，对于资金的需求不同，需要筹资的规模也不同，在企业初创期和成长期，对于资金的需求是最多的，一方面需要满足技术的投入和市场的开发，另一方面要为未来的发展存续一些资金，在企业平稳发展的时期，对于资金的需求有所下降，只要能满足日常经营和维持市场地位即可。

2.合理安排筹资渠道、选择筹资方式

通常情况下,企业通过直接以及间接两种不同的方式进行资金的筹措。直接筹资,是企业直接从外部的金融机构或是其他组织筹集资金;间接筹资,是企业通过相关金融机构,与间接的机构进行对接筹集资金,满足资金需求。内部筹资主要依靠企业的利润留存积累。外部筹资主要有两种方式:股权筹资和债券筹资。

3.有效的筹资成本,规避财务风险

企业只要进行筹资,都会产生或多或少的资金成本,其是指企业为筹集资金而需付出的代价,主要就是财务利息费用以及金融机构收取的服务费等。针对上文提到的股权和债券两种不同的筹资方式,就成本而言,债券筹资方式成本较低,主要是由于借款偿还的周期、性质和方式不同,但是股权筹资在筹资速度等方面有自身的优势。企业在筹资过程中,要协调好速度和成本的关系,合理地进行筹资的分配,从而找到成本低、速度快的筹资方式。同时还要考虑筹资过程中的成本风险和速度风险,有效地进行规避,保证筹资效率。

二、投资管理

(一)投资管理的基本概念

投资是使用资本的过程,是为了将来获得更多的现金流入而当前付出现金的经济行为。投资管理就是在企业投放资金、资产的过程中所产生的各项问题的解决流程和制度,主要是为了企业以后有更强的竞争力,可以在企业的运营中得到更高的投资收益,而对投资的各环节采取措施进行控制的过程管理。

(二)投资管理相关要素

1.投资对象

投资对象作为投资活动中不可缺少的要素,对于控制投资规模、调整投资结构、提高投资效益、促进生产发展起着重要的作用,投资对象的选择,应当根据自然、社会、经济技术、现有的生产能力和市场的需要,建立在科学的决策基础之上。

2.投资管理工具

企业往往借助投资管理工具来帮助企业开展投资管理工作，如项目投资可行性研究、项目后评价等投资管理工具。

项目投资可行性研究：可行性研究是企业投资管理的重要工具，可以说是先决条件。只有经历过科学的决策体系论证，才能尽可能地规避投资决策风险，防范非系统性风险。相同投资额，选取投资回报率高、内含报酬率高的项目，可以提高资金的使用效率，创造更大效益，从而实现投资管理的最终目标。可行性研究包括但不限于风险管理、合法合规性、税务筹划、财务指标等。其中有些是刚性指标，只要没达标，无论其他指标如何优秀，也不能投资。项目只有各方面均衡发展、各项都优秀才能算得上是好项目，为企业创造价值。

可行性研究要寻找合适的投资标的物。投资标的物的寻找往往因企业而异，结合企业自身战略规划进行抉择。选定的投资标的物既可以是准备兼并的企业，也可以是预计投资的公司。可以横向并购来扩大公司的规模，实现横向一体化发展，也可以纵向并购以打通产业上下游链条。简言之，没有统一且明确的标准，满足企业特定需求及战略发展即可，之后要进行多角度可行性分析。同时，对要计划投资的企业进行多维度、全方位的审查，包括但不限于财务报表及附注、被投资企业近三年的经营状况、税收和法律等方面。

可行性研究也可以从市场分析、技术分析、生产分析等几个角度入手。涉及对价问题，往往需要聘请中介机构，对目标企业的价值进行评估，对企业并购后的协同效应也要一并进行评估。

项目后评价：是指投资完成后由专门设立的工作小组对投资项目的各项指标进行持续评价的过程。投资管理作为全过程管理，项目后评价作为其全过程管理中的最后一环其实尤为重要，它也是投资人对投资管理进行监管评价的重要手段之一。项目后评价有助于找出可行性分析与实际执行中指标的差异和变化，有的放矢地分析出差异原因，总结成功可复制经验予以推广，吸取失败教训避免今后再次发生，为以后的投资活动少走冤枉路提供保障。

企业应设专门的部门和专职人员对投资项目进行跟踪管理，时刻关注其财务状况、现金流量情况及其他重大事项，一旦发现特殊情况，及时报告并且要妥善处理。对于投资失败的项目要立即止血，避免无底洞现象，强化投资回收环节的控制力度；对投资盈利的企业，要从其经营过程中总结可复制、可推广的优秀管理模式，并予以推广。

3.投资管理模式

投资管理模式主要有集权管理、分权管理和矩阵式管理。

集权管理有利于集团整体投资活动统一指挥、集中领导、果断决策；有效地拟定和贯彻企业的经营战略；可以充分利用企业的经营资源，发挥规模效应；有利于提高企业的整体效益。但是会降低决策质量，影响决策的正确性和及时性，降低组织的适应能力，过度集权使各个部门失去自我适应和自我调整的能力，削弱了组织整体的应变能力；不利于调动下属积极性，下属单位或公司失去决策权、发言权和自主权，磨灭积极性。实达集团作为中国十大IT企业，形成了以计算机硬件产业群、计算机软件产业群和房地产开发产业群等多业务、多领域的大型集团，在对子公司投资活动的管控中，实行集权式管理，集团办公室和财务审计部对子公司的投资管理部门进行直接监督和领导，监控子公司投资资金的使用，确保核心业务的发展。

分权管理可使子公司拥有财务自由，工作模式充分发挥下级企业的主观能动性，不易产生独断专行等现象；对子公司经营管理成本低，使得母公司将精力放在资本经营和宏观控制上，建成特大型集团。但是难以统一指挥协调，部分子公司因追求自身利益忽视集团整体利益；财务管理职能弱化，容易使财务信息失真；难以形成一致管控标准，各自为政，造成分散主义、本位主义。

矩阵式管理是为了克服极端集权制和极端分权制的不足而应运而生的管理模式，企业将投资管理的部分决策适度下放。其可以全面调动企业各层级参与人员的积极性，提升决策的正确性；避免集权制度下的决策迟滞，也解决了分权下的各自为政，使集团整体利益最大化；在统一管理标准和口径下，结合各单位或分/子公司行业特点自行安排组织架构，发挥行业优势。

三、营运资金管理

（一）营运资金管理的内涵

1.营运资金管理的概念

营运资金管理的基本任务是短期资金的筹措和短期资金周转效率的提高。其基本目标是通过有效地进行资金的日常调度和调剂，合理地配置资金，以提高资金的使用效率，增强短期资金的流动性。

营运资金管理是对企业流动资产和流动负债的管理。由于企业需要大量的营运资金来推动生产经营活动的进行，而对于营运资金指标的计算可以在一定程度上反映企业的资金周转效率和营运风险，营运资金管理是资金流管理的重要环节。营运资金，是企业生产经营过程中用于日常运营与周转所需要的资金。传统的营运资金包括广义、狭义两个概念。广义营运资金是指企业投放于流动资产上的资金。狭义营运资金是指企业流动资产与流动负债的差额。

营运资金管理的主要内容：①合理安排流动资金与流动负债的比例关系，确保企业具有较强的短期偿债能力；②加强流动资产管理，提高流动资产的周转效率，改善企业财务状况；③优化流动资产以及流动负债的内部结构，以使企业短期资金周转得以顺利进行和短期信用能力得以维持。

企业开展生产经营活动需要以一定量的营运资金为基础。由于流动资产具有较强的流动性，因此企业可将流动资产作为一种资金储备的形式，在进行资金周转时，使其变为货币形态，形成企业的现金流入，补充营运资金；而企业通过支付等行为，形成现金流出，进行债务清偿或清算。总体来说，企业持有的流动资产越多，短期偿债能力就越强。与此同时，由于企业现金流入量与流出量具有一定的不确定性和非同步性，这就要求企业保持一定数量的营运资金。例如，企业往往先行支付采购货款，而后取得销售收入，资金的流入与流出不具有时间上的同步性，金额也往往不对等，加之企业未来经营活动的不确定性，使得预测现金流量的难度加大。在实际操作中，企业的现金收付具有极大的不对称性，因此无法保持二者时间上的同步。为了保证具有一定的资金支付能力来支付各项经营费用、偿还到期债务，企业的日常经营需要储备一定数量的营运资金。

2.营运资金管理的特征

为了加强企业营运资金管理的有效性，探究营运资金的特点尤为关键。根据营运资金在企业管理中的实务操作，总结出企业营运资金通常具有灵活性、复杂性、及时性的特征。

（1）灵活性

营运资金来源的多样性使得其管理具有灵活性的特征。因为企业营运资金的筹集方式多种多样，银行借款、应付债券、应付职工薪酬、应交税费、预收货款等都为常用的企业融资方式。这就要求企业根据自身情况，审时度势，灵活安排筹资，为企业争取资金成本最低、最为安全的营运资金。

（2）复杂性

营运资金需求的变化性导致企业营运资金管理具有复杂性的特征。由于企业外部经济环境和自身发展阶段的变化，企业流动资产的数量和金额处于不断变动的状态，波动性较大。特别是有经营周期的企业更是如此，经营旺季营运资金需求量大，淡季需求量少，并且随着企业流动资产的变动，流动负债也随之发生变化，企业资金运动的复杂性决定了其管理也具有复杂性的特征。

（3）及时性

营运资金周转的短期性使其管理具有及时性的特征。由于营运资金表示企业在流动资产上占用资金的数量，而流动资产代表企业流动性相对较强的资产，流动性强、周转速度快就要求企业在资金管理问题上必须及时作出决策，不得拖延或滞后。这一时效性要求决定了企业营运资金管理具有及时性特征。

3.营运资金管理的内容

营运资金的管理内容应围绕资金运用及资金筹措两个方面展开，第一，企业应在流动资产上投放多少数量的资金；第二，企业应如何进行融资。资金运用的管理内容具体包括企业日常支付采购原料价款、支付费用、工人工资等内容；而资金筹措管理则涵盖企业商业信用借款、发行债券筹资、银行借款等内容。

（二）营运资金管理的目标

营运资金管理目标应符合企业价值的目标要求，此时需重视企业对平衡流动性和收益性的举措，保持合理的资本结构。为了使企业利润长期最大化，不允许企业拥有过多的闲置资金，并降低企业的风险。

1.资金需求的合理化保证

企业站在一个较高的层面来管控全局，对企业整体状况有了更加深入的了解，也更加明白营运资金需求数量的重要性。如何做到这一步，或者说如何做好这一块的工作，需要企业不断保持现有生产规模，或者根据市场变化能够及时作出调整，以及在融资能力方面加强以扩大融资渠道，得以保持企业在正常生产经营的情况下，还能拥有富余资金保证企业的需要，开展企业活动的多样化局面。

2.资金使用效率提高保证

为了获取更多的经济收益,企业可以调整资金运转的周期,使资金变现速度加快。企业应尽量加快流动资产周转率,将一些不易被人很明确观察到的成本降低,提高资金的使用效率。

3.资金使用成本书约保证

企业如果想降低资金使用成本,必须充分找出资金所拥有的潜力,即企业是否可以用较低的成本获取比以前更高的效益。有时候对企业来说,平衡收益和成本之间的关系也是非常重要的一步。资金的使用如果要更加有科学性和合理性,就必须合理配置资源,积极拓宽融资渠道,尽可能地多筹措低成本资金。

(三)营运资金管理的重要性

营运资金管理是对企业流动资产及流动负债的管理。一个企业要维持正常的运转就必须拥有适量的营运资金,营运资金管理是企业财务管理的重要组成部分。据调查,公司财务经理60%的时间都用于营运资金管理。要搞好营运资金管理,必须解决好流动资产和流动负债两个方面的问题,换句话说,就是要解决好下面两个问题:

第一,企业应该投资多少钱在流动资产上,即资金运用的管理,主要包括现金管理、应收账款管理和存货管理。

第二,企业应该怎样进行流动资产的融资,即资金筹措的管理,包括银行短期借款的管理和商业信用的管理。可见,营运资金管理的核心内容就是对资金运用和资金筹措的管理。

四、利润分配管理

(一)利润分配管理的概念和内容

利润分配管理主要研究企业实现的税后净利润如何进行分配,即多少用于发放给投资者、多少用于企业留存。利润分配决策的关键是如何在股东的近期利益和长远利益中进行权衡。股利发放过少,会使股东的近期利益得不到满足;而股利发放过多,又会使企业留存过少,不利于企业的长期发展。

具体来说,利润分配管理要解决的问题包括:①股东对股利分配的要求;

②企业发展对保留盈余的要求；③影响股利政策的各种因素；④股利政策的选择和连续性。以上四个方面，不是互相割裂，而是互相依存、有机地联系在一起的。上述既互相联系又有一定区别的四个方面构成了企业财务管理的基本内容。财务管理人员必须将这四个方面加以综合分析、考虑，统筹安排，才能取得财务管理的良好效果。

（二）企业经济利润分配管理的作用

进行利润分配管理是现阶段企业管理中必不可少的部分，是企业管理的重要内容，反之利润分配管理对企业也有着重要的作用。笔者将利润分配管理的作用以及意义分为以下两点：

1. 利润分配管理工作能够调动员工的积极性

从实际来看，员工辛劳地工作就是为了获得相应的回报，如果付出的劳动与回报成正比，员工将更加积极地工作，为企业创造更多的价值；反之将不利于企业的发展。科学合理地进行利润分配的管理能够最大限度地调动员工的积极性，对企业的发展有积极的作用。

2. 利润分配能够促进企业的发展，对于形成和谐的企业文化有着巨大的帮助作用

政府呼吁建设和谐社会，和谐的企业也是和谐社会的一部分，建立和谐的企业是对国家政策的支持，与建立和谐社会的意义是一样的。企业的和谐体现在员工之间相处和谐、互相帮助、企业健康发展等方面，这些和谐的现象都可以通过利润分配管理得以实现。企业拥有和谐的文化之后，势必朝着更加健康的方向发展，以实现企业的可持续发展。

（三）企业经济利润分配管理的策略

利润分配管理对于企业如此重要，如何做好企业的利润分配管理成为讨论的热点，也成为企业发展的重点问题之一。笔者按照企业发展的不同阶段、经济发展的不同类型提出了不同的利润分配管理方法，具体如下：

1. 该起步阶段应采用适量股利分配的政策

企业发展的起步阶段面临着较多的问题，对于市场风险的掌控能力较低，无

法准确地防御风险。例如，企业无法预测市场需求量，致使产品销路出现问题的现象等，就是由于企业不能实际地预算收益造成的。这个阶段的企业就应该采用适量股利分配的政策，运用这种政策进行利润分配管理能够帮助企业渡过这个难关。例如，起步阶段的企业获得的利润较少，可以将大部分的利润进行分红，而剩下的小部分利润可以进行投资，寻求发展的机会。这种利润分配方法强调的是小部分利润的投资，这种利润分配方法最适合企业起步阶段的实际情形，既能够保证员工的福利又能够适当地促进企业的发展，相对来说是比较完善的利润分配管理方法。

2.发展阶段应稍微加大员工的利润分配力度

企业发展阶段应该在适量股利分配政策的基础上，稍微加大员工的利润分配力度。企业在发展阶段面临扩大规模、扩大经营范围的问题，相对来说需要大量的资金来支撑这些经济活动，这样企业才能迅速、健康地成长。另外，企业在发展阶段的经营能力得到了提升，利润会有所增加，这也是企业发展阶段的表现。面对企业的实际情况，这一阶段的企业财务部门应该将利润进行集中管理，帮助企业收集资金，做到"低成本、高收入"。一般来说，发展阶段的企业股票价格相对较高，很多人认为这种现象不利于企业进行利润分配管理，但实际上却不是这样的。实际上现阶段的企业在高速发展的过程中，股利与股价之间是一种相对和谐的关系，因为国家实行了"重发展，兼顾股利"的政策，企业的发展成为重点，发展与股利之间的关系相对和谐了许多。前面提到了发展阶段企业能够获得更多的利润，企业必须提高保留利润的比例，这样才能阻止利润流失的现象。发展阶段的企业实现大部分利润保留的政策能够加大资金对外投资的力度，随之就能优化资本结构。发展阶段的利润分配政策虽然是剩余股利政策，但是这样的低股息不会影响股票价格，不会造成股价较大的变动。然而这样并不意味着股息对于股价完全没有影响，而是股息不能直接影响股利，影响的力度相对减小了。在企业的高速发展阶段，许多因素会导致利润分配政策的改变，比如企业之间的竞争、货币汇率的改变等，这些因素都会导致企业不能采用适量股利分配政策，采用其他政策也应该考虑股利的分配，因为股利是企业的固有资产，随时关系到企业的发展。

3.平稳发展阶段应采用稳定的股利分配政策

平稳发展阶段的企业相对来说比较成熟，拥有了相对成熟的经营技术，有能力把握股利的发放额度。除此之外，平稳发展阶段的企业更注重现有产品的推广服务，在此基础上会一定程度的研发新产品，以此改善经营结构，所以平稳发展阶段的企业必须保证有一笔资金来支撑各项产品的研究工作。这一阶段的企业不仅要有充裕的资金来满足股利政策的需求，还要有充裕的资金来支持科学研究。这一阶段的利润分配政策相对比较稳定、利润分配相对均匀，企业领导者应该清晰地了解利润分配的策略，实现平稳的股利分配政策。

4.发展滞后阶段应采用高现金的股利分配政策

企业发展滞后时期的特点主要表现在实现了财务收缩政策。这是因为企业失去了竞争中的各项优势，利润大幅度降低，企业处于举步维艰的状态，面临着随时退出的危险。这一时期企业的利润迅速降低、各项利润越来越少、风险逐步增加，面对这些问题企业不得不采取高现金的分配政策。这一时期企业资金流通比较困难，股票价格持续走低，只有现金较多，采用高现金的分配方法是唯一的选择。同时，也只有通过这种方法才能挽救企业的发展。

5.计划经济阶段应实行按劳分配的利润分配制度

从经济发展的实际情况来看，我国经历了长期的计划经济时期，在这一发展阶段实际上是没有财务管理这一概念的。历史证明在计划经济时期，企业只能依附于政府，几乎不存在独立性；任何经营活动都是由政府规划执行的，资金也由政府支出，收益也是必须上交政府。在这种情况下，企业根本不能独立地安排资金，更不要说分配利润了。随着社会的不断进步，计划经济时期受到马克思主义的影响，逐步提出了按劳分配的制度，这种制度在当时是具有一定的积极意义的。企业在经营获得利润之后，根据按劳分配的原则进行资金分配，还需要抽出一部分资金进行理论教学，剩下的所有利润都是上交政府的，这就是当时的分配制度。在这种制度下企业根本没有资金进行其他的经济活动，对企业的发展非常不利。

6.市场经济阶段应实行多种分配制度

市场经济阶段企业实行了按劳分配制度与多种分配制度相结合的方式，制定了新的利润分配管理体系。前面提到了利润分配不仅关系着企业的利润问题，对于企业的发展也有着重要的影响，市场经济时期这种影响更为强烈。市场经济阶段企业在制定利润分配策略的时候要思考分配的稳定性以及企业发展的长远性，制定符合实际情形的分配制度。通常来讲，企业在制定分配制度的时候都考虑了企业发展的周期性。

利润分配的管理工作对于企业的重要性不言而喻，做好利润分配的管理工作势在必行，是企业获得发展的重要途径之一。企业应该将利润分配管理工作与自身的实际情况相结合，充分考虑自身的发展特点，制定符合实际情形的利润分配政策，才能做好企业利润分配的管理工作，企业未来的发展才会更加健康、顺利。

第二章　财务环境基础理论研究

第一节　财务管理环境概述

一、法律环境

企业理财的法律环境是指企业和外部发生经济关系时所应遵守的各种法律、法规和规章制度。企业理财活动，无论是筹资、投资还是利润分配，都要和企业外部发生经济关系。在处理这些经济关系时，应当遵守有关的法律规范。

（一）企业组织法规

企业组织必须依法成立，不同类型的企业在组建过程中适用不同的法律。在我国，这些法律包括《中华人民共和国公司法》（以下简称《公司法》）《中华人民共和国个人独资企业法》《中华人民共和国合伙企业法》《中华人民共和国中外合资经营企业法》《中华人民共和国中外合作经营企业法》《中华人民共和国外资企业法》等，这些法规详细规定了不同类型的企业组织设立的条件、设立的程序、组织机构、组织变更以及终止的条件和程序等。例如，《公司法》对公司的设立条件、设立程序、组织机构、组织变更和终止条件、终止程序等都做了规定；《公司法》也对公司生产经营的主要方面做了规定；公司一旦成立，其主要的活动都要按照《公司法》的规定进行。因此《公司法》是公司理财最重要的强制性规范，公司的理财活动不能违反该法律，公司的自主权不能超出该法律的限制。

（二）税法

税法是国家制定的用以调整国家与纳税人之间在征纳税方面权利与义务的法律规范的总称。税法是国家法律的重要组成部分，是保障国家和纳税人合法权益的法律规范。税法按征收对象不同可以分为以下几种：

第一，对流转额课税的税法，即以企业的销售所得为征税对象，主要包括增值税、消费税、营业税和进出口关税。第二，对所得额课税的税法，包括企业所得税、个人所得税。其中，企业所得税适用于在中华人民共和国境内的企业和其他取得收入的组织（不包括个人独资企业和合伙企业），上述企业在我国境内和境外的生产、经营所得和其他所得为应纳税所得额，一般按25%的税率计算缴纳税款。第三，对自然资源课税的税法，目前主要以矿产资源和土地为征税对象，包括资源税、城镇土地使用税等。第四，对财产课税的税法，即以纳税人所有的财产为征税对象，主要有房产税。第五，对行为课税的税法，即以纳税人的某种特定行为为征税对象，主要有印花税、城市维护建设税等。

任何企业都有纳税的法定义务。税负是企业的一种费用，它增加了企业的现金流出，对企业理财有重要的影响。企业都希望在不违反税法的前提下，降低税务负担。税负的减少，只能靠投资、筹资和利润分配等财务决策的精心安排和筹划，而不允许在纳税行为已发生时去偷税、漏税。这就要求财务人员熟悉并精通税法，为理财目标服务。

（三）财务法规

财务法规是规范企业财务活动、协调企业财务关系的行为准则。财务法规对于促进企业依法自主经营、自负盈亏、自我发展、自我约束，使企业成为产权明晰、权责明确、政企分开、科学管理的现代企业，具有十分重要的意义。财务法规主要包括企业财务通则、分行业的财务制度和企业内部财务制度。《企业财务通则》是各类企业进行财务活动、实施财务管理的基本规范，是制定行业财务制度和企业内部财务制度的依据；行业财务制度是根据《企业财务通则》制定的，为适应不同行业的特点和管理要求，由财政部制定的行业规范；企业内部财务制度是企业管理者根据当局《企业财务通则》和行业财务制度制定的，用来规范企业内部的财务行为，处理企业内部财务关系的具体规则。

二、经济环境

（一）经济发展

经济发展变化趋势不仅影响企业经营，也波及企业财务。经济发展从一个阶段转向另一个阶段时，企业的营业收入、营业成本、融资成本和投资机会将或多或少地受到牵制。如预期经济成长步入复苏轨道，企业需要加大原材料采购，降低采购成本；需要扩大产能，迎接销售旺季的到来；需要预先筹措资金，降低融资成本。企业经营活动要求财务管理为其保驾护航，预期十分重要，预期与市场趋势吻合，可以获得创造财富的先机。

像钢铁、航空、化工类公司，因产品价格变化巨大，公司收益常呈现周期性特征，与宏观经济走势紧密相连。在很大程度上，像食品和造纸企业的周期性特征是由行业因素造成的，这些因素通常与行业产能相关，受宏观经济波动性影响较少。在财务管理上，对于经济发展周期性的认识和把握，显而易见的行动就是选好投资和融资时机，在经济进入繁荣鼎盛时期发行股票、出售资产，或者在经济跌入低谷时进行股票回购、战略并购。

（二）经济政策

政府作为国民经济的宏观管理部门，通过对国民经济发展方向和速度的规划、产业政策的制定、经济体制的改革、行政法规的颁布等政府行为影响企业的财务活动。如财税政策会影响企业的资金结构和投资项目的选择等；金融政策中货币的发行量、信贷规模都能影响企业投资的资金来源和投资的预期收益；价格政策能影响资金的投向和投资的回收期及预期收益；会计准则的改革会影响会计要素的确认和计量，进而对企业财务活动的事前预测、决策以及事后的评价产生影响，等等。可见，经济政策对企业财务的影响是非常大的。这就要求企业财务人员必须把握经济政策，更好地为企业的经营理财活动服务。

（三）市场竞争

一切生产经营活动都是发生在一定的市场环境中的，财务管理行为的选择在很大程度上取决于企业的市场环境。企业竞争具有垄断优势，产品销售与服务缺乏竞争，可以保持相对稳定的价格，利润稳中有升，经营风险小，企业可利用更多的财务杠杆。如国内对石油产品的销售，并不是由供求关系决定的，而是由"两桶油"和发改委决定的。企业产品和服务如果处于完全竞争状态，产品和服务将由市场竞争决定，企业利润随价格波动而波动，经营风险大，应采取减少债务融资方式获得企业发展资金，减轻企业财务风险，控制企业整体经营风险。相关研究表明，产品市场竞争程度对企业资本结构决策有重要影响，它们之间存在负相关关系。激烈的产品市场竞争是导致企业采用低的财务杠杆的重要原因，由于这种原因导致的财务保守行为是合理的，这是企业为避免财务风险，提高竞争能力而采取的战略行为。

（四）通货膨胀

通货膨胀是指持续的物价上涨和货币购买力的下降。通货膨胀本身是由货币供应量增多造成的，通货膨胀给企业财务管理带来很大的困难，而企业对通货膨胀本身是无能为力的。通货膨胀对企业财务管理影响显著，主要表现在以下几个方面：

第一，企业原材料的采购成本、人工成本、固定资产的购置成本等增加，造成对资金的需求量增加；第二，利率提高，企业筹资成本提高，筹资数量受到限制；第三，固定资产等长期资产按历史成本计价所带来的成本补偿不足，也会使资金短缺现象加剧；第四，成本补偿不足造成利润的虚增、税金多交、利润多分。

以上四方面最终都会影响企业的资金状况和获利水平。虽然企业对通货膨胀本身是无能为力的，但可以通过有效的财务管理手段，避免或降低通货膨胀给企业带来的不利影响。如在通货膨胀初期，货币面临着贬值的风险，企业可以加大投资，避免风险，实现资本保值；与客户签订长期购货合同，减少物价上涨造成的损失。在通货膨胀持续期，可以采用偏紧的信用政策，减少企业债权或调整财务政策，防止或减少企业资本流失。

三、金融环境

广义的金融市场是指一切资本流动的场所，包括实物资本和货币资本的流动场所。其交易对象包括货币借贷、票据承兑和贴现、有价证券的买卖、黄金和外汇买卖、国内外保险、生产资料的产权交换等。狭义的金融市场是指有价证券市场。

（一）金融市场和企业理财的关系

金融市场是企业投资和筹资的场所。第一，金融市场上存在多种多样、方便灵活的筹资方式，企业需要资金时，可以到金融市场选择合适的筹资方式筹集所需资金，以保证生产经营的顺利进行；当企业有多余的资金时，又可以到金融市场选择灵活多样的投资方式，为资金的使用寻找出路。第二，企业通过金融市场使长短期资金相互转化。当企业持有的是长期债券和股票等长期资产时，可以在金融市场转手变现，成为短期资金，而短期票据也可以通过贴现变为现金。与此相反，短期资金也可以在金融市场上转变为股票和长期债券等长期资产。第三，金融市场为企业理财提供有意义的信息。金融市场的利率变动和各种金融资产的价格变动，都反映了资金的供求状况、宏观经济状况甚至发行股票和债券的企业的经营状况和赢利水平。这些信息是企业进行财务管理的重要依据，财务人员应随时关注。

（二）金融市场的内涵

1.金融市场

金融市场是指资金供给者与资金需求者通过一定方式融通资金达成交易的场所。金融市场可以是有形市场，如银行、证券交易所等；也可以是无形市场，如利用计算机网络、电传和电话等设施，通过经纪人融通资金。可从不同角度解读金融市场内涵：一是从形式来看，金融市场是金融资产交易的有形和无形场所；二是从交易中介来看，金融市场反映金融资产供求关系；三是从交易过程来看，金融市场是金融产品价格发现的场所；四是从财富运营来看，金融市场可将"埋没"的财富运作起来。也就是说，金融市场能将未经使用的财富用于当前交易，或者用作财富借贷担保。

金融市场按不同的标准，有不同的分类。按交易期限划分为货币市场和资本市场。货币市场是指交易对象期限不超过一年的资金交易市场，也称为短期资金市场。资本市场是指交易对象期限在一年以上的股票和债券交易市场，也称为长期金融市场。按交割时间划分为现货市场和期货市场。现货市场是指买卖双方成交后，当场或几天之后买方付款、卖方交出证券的交易市场。期货市场是指买卖双方成交后，在双方约定的未来某一特定的时日才交割的市场交易。按交易性质划分为发行市场和流通市场。发行市场是指从事新证券和票据等金融工具买卖的转让市场，也叫初级市场或一级市场。流通市场是指从事已上市的旧证券或票据等金融工具买卖的转让市场，也叫次级市场或二级市场。按交易的直接对象划分为票据承兑市场、票据贴现市场、有价证券市场、黄金市场、外汇市场等。

2.金融机构

金融机构主要包括商业银行、投资银行、证券公司、保险公司、各类基金管理公司。商业银行的主要作用是资金的存贷，它们从广大居民手中吸收存款，再以借款的形式将这些资金提供给企业等资金需求者。投资银行在现代公司筹资活动中处于非常重要的地位，任何公司发行债券或股票，都要借助投资银行的帮助。目前在我国，投资银行的业务主要由各类证券公司来承担。保险公司和各类基金管理公司是金融市场上主要的机构投资者，它们从广大投保人和基金投资者手中吸取大量资金，同时又投资于证券市场，成为公司基金的一项重要来源。目前，我国已经存在多家保险公司和基金管理公司，这些机构投资者在金融市场上的作用将越来越重要。

3.金融工具

金融工具是能够证明债权债务关系或所有权关系并据以进行货币资金交易的合法凭证，它对于交易双方所应承担的义务与享有的权利均具有法律效力。我国金融工具主要包括票据、股票、债券、基金、衍生金融工具等。

一是票据，指出票人依法签发的，约定自己或委托付款人在见票时或在指定日期向收款人或持票人无条件支付一定金额货币，并可以转让的有价证券。票据主要包括商业汇票、支票、本票等。二是股票，一种有价证券，它是股份有限公司公开发行的，用以证明投资者的股东身份和权益，并据以获得股息和红利的凭证。股票一经认购，持有者不能以任何理由要求退还股本，只能通过证券市场将股票转让和出售。按股票所代表的股东权利划分，股票可分为普通股股票和优先股股票。三是债券，指债务人向债权人出具的、在一定时期支付利息和到期归还本金的债权债务凭证，上面载明债券发行机构、面额、期限、利率等事项。根据发行人的不同，债券可分为企业债券、政府债券和金融债券三大类。四是基金（也称投资基金），指通过发行基金凭证（包括基金股份和受益凭证），将众多投资者分散的资金集中起来，由专业的投资机构分散投资于股票、债券或其他金融资产，并将投资收益分配给基金持有者的投资制度。五是衍生金融工具，指从传统金融工具中派生出来的新型金融工具。衍生金融工具最基本的有三类，即金融期货、金融期权和金融互换，以此为核心还可以创新出种类繁多的具有相似特质的工具。

（三）金融市场的作用

1.投资与融资

为了筹措所需资金，企业需根据市场供求关系和投资者偏好，设计满足不同类型投资者，或者差异化的融资产品，实现企业的融资需求。如为了筹措长期债务资金，企业可发行普通债券，或有担保的债券、抵押债券等，只要这些差异化的融资产品能够满足投资者的需求，就能够获得企业发展所需资金。同样地，如果企业有闲散资金，也可以通过金融市场购买不同品种的投资产品，分散投资风险，在风险可接受的条件下，实现闲散资金的投资收益率。金融市场的作用是实现投资与融资的信息交换、利益与风险的对接。

2.分散风险

企业通过金融产品的投资组合，可分散资金的投资风险；也可通过不同融资方式，分散企业的财务风险。若企业经营的产品是期货品种，可做期货对冲交易，减少产品价格波动风险。金融市场的作用是将单位价值大的财富进行分割，以提高财富流动性。如企业整体价值大，用股票将企业分割成无数股份，发行股票数越多，股票代表的企业财富越低，价格越便宜，越容易交易和流通。越是流动性高的物品，人们对它的保管和看护的责任就越低。现金流动性最高，人们只对其有保管的责任。机器设备流动性低，人们不仅要看管好机器设备，还要经常维护和保养设备、增加防护措施等保障机器设备的安全，责任明显加强。当股票能够在市场上自由流通时，大多数购买股票的散户，并不关心股份企业的日常经营运作。在所有权与经营权分离的状态下，股票流动性降低了持有人的责任和风险。金融市场创造了流动机制，改变了影响价格的许多因素，也改变了人们对风险的控制。

3.降低交易成本

金融市场的作用在于提高金融产品信息的透明度。大量金融中介机构介入，降低了金融产品信息的获取成本，中介机构为交易双方创造了条件，进一步降低了金融产品的交易成本。如企业采用固定利率向银行借款或发行债券，在市场利率不断下滑的预期下，提前还贷再重新向银行贷款，或收回已发行的债券再发行低利率债券但融资费用比较高，利用互换将固定利率转化成浮动利率就能轻而易举地达到同样的效果，且几乎不花什么融资费用，企业利用互换工具有效地降低了交易成本，并为企业的资金使用提供了保护。同样地，如果企业预期所持另一家企业的股票下滑，又不愿失去对这家企业的控制，可卖出这家企业的股票，然后在低价位再买入这家企业的股票，这样操作的结果是支付了大笔交易费用。如果企业买入这家股票的看跌期权，交易费用就可以有效降低。金融市场的衍生工具只有两种功能——投机和保值，利用保值功能就能有效地控制风险，降低交易成本。

（四）利率

利率也称利息率，是利息占本金的百分比指标。利率在资金分配及企业财务决策中起着重要作用。利率可按照不同的标准进行分类：按利率之间的变动关系，分为基准利率和套算利率；按利率与市场资金供求情况的关系，分为固定利率和浮动利率；按利率形成机制不同，分为市场利率和法定利率。

资金的利率通常由三部分组成：纯利率、通货膨胀补偿率（或称通货膨胀贴水）、风险收益率。纯利率是指没有风险和通货膨胀情况下的社会平均资金利润率；通货膨胀补偿率是指由于持续的通货膨胀会不断降低货币的实际购买力，为补偿其购买力损失而要求提高的利率；风险收益率包括违约风险收益率、流动性风险收益率和期限风险收益率。其中，违约风险收益率是指为了弥补因债务人无法按时还本付息而带来的风险，由债权人要求提高的利率；流动性风险收益率是指为了弥补因债务人资产流动性不好而带来的风险，由债权人要求提高的利率；期限风险收益率是指为了弥补因偿债期长而带来的风险，由债权人要求提高的利率。

四、理财环境系统分析

（一）理财环境的基础要素

基础要素是外部条件中直接作用于企业财务活动的基础性要素。按照基础要素的来源、作用和影响方式不同，可以将其分为金融环境、法律环境、经济环境和市场环境下的基础要素。无论是融资决策还是投资管理，也无论是风险控制还是资本运营，企业理财始终致力于获取收益和成长性，降低成本和风险。在理财环境中，将直接影响理财收益、成本、风险和成长性的要素界定为基础要素，把握基础要素的变化，企业就能更快、更好地适应理财环境的变化和要求。

在金融环境中，如果将基础要素进行细分，就有利率、汇率、衍生工具、银企关系、金融产品与服务等。基础要素细分得越具体，企业就越能把握其变化，越有利于财务管理创新。比如利率直接影响企业融资成本和财务风险，也关乎企业利润成长。利率市场化使得利率波动性变大，利率风险控制工具就会应运而生，成为财务活动套期保值的技术手段。企业可以通过利率互换、利率远期或利率期货控制其融资面临的利率风险。利率自然成为金融环境中的基础要素了。企业根据所处的理财环境，确定影响理财的基础要素，就可以改善理财预期，提升应变能力。经济发展，科技进步，政府调控经济能力增强将持续推动和影响企业理财的环境变化。

（二）理财环境的次级要素

如果停留在理财环境基础性要素的掌控上，财务管理只是被动应对理财环境变化。主动应对理财环境变化进行财务创新，就能抓住先机，做到未雨绸缪，使财富达到最大化。把握理财环境基础要素变化趋势，需要分析理财环境的次级要素。次级要素是间接影响财务活动，直接作用于基础要素的要素。如一份行业研究报告、一次会议提案，都有可能成为改变经济政策的导火索，值得关注这些次级要素。

理财环境要素分为基础要素和次级要素，可以分清哪些理财环境要素对理财影响是直接的、立竿见影的，哪些是间接的、波动性较大的、传导费时的、有充足时间应对的。理财环境改变的是理财收益、成本、风险和成长性，与经济活动水平有关。经济活动水平低，理财对环境变化的敏感性不高，财务活动的有效性决定了财务目标的实现程度。

第二节　财务管理环境类型

财务管理环境是指对企业财务活动和财务管理产生影响作用的企业外部条件或因素。它们是企业财务决策和管理难以改变的外部约束条件，企业财务管理必须适应它们的要求而主动变化。

财务管理环境涉及的范围很广，其中最重要的是经济环境、法律环境和金融环境。

一、经济环境

财务管理的经济环境是指企业进行财务活动的社会宏观经济状况。对企业财务管理有影响的社会宏观经济状况包括经济发展状况、通货膨胀、利息率波动、政府的经济政策和竞争。

（一）经济发展状况

经济发展状况对财务管理的影响表现为经济发展速度、经济发展波动对企业财务管理的影响。

1.经济发展速度对企业财务管理的影响

我国近几年的经济发展速度在10%左右，其是衡量企业发展速度的一个标准，为了使企业发展速度与经济发展速度保持同步，财务管理就必须筹措大量资金，同时在企业发展管理上倾注精力。

2.经济发展波动对企业财务管理的影响

经济发展波动表现为经济的繁荣与衰退。市场经济社会必然会出现一段时间的经济过热和一段时间的调整，财务管理必须适应这种波动，并有足够的准备在这种波动中调整生产经营。

（二）通货膨胀

通货膨胀不仅对消费者不利，而且给企业带来极大困难。当通货膨胀时，企业必须利用财务管理手段，调整企业的收入和成本，减少企业的损失。同时，企业财务管理应充分适应通货膨胀这种经济环境，预测通货膨胀的发生与结束，利用通货膨胀的机会，追求股东财富最大化。

（三）利息率波动

利息率波动是指银行存、贷款利息率的调整以及相关的股票和债券价格的波动。利息率的波动是经济环境中经常发生的行为，既给企业财务管理带来机会，也带来挑战。企业财务管理应充分利用利息率波动的机会，变不利为有利，获取额外收益。

（四）政府的经济政策

在市场经济条件下，政府仍然具有调控宏观经济的职能。国民经济的发展规划、国家的产业政策、经济体制改革的措施、政府的行政法规等，都对企业财务管理有重大影响。企业财务管理者必须关心和研究政府的经济政策，如政府对什么支持、对什么限制、政策导向是什么，对其进行充分了解，并能把握发展趋势。

（五）竞争

竞争是市场经济的全部体现，它存在于企业的全部生产经营之中，存在于企业的每时每刻；竞争是商业战争，它综合了企业的全部实力和智慧，同时经济发展状况、通货膨胀、利息率波动、政府的经济政策等带来的财务问题，以及企业的对策都会在竞争中体现出来。竞争取胜是企业生存的前提，也是企业财务管理的核心。

二、法律环境

财务管理的法律环境是指企业和外部发生经济关系时所应遵守的各种法律、法规和规章[①]。市场经济是法制经济，国家及地方的法律、法规是规范和维护市场秩序的保证。因此，企业总是在一定的法律前提下从事其各项业务活动和财务活动。

企业的理财活动，无论是筹资、投资还是利润分配，都要和企业外部发生经济关系。在处理这些经济关系时，应当遵守有关法律规范。

（一）企业组织法规

企业组织法规是对企业成立过程以及成立以后的经营活动、理财活动作出的规定。如《公司法》对公司的设立条件、设立程序、组织机构、组织变更和终止的条件及程序等都作出了规定，包括股东人数、法定资本的最低限额、资本的筹集方式等，只有按其规定的条件和程序建立的企业，才能称为公司。《公司法》还对公司生产经营的主要方面作出了规定，包括股票的发行和交易、债券的发行和转让、利润的分配等。公司一旦成立，其主要的活动，包括财务管理活动，都要按照《公司法》的规定来进行。因此，《公司法》是公司企业财务管理最重要的强制性规范，公司必须遵守。

（二）税务法规

税务法规是规定企业纳税义务与责任的法律文本。税收立法可分为三大类：所得税的法规；流转税的法规；其他地方税的法规。

企业必须按税务法规的要求，向国家缴纳各种税金。企业缴纳的税金构成企业的一种负担，成为企业的一项费用支出，企业无不期望减少税务支出。减少企业税务支出的前提是不违反税法、不偷税漏税，依据税法规定，依靠对筹资活动、投资活动和分配活动的精心策划来合理纳税。

（三）财务法规

财务法规是财务管理工作必须遵守的行为准则。我国的财务法规有国务院批

[①] 朱颖.工程经济与财务管理[M].北京：北京理工大学出版社，2016：110.

准财政部发布的《企业财务通则》和财政部制定的行业财务制度。《企业财务通则》规定了以下财务管理问题：建立资本金制度；固定资产的折旧；成本开支的范围；利润的分配。

行业财务制度是针对不同行业对《企业财务通则》的具体化，是各行业具体执行的规范。与企业财务管理有关的法规还有许多，包括《中华人民共和国证券交易法》《中华人民共和国票据法》《中华人民共和国结算法》《中华人民共和国银行法》《中华人民共和国会计法》《企业会计准则》等。财务人员要熟悉这些法规，把握财务法律环境，实现财务管理目标。

三、金融环境

财务管理的金融环境是指金融市场的资金供应和利率变动对企业财务的影响。金融市场是指资金供应者和资金需求者双方通过某种形式融通资金的场所，是政府进行金融宏观调控的对象。

金融市场由金融市场主体、金融工具和交易场所三要素组成。金融市场主体是指参与金融市场交易的个人、企业和政府。金融工具是指资金供应者将资金转移给资金需求者的凭据。交易场所是指证券交易所和店头市场。

在金融市场，运用金融工具在各交易场所进行资金交易，会形成金融市场的各种参数，包括市场利率、汇率、证券价格和证券指数等，它们与企业财务管理密切相关。例如：当市场利率上升、汇率下降、证券价值和证券指数下跌，或者政府控制货币发行，提高银行存款利率、参与公开市场卖出业务时，企业的筹资会变得困难；企业投资如果经营货币业务，会获取高额的利息收入；企业的分配由于筹资困难，应扩大留存收益的比例。当金融市场情况相反时，对企业财务管理的影响结果正好相反。

总之，金融市场各种因素的变化对企业财务管理有重大影响，是企业财务管理必须密切关注的外部因素。

第三节　企业组织形式

任何企业都有财务活动，都需要进行财务管理，但是营利性组织和非营利性组织之间的财务管理有着较大的区别，本书讨论的是营利性组织的财务管理，即企业财务管理。企业组织形式主要有以下三种：个人独资企业、合伙企业、公司制企业。

一、个人独资企业

个人独资企业是指由一个自然人投资建立的企业。财产归投资者个人拥有，自主经营、自负盈亏，投资人以其个人财产对企业债务承担无限责任。

个人独资企业具有以下几个重要特征：

（1）个人独资企业是创立成本最低的企业组织形式，不需要正式的章程，而且在大多数行业中，需要满足的政府规章极少。

（2）个人独资企业不需要缴纳企业所得税，企业所得利润按个人所得税纳税。

（3）个人独资企业对企业债务承担无限责任，投资者个人资产和企业资产之间没有差别。

（4）个人独资企业的存续时间受制于企业所有者的寿命。

（5）企业筹集的资金很有限，因为只有企业所有者的投资，所以个人独资企业所能筹集到的权益资本仅限于企业所有者的个人财富。

二、合伙企业

合伙企业是由各合伙人订立合伙协议，共同出资、合伙经营、共享收益、共担风险，并对债务承担无限连带责任的营利性组织[1]。通常，合伙企业由两个或

---

[1] 王毅，王宏宝.财务管理项目化教程[M].北京：北京理工大学出版社，2015：2.

两个以上的自然人出资组建，有时也包括法人或其他组织。

合伙企业可以分为以下两类：

（一）普通合伙制企业

全部的合伙人按一定的比例出资，共同经营、共负盈亏。每个合伙人都对合伙制企业的全部债务承担无限责任。合伙制企业中合伙人的权责通过协议加以明确。合伙制企业的协议可以是口头的，也可以书面形式正式阐明规定的事项。

（二）有限合伙制企业

有限合伙制企业允许部分合伙人对企业债务的责任仅限于其个人在合伙制企业的出资额。有限合伙制企业需要满足以下两个要求：至少有一个普通合伙人；有限合伙人不参与企业管理。

合伙企业具有以下几个重要特征：

（1）合伙企业的创建成本一般较低。无论是有限合伙制企业还是普通合伙制企业，都需要相应的书面文件，需要申请企业经营执照。

（2）普通合伙人对全部债务承担无限责任，而有限合伙人仅需承担与出资金额相应的责任。如果某个普通合伙人不能履行其相应的义务，其不足部分由其他普通合伙人承担。

（3）普通合伙制企业通常在某个普通合伙人死亡或撤出后终止，而有限合伙人的死亡或撤出通常不会导致企业终止。对于一个合伙制企业，如果没有宣布解散是很难转让产权的。这通常需要全体普通合伙人的一致同意，但有限合伙人可以转让他们在企业中的权益。

（4）合伙企业筹资较为困难。筹资规模通常受到合伙人自身能力的限制。

（5）合伙企业按合伙人的个人所得缴纳所得税。

（6）合伙企业控制权归属普通合伙人。

大型企业要以个人独资或合伙的形式存在是很困难的。个人独资企业和合伙企业最主要的优势是创立费用较低，但其劣势在创立之后可能变得很严重，主要表现如下：责任无限、企业生命有限、产权转让困难、筹集资金困难。

三、公司制企业

公司制企业是指依据公司法登记设立的营利性法人组织。在众多企业组织形式中，公司制是目前最为重要的。公司拥有名称，并享有很多自然人的法律权利。比如，公司可以购买和转让财产、可以签订合同、可以起诉和被起诉。

创建公司制企业比创建个人独资企业或合伙企业复杂得多。公司创建人必须准备公司章程和一套规章制度。公司章程要包含以下内容：公司名称、公司计划的经营年限（可以永续经营）、经营目的、公司获准发行的股票数量及相应股份的权限、股东拥有的权利、发起董事会的成员数量。

最简单的公司由三类不同的利益者所组成：股东、董事会成员、公司高层管理者。股东通常控制公司的方向、政策和经营活动。股东选举产生董事会成员，然后董事会成员聘请高层管理者。高层管理者是公司的主管，代表股东的利益管理企业的日常经营活动。在股东少、股权集中的公司，股东通常会兼任董事会成员或者公司高层管理者。但是，在大型企业中，股东、董事会成员和公司高层管理者往往分属不同的群体。

与个人独资企业和合伙企业相比，公司制企业具有以下几个优点：

（1）由于股份代表着公司的所有权，因此所有权可以通过股份随时转让给新的所有者。因为公司的存在与持股者本身无关，所以股份转让不像合伙企业那样受到诸多限制。

（2）公司具有无限的存续期。由于公司与它的所有者是相互独立的，因此某个所有者的死亡或撤出股份在法律上并不影响公司的存续。即便公司的创立者撤资，公司仍可以继续生存。

（3）股东在公司所承担的债务仅限于其所有权股份的出资额。

有限责任、所有权易于转让和永续经营是公司制企业的主要优点，这些优点增强了公司筹集资金的能力。但公司制企业也有其缺点：

（1）双重征税。政府除了对股东的股利收入征税外，还对公司的所得征税。

（2）创建公司的成本较高。相比个人独资企业和合伙企业，《公司法》对公司的建立要求更高，并需要提交一系列的法律文件，通常所需时间较长。公司建立后，政府对其监管比较严格，需定期提交各种报告。

（3）代理问题的存在。经营者和所有者分离后，经营者成为代理人，所有者成为委托人，代理人可能出于自身的利益考量而损害委托人的利益。

在三种企业组织形式中，个人独资企业数量所占比重是最大的，但是绝大多数的商业资金是由公司制企业控制的。因此，财务管理通常以公司制企业的财务作为讨论的重点。除非特别强调，本书讨论的财务管理均指公司财务管理。

第四节 金融市场

经历了整个20世纪，世界上各个国家或地区的金融市场都发生了巨大变化。随着信息技术和经济全球化的加快发展，金融市场的变革必将对全球经济、贸易、居民福利乃至世界各个国家或地区的政治生活产生深刻影响。

一、金融市场的含义

金融市场（Financial Market）是商品经济发展的产物。金融市场是以金融工具为交易对象而形成的资金供求关系的总和。

在商品经济条件下，随着商品流通的发展，生产日益扩大和社会化、社会资本的迅速转移、多种融资形式及种类繁多的信用工具的运用和流通导致金融市场的形成。金融市场是以货币信用关系的充分发展为前提的，是实现资金融通的场所，在这里实现借贷资金的集中和分配，并由资金供给与资金需求的对比形成该市场的"价格"利率。随着现代电子技术在金融领域里的广泛运用和大量无形市场的出现，许多人倾向于将金融市场理解为金融商品供求关系或交易活动的总和。

金融市场体系是现代社会最重要的发明之一，其基本功能就是将稀缺的货币和资本从储蓄者手中转移到借款者手中，以满足借款者对商品和服务的购买、新机器设备的购买，以此实现全球经济的不断增长和人民生活水平与社会福利的不断提高和改善。通过金融市场体系，股票、债券和其他各种各样的金融工具得到交易，利率得到确定，金融产品和服务在世界范围内被提供。如果没有金融市场及其资金的提供，现代社会经济生活不可能像现在这样正常运行。

综上所述，所谓金融市场就是货币和资本的交易活动、交易技术、交易制度、交易产品和交易场所的集合。

二、金融市场的分类

按照最常用的标准可以把金融市场分为货币市场和资本市场。货币市场主要指银行间同业拆借市场、商业票据市场、大额可转让定期存单市场、短期债券市场和债券回购市场。资本市场包括股票市场和债券市场。其他金融市场包括外汇市场、金融衍生品市场和黄金市场等。

在金融市场的形成和发展进程中，金融市场根据资金融通与金融产品交易的需要，其内在结构也在持续地发生变化，按不同的标准可以将其划分为若干类市场。

（一）货币市场和资本市场

金融市场根据期限可以分为货币市场和资本市场。货币市场又称为短期金融市场，是指短期资金的融通活动及其场所的总和。所谓短期，习惯上是指一年或一年以内。短期资金因偿还期限短、风险小以及流动性强而往往被作为货币的代用品，主要解决市场主体的短期性、临时性资金需求。在经济生活中，政府、企业、家庭和银行等金融机构都需要短期资金用于周转，因而成为短期金融市场的主体。货币市场使用的金融工具主要是货币头寸、存单、票据和短期债券（国库券）等。据此货币市场包括同业拆借市场、票据市场、短期债券市场等。

资本市场又称为长期金融市场，是指期限在一年以上的中长期资金融通活动及其场所的总和[1]。长期资金大都参加社会再生产过程，在生产过程中发挥着资本的作用，主要是满足政府、企业等部门对长期资本的需求。资本市场的交易工具主要是各种有价证券，如政府公债、企业债券、股票等。这些金融工具的偿还期长，流动性较差，风险较大。资本市场包括政府债券市场、公司债券市场、股票市场、银行中长期信贷市场等。

---

[1] 游丽.金融学[M].北京：北京理工大学出版社，2017：203.

（二）现货市场、期货市场和期权市场

根据金融交易合约性质的不同，金融市场可分为现货市场、期货市场和期权市场。

现货市场是指现货交易活动及其场所的总和。一般而言，现货交易是交易协议达成后立即办理交割的交易。

期货市场是指期货交易及其场所的总和。期货交易一般是指交易协议达成后在未来某一特定时间才办理交割的交易。在期货市场上，成交和交割是分离的。在期货交易中，由于交割要按成交时的协议价格进行，而证券价格的升或降就可能使交易者获得利润或蒙受损失。期货市场对于交易的参加者而言，既具有套期保值功能，又具有投机功能。

期权市场是各类期权交易活动及其场所的总和，是期货交易市场的发展和延伸。期权交易是指买卖双方按照成交协议签订合同，允许买方在交付一定的期权费用后取得，在特定时间内，按协议价格买进或卖出一定数量的证券的权利，但直至协议合同到期，购买期权的一方没有行使该权利，则期权合同自动失效。

（三）一级市场和二级市场

金融市场还可分为一级市场和二级市场。一级市场也称为初级市场或发行市场，是初次发行有价证券的交易市场。一级市场是金融市场的基础环节，其主要功能是为办公机械、设备和货物的新投资筹集金融资本。投资者购买一家公司新发行的股票或是为一个企业或家庭提供抵押或信用贷款的活动均属于一级市场活动。

相反地，二级市场是指已经发行证券的交易市场，又称为次级市场或流通市场，其主要功能在于为证券投资者提供流动性，也就是给金融产品的投资者提供一个将投资转换为现金的渠道。通常二级市场的交易规模远大于一级市场。不过，一级市场和二级市场是互动的，二级市场证券价格的上涨也会引起一级市场发行证券定价的提高。之所以如此，是因为不同市场间套利机制的存在使不同市场间价格与收益的利差趋于缩小并消失。

（四）公开市场和协议市场

金融市场根据金融产品成交与定价方式的不同可以分为公开市场和协议市场。所谓公开市场是指金融资产的交易价格通过众多的买主和卖主公开竞价而形成的市场，金融资产在到期偿付之前可以自由交易，并且只卖给出价最高的买者。公开市场一般是有组织的交易场所，如证券交易所、期货交易所等。

协议市场一般是指金融资产的定价与成交通过私下协商或面对面的讨价还价方式完成的市场，如未上市的有价证券、银行信贷、保险等交易均通过此种方式进行。传统上，协议市场是交易范围有限、交易效率较低、交易并不十分活跃的市场，但随着现代计算机技术的普及及其在金融市场的应用，协议市场的交易效率已经大大提高，其市场范围和影响也日益扩大。

（五）有形市场和无形市场

金融市场按有无固定场所划分为有形市场和无形市场。有形市场是指有固定交易场所的市场，如证券交易所等。这种市场通常只限于会员进场进行交易，非会员必须委托会员才能进行交易。

无形市场是指通过现代化的通信工具而形成的一种金融交易网络。它没有固定的集中场所，也没有固定的交易时间，而只是一种大型的网络，所以称为无形市场。在现实世界中，大部分金融资产的交易都是在无形市场上进行的。

（六）国内金融市场与国际金融市场

金融市场按地域划分，还可以分为国内金融市场和国际金融市场。

国内金融市场是指融资交易活动的范围仅限于一国国境之内，即只有本国居民参加交易的金融市场。

国际金融市场则是指融资交易活动并不仅限于一国国境之内，即允许非居民参加交易的金融市场。

（七）其他

金融市场按交易的标的物划分，还可划分为外汇市场和黄金市场。外汇市场是专门进行外汇交易的市场，即以外汇作为交易的标的物。黄金市场是专门集中进行黄金买卖的市场。由于黄金目前仍然是一种重要的国际储备资产，而且具有较强的保值功能，所以黄金市场仍被视作金融市场的组成部分。

三、金融市场的构成要素

金融市场的构成要素主要包括交易主体、交易对象与交易工具、交易的组织形式和交易价格等。

（一）交易主体

金融市场的主体即金融市场的交易者。参与金融市场交易的是机构或个人，或是资金的供给者，或是资金的需求者，或是以双重身份出现。如果从参与交易的动机来看，则可以更进一步地将其细分为投资者（投机者）、筹资者、套期保值者、套利者、调控者和监管者等。对于金融市场来说，市场主体具有非常重要的意义。

一般来说，金融市场的主体主要包括政府部门、工商企业、居民个人与家庭、存款性金融机构、非存款性金融机构等。

如果从性质来看，金融市场的交易主体可分为居民个人与家庭、工商企业、政府机构、金融机构、中央银行。

（二）交易对象与交易工具

如前所述，人们在金融市场上的交易对象是单一的，只有货币资金一种。无论是货币市场上的交易活动，还是资本市场上的证券买卖，进行的都是货币资金的交易。作为资金需求者融入的都是货币资金，作为资金供应者融出的也都是货币资金，只不过在融资的期限、数额、价格以及形式上有所不同而已。

由于金融市场上的交易是一种信用交易，资金供应者让渡的只是货币资金的使用权，并没有转移货币资金的所有权，所以在交易活动达成之时，在资金供应者和资金需求者之间也就形成了一种债权债务关系。为了明确这种债权债务关系，就需要一定的凭证来作为依据，这就是金融工具。所谓金融工具，又称为信用工具，是指金融市场上制度化、标准化的融资凭证。金融工具出现后，市场上的资金交易便可借助于金融工具来完成，融资凭证也就成了交易的工具。当赤字单位需要补充资金时，便可在金融市场上通过出售金融工具来融入资金，当盈余单位需要运用资金时，便可在金融市场上通过购买金融工具来贷出资金。通过这种金融工具的买卖，资金供求双方达到了资金交易的目的，金融工具实际上成为资金的载体和金融市场上交易的工具。

（三）交易的组织形式

有了交易主体、交易对象和交易工具就形成了市场交易的可能性，但要达成交易还需要一定的组织形式，把交易双方和交易对象结合起来，使交易双方相互联系，实现转让交易对象的目的。纵观各国金融市场，所采用的交易组织形式一般有以下两种：

1.交易所形式

证券交易所是证券市场交易的固定场所，是证券交易市场的最早形态。证券交易所只是为交易双方提供一个公开交易的场所，它本身并不参加交易。

能进入证券交易所的都是取得交易所会员资格的经纪人和交易商。会员资格的取得历来均有各种严格限制并须缴纳巨额会费。经纪人和交易商的区别在于：前者只能充当证券买者与卖者的中间人，从事代客买卖业务，收入来自佣金；后者则可以直接进行证券买卖，收入来自买卖差价。

2.场外交易形式

场外交易是指在证券交易所以外进行的证券交易，是一种分散在各个证券商柜台前进行交易的组织形式，也称为柜台交易形式或店头交易形式。

场外交易市场由于具有可以不必公开财务状况、可以直接交易、有利于降低交易成本等特点，因此，自创办以来发展较快。尤其是计算机技术被应用于证券交易后，场外交易市场变得更加繁荣。其实这种交易组织形式现在也很少在柜台前直接进行，而多借助于电话、电传等现代通信手段来达成交易。

（四）交易价格

以上所述要素仅构成金融市场的基本框架，金融市场的交易活动要想正常运行还必须有一个健全的价格机制。利息是借贷关系中资金借入方支付给资金贷出方的报酬，利率是借贷期间所形成的利息额与所贷出的资本金的比率。在金融市场的交易中，由于利率即资金商品的价格，所以健全的价格机制在这里实际上就是指健全的利率机制，即能够根据市场资金供求状况灵活调节的利率机制。当市场上的资金供不应求时，市场利率则会趋于上升；当市场上的资金供过于求时，市场利率又能自动下降。

四、金融市场的功能

金融市场是总体经济运行中的一个重要组成部分，在经济发展和社会福利提高的过程中扮演着非常重要的角色。金融市场是实现金融资产交易和服务交易的市场。

金融市场的功能是多样化的，从微观层面来看，金融市场的功能有价格发现、提供流动性、降低交易成本、分散风险、促进金融创新等方面；从宏观层面来看，主要有资源配置、实现储蓄投资转化、宏观调控、信号反应等方面。

（一）金融市场的微观功能

1.价格发现

金融市场具有定价功能，金融市场价格的波动和变化是经济活动的"晴雨表"。金融资产均有票面金额。企业资产的内在价值包括企业债务的价值和股东权益的价值，只有通过金融市场交易中买卖双方相互作用的过程才能发现。即必须以该企业有关的金融资产由市场交易所形成的价格作为依据来估价，而不是简单地以会计报表的账面数字作为依据来计算。金融市场的定价功能同样依存于市场的完善程度和市场的效率。

2.提供流动性

金融市场可以引导众多分散的小额资金汇聚成为大量资金，以实现投入社会生产的资金汇聚的功能。在这里，金融市场起着资金蓄水池的作用。金融市场为筹资人和投资人开辟了更广阔的融资途径。金融市场为各种期限、内容不同的金融工具之间的互相转换提供了必需的条件。

3.降低交易成本

金融市场可以降低交易的搜寻成本和信息成本。搜寻成本是指为寻找合适的交易，对方所产生的成本。信息成本是指在评价金融资产价值的过程中所发生的成本。金融市场帮助降低搜寻与信息成本的功能主要是通过专业金融机构和咨询机构来实现的。

4.分散风险

金融市场帮助实现风险分散和风险转移。金融市场的发展促使居民金融资产多样化和金融风险分散化。发展金融市场就为居民投资多样化、金融资产多样化和银行风险分散化开辟了道路，为经济持续、稳定发展提供了条件。居民通过选择多种金融资产，灵活调整剩余货币的保存形式，增强了自身的投资意识和风险意识。

5.促进金融创新

金融市场的发展可以促进金融工具的创新。金融工具是一组预期收益和风险相结合的标准化契约。多样化金融工具通过对经济中的各种投资所固有的风险进行更精细的划分，从而使得对风险和收益具有不同偏好的投资者能够寻求到最符合其需要的投资。多样化的金融工具也可以使融资者的多样化需求得到尽可能大的满足。

（二）金融市场的宏观功能

1.资源配置

金融市场实现着资源、社会财富和风险的再分配功能。金融市场能够迅速有效地引导资金的合理流动，提高资金的配置效率，扩大资金供求双方接触的机会，便利金融交易，降低融资成本，提高资金的使用效益。

2.实现储蓄投资转化

金融市场的发展促进了储蓄向投资转化的规模和效率，为金融资产提供了充分的流动性。

3.宏观调控

金融市场对宏观经济具有调节作用。金融市场为金融管理部门进行金融间接调控提供了条件。金融间接调控体系必须依靠发达的金融市场传导中央银行的政策信号，通过金融市场的价格变化引导各微观经济主体的行为，实现货币政策的调整意图。

在发达的金融市场体系内部，各个子市场之间存在高度相关性。随着各类金融资产在金融机构储备头寸和流动性准备比率的提高，金融机构会更加广泛地介入金融市场的运行中，中央银行间接调控的范围和力度将会伴随金融市场的发展而不断得到加强。

4.信号反应

金融市场不仅是国民经济的信号系统，还是国民经济的"晴雨表"和"气象台"。股票市场的发展是有效评价企业经营状况的窗口，并为企业实施资本运营战略提供了场所。

第五节 利息率

一、利息率的定义及其计算方法

（一）利息率的定义

利息率是指在借贷期限内所形成的利息额与借贷资本金额的比率，通常简称利率。

例如，某人将10000元存入银行，约定期限1年，一年期存款利率为1.50%，则一年后此人获得利息为10000×1.50%＝150元。利率是一个重要的经济变量，它的变动会对经济发展起到非常重要的影响。

（二）利息率的计算方法

通常利息率的计算方法有两种：单利法和复利法。

1.单利法

单利法是指在计算利息额时，只按照本金和时间的长短计算利息，而不将本金所产生的利息额加入本金进行重复计算的方法。

例如，一笔借贷期限为3年，年利率为2.75%的100万元贷款，利息总额为100×2.75%×3＝8.25万元，本利和为100×（1+2.75%×3）＝108.25万元。

单利法计算方便、手续简单，对借入者来说利息负担较轻，大多数情况下适用于短期贷款。我国商业银行存款的计息方式大多数采用的是单利计算法。但如果是长期借贷款，单利法并没有完全考虑借贷资金的时间价值。

2.复利法

复利法是指在计算利息额时，按照一定期限将上一期所生利息计入本金一并计算利息的方法，逐期滚算，俗称"利滚利"。

例如，一笔借贷期限为3年，年利率为2.75%的100万元贷款，利息总额为$100×[(1+2.75\%)^3-1]=8.48$万元，本利和为$100×(1+2.75\%)^3=108.48$万元。可见，在同样的条件下，按照复利法计算会产生更多的利息。上例中复利法比单利法多支付利息为8.48-8.25=0.23万元。

复利法考虑了资金的时间价值因素，是对贷出者的利益保护，有利于提高资金的使用效益，并强化了利率杠杆的作用，因此适用于长期贷款。

二、利率的种类

（一）年利率、月利率和日利率

这一分类是根据计息周期的不同来表示利率的。年利率是以年为单位计算利息，通常以百分数表示。月利率是以月为单位计算利息，通常以千分数表示。日利率是以日为单位计算利息，通常以万分数表示，习惯上称为"拆息"。国际金融市场上著名的LIBOR、我国的SHIBOR均以日利率为计息周期。

年利率、月利率、日利率之间可以互相换算。年利率与月利率相互换算，每年按12个月计算，例如：本金1000元，月利率5‰，月息为1000×5‰=5元，年息为5×12=60元。年利率与日利率相互换算，通常一年按照360天计算，例如：本金1000元，日利率5‱，则日息为1000×5‱=0.5元，年息为0.5×360=180元。月利率与日利率相互换算，按每月30天计算。

（二）法定利率和市场利率

1.法定利率

法定利率又称官定利率、官方利率，是指一国政府金融管理部门或中央银行确定的利率。它是一国中央银行对利率体系施加影响的重要工具，反映了非市场的强制力量对利率形成的干预。

2.市场利率

市场利率是指在货币资金市场上，由货币资金的供求关系所决定的利率。市场利率是借贷资金供求关系变化的指示器，能够反映出一国货币资金市场上的资金供求状况。如果在货币资金市场上，资金的供给大于需求，其市场利率就会呈下降趋势；如果资金的需求大于供给，其市场利率就会呈上升趋势。市场利率的变动又会进一步调整资金的供求数量，改善资金的供求不平衡状况。

通常情况下，一国的法定利率是以市场利率为基础制定的，但是两种利率的走向又不一定完全一致。

（三）固定利率和浮动利率

1.固定利率

固定利率是指在整个借贷期间内，利率不随借贷供求状况的变化而变动的利率。固定利率是比较传统的计算利息的方式，比较适合于短期借贷。因为它具有简便易行、融资成本稳定等优点，借贷双方在借贷关系成立之时，就确定了各自的成本和收益。但是，在借贷期限较长或借贷期间市场利率变动较大的情况下，借贷双方都有可能要承担利率变化带来的风险。实行固定利率，如果借贷期间市场利率趋于下降时，债权人的收益和债务人的成本都不会发生变化，那么债务人无形中增加了贷款成本；如果借贷期间市场利率趋于上升时，债权人的收益和债务人的成本都不会发生变化，那么债权人无形中减少了贷款收益。因此，一般对于中长期贷款或者利率不稳定时，通常采用浮动利率。

2.浮动利率

浮动利率是指在借贷关系存续期间，随着市场利率的变化定期做调整的利率。调整期限的长短及以什么利率作为参考标准，由借贷双方共同商议。一般情况下，浮动的期限为3个月或6个月，参照利率多数情况下是当时的市场利率。实行浮动利率可以保证借贷双方的成本和收益随时发生变化。如果在借贷期内，市场利率趋于下降，按照此利率标准调整的利率将有利于债务人，而不利于债权人，因为债权人会有一定收益的损失；反之，如果在借贷期内，市场利率趋于上升，按照此利率标准调整的利率将有利于债权人，而不利于债务人，因为债务人会增加一定的贷款成本。一般适用于较长期的借贷及国际金融市场融资。

（四）基准利率和差别利率

1.基准利率

基准利率是指在多种利率并存的条件下，在一国利率体系中起决定作用的利率。当它变动时，其他利率也相应发生变化。基准利率是金融市场上具有普遍参照作用的利率，其他利率水平或金融资产价格均可根据这一基准利率水平来确定。基准利率是利率市场化的重要前提之一。我国中央银行的基准利率主要包括再贷款利率、再贴现利率、存款准备金率和超额存款准备金率。

2.差别利率

差别利率是指银行根据国家产业政策的要求，对不同的行业实行不同的贷款利率，也就是银行等金融机构对不同部门、不同期限、不同种类和不同借贷能力的客户的存、贷款制定不同的利率。我国现在的差别利率有存贷差别利率、期限差别利率和行业差别利率。

（五）存款利率和贷款利率

存款利率是存款的利息与存放金额之比，存款利率比较统一，往往受当局的利率牵制，难以灵活反映资金供求关系，因此，相对而言，存款利率在利率体系中不占重要地位。贷款利率是贷款的利息与贷款金额之比。银行贷款大部分面向工商企业，各银行对不同类型的企业采取不同的贷款利率。因此贷款利率不完全统一。

存款利率和贷款利率存在较大的差异，这是由商业银行的经营特性决定的，但差额的大小随商业银行垄断程度的不同而有所不同[①]。银行众多而且同业竞争比较激烈的时候，存贷利差趋小；反之，存贷利差较大。当存贷利差过大时，企业会抛开银行进行直接融资，银行就会出现货币非中介化现象。当存贷利差过小时，又会使银行收益下降。因此存贷利差的合理确定对银行、企业都有着不可忽视的影响。

---

① 蒋玉洁.普通高等教育"十三五"规划教材 货币金融学[M].北京：中国轻工业出版社，2018：47.

（六）实际利率和名义利率

存在通货膨胀的条件下，利率进一步区分为实际利率和名义利率。

实际利率是指在物价不变、货币购买力不变条件下的利率，在通货膨胀发生时要进一步剔除通货膨胀因素后的利率；而名义利率则是在通货膨胀发生时，并没有剔除通货膨胀因素的利率。通货膨胀期间，即使名义利率发生了调整，但货币的实际购买力是上升还是下降，或是保持不变，不能只看名义利率，而必须根据实际利率来判断。因为只有实际利率才代表了存、贷款者的实际收益或支出。

货币在借贷过程中，如果实际利率为正利率，此时符合价值规律的要求，借贷双方都是公平的。如果实际利率为零利率，对于债权人就有了一定收益上的损失。如果实际利率为负利率，债务人从某种程度上来说就有了一定的隐含收益，而且如果这种负利率一直持续下去，会给借贷市场带来一系列不利的影响。

第六节 税收环境

税收是国家凭借政治权力，按照法律规定的标准，无偿取得财政收入的一种特定分配方式。它是国家财政收入的主要形式和调节经济的重要杠杆。税收体现的是作为主体的国家与社会各利益主体之间的一种特定收入分配关系。企业理财必须重视税收问题。

一、税收对企业理财的影响

由于税收的存在会直接改变企业实际现金流入量、流出量和净现金流入量，从而影响企业及其与企业相关的各种经济利益主体的经济利益。因此，在企业理财过程中必须认真考虑各种税收问题。税收对企业理财的影响可以从企业筹资、投资和盈利分配三大理财环节来考察。

从企业筹资来看，一些筹资方式的资金成本可以作为费用处理，在税前利润中扣除，其实际资金成本要低于账面资金成本，负债筹资基本上就属于这种筹资方式；而一些筹资方式的资金成本则不能作为费用处理，只能用税后利润支付，其实际资金成本与账面资金成本完全一致，资本金融资就属于这种筹资方式。因此，从降低实际筹资成本的角度看，企业应合理安排负债筹资与资本金融资的比例，以降低筹资成本。

从企业投资来看，不同企业类型、不同投资地点、不同投资种类等均会面临不同的税收政策，从而产生不同的现金流入量和流出量。由于投资所涉及的税收种类多种多样，既包括流转税，又包括所得税，还包括财产税、资源税、行为税，等等；因此税收种类极为复杂，需要在投资时加以认真考虑。

从盈利分配来看，除了应考虑企业所得税与个人所得税的差异，选择对股东最有利的盈利分配方案之外，还要考虑企业现金净流入量与税后利润的关系问题。由于所得税是以税前利润作为基础经调整后计算而得的，因此，在税前现金流入量已定的情况下，税前利润越大，所得税就越多，相应的现金净流入量就会越少。而盈利分配则是完全根据税后利润来进行的，选择税前利润低的方案会增加现金净流入量，但会减少盈利分配的基数；相反，选择税前利润高的方案可以提高盈利分配的基数，但会减少现金净流入量。这些情况都说明在盈利分配中必须十分重视税收问题。

不同国家、地区、行业，不同时间，不同组织形式的企业，甚至不同资本金来源的企业的税收环境都存在差别，企业财务人员只有在熟悉不同税收环境的情况下，才能最有效地完成理财任务。

二、税收分类与现行主要税种

（一）税收分类

税收分类是指按照一定的标准对不同税种进行归类。我国通常按以下几种方法进行分类。

1.按课税对象分类

按课税对象分类，可将我国全部税种划分为流转税、所得税、财产税、资源税和行为税五种类型。流转税是以商品生产、商品流转和劳动服务的流转额为课税对象的税种；所得税是以纳税人的各种收益额为课税对象的税种；财产税是以纳税人拥有的财产数量或价值为课税对象的税种；资源税是以自然资源和某些社会资源为课税对象的税种；行为税是以纳税人的某些特定行为为课税对象的税种。

2.按征收管理分工体系分类

按征收管理的分工体系进行分类，可将我国的全部税种划分为工商税、关税和农业税三类。工商税是指以从事工业、商业和服务业的单位和个人为纳税人的各种税的总称；关税是指对进出境货物、物品征收的税收总称；农业税是指参与农业收入分配和调节农业生产的各种税的总称。

3.按税收的征收权限和收入支配权限分类

按税收的征收权限和收入支配权限进行分类，可将我国全部税种划分为中央税、地方税和中央与地方共享税三类。中央税是指由中央立法，收入归中央并由中央政府征收管理的税收；地方税是指由中央统一立法或授权立法，收入归地方并由地方负责征收管理的税收；中央与地方共享税是指税收收入支配由中央和地方按比例或法定方式分享的税收。

4.按计税标准分类

按计税标准分类，可将我国全部税种划分为从价税和从量税两类。从价税是指作为征税对象的商品、财产或所得是以价值量（或价格）为依据征收的税种；从量税是指征税对象的商品和财产等是以实物的量为依据征收的税种。

5.按税收与价格的依存关系分类

按税收与价格的依存关系分类，可将我国的全部税种分为价内税和价外税两类。价内税是指把税额作为价格的组成部分包括在商品价格之内的税种；价外税是指税收附加在价格之外的税种。

（二）现行主要税种

我国现行的主要税种有增值税、消费税、营业税、企业所得税、关税、外商投资企业和国外企业所得税、个人所得税、城市维护建设税、房产税、城市房产税、车船税、车船使用牌照税、船舶吨税、土地增值税、城镇土地使用税、资源税、印花税、固定资产投资方向调节税、屠宰税、筵席税、农（牧）业税（农业税目前已经停征）、耕地占用税和契税23种。这些税种的大多数均会对企业财务产生不同程度的影响，因此需要企业财务人员熟悉或了解。下面重点介绍对企业理财有重要影响的企业所得税、增值税、营业税和消费税四种税收的基本特征。

1.企业所得税

所得税是以收益为征税对象的一种税制体系。我国现行所得税体系划分为企业所得税、外商投资企业和国外企业所得税、个人所得税和农（牧）业税四类。其中，对企业理财影响最大的是企业所得税（包括外商投资企业和国外企业所得税在内）。

企业所得税是指以中国境内企业或组织为纳税人，对其一定时期的生产、经营所得和其他所得依法征收的一种税[①]。它的基本特征：征税对象是所得额，应税所得额的计算与成本、费用关系密切，征税以量能负担为原则，实行按年计征、分期预缴的征收办法。按照我国2008年1月1日起施行的《中华人民共和国企业所得税法》，企业所得税的税率为25%。计算企业所得税额的关键是确定应纳税所得额，应纳税所得额不同于会计上的利润总额，它是在利润总额的基础上通过调整计算而得到的。税法明确规定了应纳税所得额中的收入总额、准予扣除项目和不准予扣除项目，这是企业财务人员必须熟悉的。

2.增值税

增值税是以从事销售货物或者加工修理修配劳务以及进口货物的单位和个人取得的增值额为计税依据征收的一种流转税。所谓增值额是指纳税人在生产、经营或劳务活动中所创造的新增价值，即纳税人在一定时期内销售产品或提供劳务服务所取得的收入大于其购进商品或劳务服务时所支付金额的差额。由于增值额在实际中难以精确计算，因此，增值税的计算一般采用间接计算方法，即先以商品销售额或劳务服务营业额为依据计算出销项税额，然后再用已支付的外购商品和劳务的进项税额抵减销项税额计算应纳税额。

在我国，增值税的基本税率为17%，此外还有13%的低税率和零税率。增值税纳税人分为一般纳税人和小规模纳税人两类，一般纳税人按17%或13%的税率计算销项税额，进项税额可以抵扣；小规模纳税人按6%的税率计算应纳税额，但进项税额不能抵扣。税法对增值税应纳税额的计算规则、方法，以及增值税专用发票的管理等都作了明确规定，企业财务人员只有在熟悉这些规则的基础上才能做好财务工作。

---

① 熊楚熊，刘传兴，赵晋琳.企业理财学原理 第2版[M].上海：立信会计出版社，2018：68.

3.营业税

营业税是对在我国境内提供应税劳务、转让无形资产和销售不动产的单位和个人，就取得的营业收入额（销售额）征收的一种税。它的基本特征是税源广泛、计税简单、便于征管、税负公平。营业税按行业实行有差别的比例税率，税率3%～20%。营业税会直接影响企业净销售收入，对企业现金流入量产生影响，因此，在进行有关财务决策时需要考虑营业税的问题。

4.消费税

消费税是对在我国境内从事生产、委托加工及进口应税消费品的单位和个人，就其消费品的销售额或销售数量征收的一种税。在我国，征收消费税的目的主要是调节产业结构，正确引导消费，增加国家财政收入。由于消费税具有征收范围和税率灵活、征税简便、税源广泛、税负最终向消费者转嫁等方面的特点，因此在国际上被广泛采用。我国消费税采用比例税率和定额税率两种税率，并根据不同应税消费品实行从价定率税率和从量定额税率两种方式。由于目前我国列入征收消费税范围的税目较少，因此对多数企业财务管理的影响不大。

第三章 财务管理信息化建设研究

第一节 财务管理信息化概述

一、财务管理信息化的产生

财务管理信息化的产生与管理信息化的发展相对应。财务管理信息化于20世纪50年代起步，主要以美国通用电气公司率先在计算机上计算工资为标志；到20世纪70年代，信息技术已经普遍在国外的财务工作中使用。

在国外，财务软件的开发主要由专业财务软件公司负责，为了满足个性化需要，一些大型企业集团也自行开发用于本企业的财务软件。财务软件从总体上看有通用财务软件开发与定点财务软件开发两种，在功能上，包括核算以及非核算功能，这些财务管理软件吸收了国际先进企业的财务管理实践，在会计业务流程、会计信息收集、控制等方面有许多好的经验。

二、财务管理信息化的含义

关于财务管理信息化的定义或含义，学术界提出了各种表述和设想，其中较为典型的有以下几方面：

第一，财务管理信息化是指财务人员通过利用现代技术，进行企业流程再造，建立与之相适应的财务组织模式，调动财务人力资源的信息潜能，开发企业财务信息资源，提高财务活动效率，更好地组织企业财务活动、处理财务关系，从而实现企业利益相关者权益最大化的财务目标。同时对于这个定义，他们认为包含以下两层含义，即"①现代信息技术是基础。信息技术是应用信息科学的原理与方法来研究同信息有关的技术的统称，具体是指有关信息的产生、检测、变换、存储、传递、处理、显示等技术，财务管理信息化必然要包含现代化信息技术，否则财务管理信息化将无从谈起，现代信息技术将构成财务管理信息化非常重要的一部分。②将财务信息资源作为企业的重要战略资源。由于财务管理是通过营运财务资金，对价值运动及价值增值实施综合管理，而价值管理的主要手段是通过处理各种反馈信息来进行，因此财务信息资源成为企业的重要战略资源，建立财务管理信息化，就是为了充分挖掘企业的财务信息资源，利用其来提高企业的财务管理水平"。[①]

第二，企业财务管理信息化是指在企业财务管理的各个环节，充分利用现代信息技术建立信息系统，使企业财务信息得到集成和综合，从而提高财务管理水平和经济效益的过程。企业财务管理信息化，一方面有利于"提高劳动生产率，保证财务报告的质量。财务管理信息化显著的特点就是减少了原来手工做账和核算的繁重劳动，可以快速地录入财务数据，能进行多次修改，并通过财务信息系统，方便、快捷地进行会计核算，制作各种会计报表。账务处理的差错率明显减少，财务数据的可靠性增强"。另一方面有利于"提高管理水平和经济效益。公司财务人员通过财务管理信息系统特别是内部管理信息系统，可以及时、全面地掌握公司人财物的使用情况，有利于加强公司的生产经营和财务管理，提高经济效益。公司管理人员通过管理信息系统，可以方便、快速地查询各分公司的财务收支情况"。

第三，财务管理信息化是指"利用先进的信息技术和现代化的管理手段以会计信息系统为基础，全面实现会计电算化，并推行网络财务，提供互联网环境下实行财务核算、分析、控制、决策和监督等现代化财务管理模式、方式及各项功能，从而能够进一步实现管理数字化，并最终实现管理信息化"。财务管理信息化的目的"是对财务管理信息化系统进行集成，将企业的核心财务资源整合起来，让它发挥更大的效用。同时，大力推行财务管理信息化，也是当前加强企业管理，深化企业改革，规范和建立企业制度过程中一项非常重要的工作"。

第四，企业财务管理信息化就是指在企业财务管理的各个方面，充分利用现代信息技术，建立信息系统来完成企业财务管理工作，从而提高财务管理水平和

[①] 王平.浅谈集团企业财务管理信息化[J].会计之友，2006（17）：19-20.

经济效益。企业财务管理信息化可以提高企业经营管理的质量、促进企业各项工作的深化，对国民经济的发展也能起到有力的推动作用。

通过对相关人员关于财务管理信息化含义的研究不难发现，相关学者大多从将信息技术引入传统财务管理模式的角度研究财务管理信息化的相关含义，但笔者认为财务管理信息化虽然是将信息技术引入传统财务管理模式，但是在对其内涵的理解不能仅局限于此，单纯强调技术的概念会将财务管理信息化的实践引入误区，财务管理信息化应该是"三分靠技术，七分靠管理"，财务管理信息化不仅是计算机等信息技术的采用，更是企业流程再造、人力资源潜能充分得以调动的一个过程。财务管理信息化需要相应的组织保障，并且使财务管理的内容发生变化，人力资源的管理与开发成为越来越重要的内容，财务管理信息化更加强调以人为本的理念。鉴于此，笔者在总结相关研究的基础上认为：财务管理信息化是指财务人员通过利用现代技术进行企业流程再造，建立与之相适应的财务组织模式，调动财务人力资源的信息潜能，开发企业财务信息资源，提高财务活动效率，从而更好地组织企业财务活动、处理财务关系，最终实现企业利益相关者最大化的财务目标。

三、财务管理信息化的内容

财务管理信息化的实现依靠若干个信息系统的集成，一般来说，财务管理信息化应该包括会计事务处理信息系统、财务管理信息系统、财务决策支持系统、财务经理信息系统以及组织互联信息系统五个部分。其中会计事务处理信息系统的作用是提供精确、及时的信息，提高财务工作效率和成功率；财务管理信息系统、财务决策支持系统和财务经理信息系统是从不同的角度、不同的层次解决财务管理中的计划、控制、决策等问题；组织互联信息系统是解决企业内部组织之间以及企业与关联企业之间的信息传输问题。这些系统的成功建立以及相互之间的集成管理是财务管理信息化成功的体现，它们之间的关系密不可分。

（一）会计事务处理信息系统

当企业发生经济业务时，会计事务处理信息系统就会对其进行处理，并将它保存或存储到数据库中财务管理的各个部门，各个员工都能以某种形式或方式对其进行访问。一个会计事务处理信息系统通常由多个不同功能的子系统组成，每个子系统通过组织、互联系统完成特定的会计数据处理，提供特定部分的信息；各子系统之间互相传递信息，共同完成一个既定的系统目标。会计的基本职能是反应、监督，因此会计事务信息处理系统通常分为会计核算信息子系统和会计管理信息子系统，其中每个子系统可根据会计业务的范围继续分为若干个子系统或功能模块。

（二）财务管理信息系统

从财务管理的具体内容来看，财务管理中的一部分问题属于结构化的问题，有固定的处理模式，具有一定的规范性，对这一类问题，我们建立财务管理信息系统进行解决。财务管理信息系统是一种新型的人机财务管理系统，它以现代化计算机技术和信息处理技术为手段，以财务管理提供的模型为基本方法，以会计信息系统和其他企业管理系统提供的数据为主要依据，对企业财务管理的结构化问题进行自动或半自动的实时处理，财务管理信息系统的主要目标是概括发生的事情，并把人们引向存在的问题和机遇。例如，对产品库存的管理，财务管理信息系统可以提供显示哪些产品库存已降低到需要补充的日报表，以提醒财务人员应采取订购更多产品的措施。

（三）财务决策支持系统

财务管理中的大部分问题则属于半结构化或非结构化的问题，都是难以在事前准确预测的，并且各种问题以及解决问题的方法是随环境变化而变化的，对这些半结构化和非结构化的问题，则需要建立财务决策支持系统来解决。

财务决策支持系统是一种非常灵活的交互式IT系统，它可以用来支持对半结构化或非结构化的问题进行决策。一般来说，财务决策支持系统通过其良好的交互性，使财务人员能够进行一系列"what-if"分析，再运用不同的模型，列举可能方案、协助分析问题、估计各种不确定方案的结果、预测未来状况等方式，为企业决策者制定正确科学的经营决策提供帮助。

（四）财务经理信息系统

此系统是一种将会计事务处理信息系统、财务管理信息系统、财务决策支持系统相结合的高度交互式信息系统。它能帮助财务经理识别并提出问题和机会，通过将辅助背景材料与现实情况相结合，使企业的财务主管能够灵活、方便地从更多观察视角了解问题和机遇。通过财务经理信息系统，财务主管可以充分利用企业数据仓库，对其进行数据挖掘；而且可以对财务报告的输出形式进行灵活选择，以提供更明确和更具深度的信息。

（五）组织互联信息系统

组织互联信息系统可以使企业的财务部门与其他部门、本企业与其他关联企业之间的财务信息自动流动，用以支持企业财务管理的计划、组织、控制、分析、预测、决策等各个环节，以支持企业的管理与生产。

四、财务管理信息化的特征

企业财务管理信息化主要表现出以下几个特征：

（一）完全集成化

实现企业内部与外部、前端与后端的信息交互，保证企业的一体化管理。运用动态会计原理，以业务凭证、会计凭证实现业务信息与财务信息的高度一致性、同步性和完整性。提高财务管理信息的共享性，优化流程，规范程序，实现财务与业务的一体化。财务管理的最高层次是业务与财务的完美结合，即财务和业务的一体化。通过财务管理信息化来实现财务信息和业务流程的一体化，逐步实现生产经营全过程的信息流、物流、资金流的集成和数据共享，保障企业预算、决算、监控等财务管理工作规范化、高效化。

（二）运用先进的现代管理技术

实行远程网络化财务管理等现代管理技术，通过信息平台和网络技术将异地的分支机构通过网络联结起来，实现了财务信息的远程处理，数据的及时传递，远程报表、报账、查账、审计及财务监控的同步运行，实现了"统一信息平台，统一规章制度，统一监管"，并可随时准确出具管理者要求的财务会计报告，可实施穿透查询，减少了管理层次，加大了管理幅度，加强了事前、事中控制和监督，实现了有效的全过程财务管理和控制，从而摆脱了由于资源分散、监控力度不足所带来的经营风险。

（三）全面有效的集团财务管理

财务管理信息化除基本的会计核算处理外，还包括项目成本、全面预算管理、财务分析与监控等管理会计和集团财务管理功能。通过全面的财务管理和中央监控，实现对全公司进行全面的分析决策。在传统的集团财务管理进行的过程中，存在信息不对称以及信息不及时的问题，这就导致同一个企业集团在进行财务管理的过程中信息处理不统一，数据不能及时地到达集团的决策层，造成决策延误。而财务管理的信息化实行数据的统一配置和处理，可以实现全面有效的集团财务管理。

（四）实现中央监控和综合分析

财务管理信息化可以实时进行信息的获取，从而有效地实现中央监控，企业高层集中处理和决策。各类资金信息及时获取，有效快速掌控公司的资金使用情况，从而进行各种管理分析和各种财务决策，降低公司营运成本，保证企业稳定健康发展，减少企业风险，提高企业的核心竞争能力。

五、企业财务管理信息化建设的目标

财务管理信息化建设总体目标是在企业范围内建立一套安全、规范、统一、实时的财务信息系统。根据当前财务管理业务的内在需求，目标如下：

建立统一的财务管理信息化平台。统一的财务管理信息化平台是实现企业财务管理的基础和信息化的先行目标，包括统一软件和数据接口、统一报表格式、规范会计核算方式，在满足不同会计核算制度的前提下，统一会计科目、代码和会计政策等。

加强财务监督职能，做到财务信息的实时共享。实现远程查询、溯源查询等功能，可以对单位财务信息进行实时监测，结合内部审计，及时发现问题。实现强大灵活的报表生成系统。建立统一的报表体系，快速自动生成、汇总各单位的各类会计报表，支持基本报表、行业报表以及公司内部管理等各类报表，支持多种格式的报表输入输出、接口良好，能和其他软件的报表格式进行数据交换。

支持财务分析、管理会计和决策分析功能。满足各类财务指标的分析需求，在信息实时、准确共享的基础上，支持领导查询和决策分析，全面提高各基层单位的财务管理水平。

建立企业预算管理体系，强化财务管理功能。根据不同层次单位的特点，设计不同的预算管理方案，深化预算管理工作，建立完善资金、财务、资本、筹资等预算，使企业预算的组织、编制、实行、控制、调整、分析与考核形成一套完整、规范的闭环程序。

实现并完善成本费用管理体系。根据行业业务特点，建立适用、准确、先进的成本核算体系。在此基础上，强化预算、考核、控制、分析功能，根据下属单位的不同需求，构成成本管理技术平台，建立有效的成本管理体系。

实现高效有序的资金管理。建立高效有序的资金管理体系，对资金进行统筹调度，改善资金结构，合理配置使用资金，解决资金沉淀与短缺并存的问题，掌握企业资金流向，提高资金使用效率，降低资金使用成本和资金运营风险。

建立便捷实用的资产管理体系和灵活的效绩考核体系。将产权登记、清产核资、资产评估、股权管理等资产管理软件与财务管理系统连接起来，实现资产管理与财务管理的一体化，提高资产管理的效率；建立适合企业实际的效绩考核体系，实现与财务信息系统的无缝连接，通过效绩评价，促进企业改善经营管理，提高经营绩效。

第二节　财务管理信息化的基础

一、理论基础

（一）财务管理基本理论

财务管理区别于其他管理的特点，在于它是一种价值管理，是对企业再生产过程中的价值运动所进行的管理。财务管理既是企业管理中的一个独立方面，又是一项综合性的管理工作。企业各方面生产经营活动的质量和效果，大都可以从资金运动中反映出来，而通过合理地组织资金运动，又可以对企业各方面的生产经营活动积极地加以促进。财务管理的各项价值指标是企业经济决策的重要依据，而及时组织资金供应，节约资金使用，控制生产消耗，合理分配收入，则可以实现企业价值最大化。

财务管理工作包含的内容很多，主要有以下几项：财务预测、财务决策、财务预算、财务控制、财务分析。财务预测是根据财务活动的历史资料，考虑现实的要求和条件，对企业未来的财务活动和财务成果作出科学的预计和测算。财务决策是指财务人员在财务目标的总体要求下，通过专门的方法从各种备选方案中甄选出最佳方案。在市场经济条件下，财务管理的核心是财务决策，财务预测是为财务决策服务的，决策关系企业的兴衰成败。财务预算是运用科学的技术手段和数量方法，对目标进行综合平衡，制订主要的计划指标，拟定增产节约措施，协调各项计划指标。财务预算是以财务决策确立的方案和财务预测提供的信息为基础编制的，是财务预测和财务决策的具体化，是控制财务活动的依据。财务控制是在财务管理的过程中，利用有关信息和特定手段，对企业财务活动施加影响或调节，以便实现预算指标，是落实预算任务、保证预算实现的有效措施。财务分析是根据核算资料，运用特定方法，对企业财务活动过程及其结果进行分析和评价的一项工作，通过财务分析，可以掌握各项财务计划的完成情况，评价财务状况，研究和掌握企业财务活动的规律性，改善企业管理水平，提高企业经济效益。

（二）信息化的财务管理模式

传统的财务管理模式是建立在手工基础上的，现有的财务管理理论体系都是适合人工处理的。将计算机应用与财务管理结合，实现财务管理信息化，就必须改进财务管理模式，发挥计算机的最大优势。

对会计假设和会计原则的影响。信息化对会计的传统理论提出挑战，包括对会计假设的延伸、权责发生制和历史成本原则的动摇等。会计主体可实现多主体的核算，不必局限于一个主体。会计分期不再是一个个相等的期间，可根据企业财务管理的需要设定不等的会计期间，但要取得税务部门的许可。持续经营对于网络公司和虚拟企业已不再适用，在该假设下建立的制度也无法使用。

对财务管理信息分类的影响。财务管理所需的信息，除货币量化了的财务信息外，还要有市场信息、人力资源信息、组织管理信息等非财务信息。对于信息的分类，不再按信息的来源划分，而是按照信息的应用层次划分。财务管理信息分为基础信息、加工后信息、决策信息。基础信息可从财务管理系统中直接获得；加工后信息是对基础信息进行简单处理的信息，满足一般管理的需求；决策信息则是以基础信息和加工后信息为基础的可推理决策的信息。

对财务管理决策过程的影响。计算机决策分析方法在内在决策过程上深刻地变革着财经管理活动与相关的理论。现有的财务管理分析和决策模型，都是针对企业内部信息而设计的，主要是在未实现信息化前，外部数据的获得滞后于企业的分析和决策。信息化社会中信息的传递是非常快速的，导致统计信息近乎可实现实时提供。在筹资决策和投资决策的过程中，除了按照原有的财务管理理论计算资金成本和投资收益外，还可利用统计模型、运筹模型进行分析，将企业外部的信息作为参考因素，利用相关分析理论，检验传统分析结果，作出比较稳健的决策。信息化将减少财务决策过程中的主观因素，通过定量化决策模型和人工智能逻辑推理实现。虽然进行定量研究的学者们建立了许多数学模型用于财务管理，但没有实现信息化的企业是无法应用这些模型的，只能停留在理论研究上。

对财务人员的影响。信息化的实现将财务管理人员从繁复的会计核算中解脱出来，从而有时间进行财务分析和决策。在财务岗位的设置和分工上与传统模式有了很大区别。财务内部控制和互相监督的方式已经完全不同，关键不在于财务人员与财务人员间的牵制，而在于财务人员与系统维护人员间的分权。

二、技术基础

（一）数据库技术

数据库是数据管理的最新技术，是计算机科学的重要分支。近年来，数据库管理系统已从专用的应用程序包发展成为通用的系统软件。由于数据库具有数据结构化、最低冗余度、较高的程序与数据独立性、易于扩充、易于编制应用程序等优点，较大的信息系统都是建立在数据库设计之上的。因此，不仅大型计算机及中小型计算机，甚至微型机都配有数据库管理系统。数据库管理系统通常要提供数据描述语言和数据操作语言。数据描述语言用于定义数据库全局逻辑数据结构，包括所有数据元素的名字、特征及其相互关系，还定义有关数据库的安全、完整性措施。数据操作语言则是用户存储、检索、修改、删除数据库中数据的工具。

数据库的类型主要有网状数据库、层次数据库、关系数据库、面向对象的数据库等几种，其中当前应用比较广泛的是面向对象的数据库技术。面向对象的数据库将所有的控件视为对象，即表单、文本框、按钮、标签等；定义对象的属性：即对象的性质，如长、宽、颜色、标题、字体大小等；事件：就是对对象所做的操作（或者系统对某个对象的操作），如按钮被按动（单击）、对象被拖动、被改变大小、被鼠标左键双击等；方法：指对象所固有完成某种任务的功能，可在需要的时候调用。面向对象的数据库支持类、子类、对象、继承、封装、多态性等面向对象程序设计。

数据库的概念是20世纪90年代初提出来的，至今仍在不断发展、丰富和完善，它是当前企业在经营管理和决策活动中遇到的数据泛滥而信息贫乏的一种比较有效的解决方案。数据库为不同来源的数据提供了一致的数据视图，一经与数据挖掘、联机分析处理等数据分析技术相结合，即实现了为用户提供灵活自主的信息访问权利、丰富的数据分析与报表功能的目的，使企业数据得到充分的利用。

（二）网络技术

当前采用的网络技术主要有三种：互联网、内联网、外联网。这三种技术各有各的优势和缺陷，企业可根据各自的实际需求选择其组合，下面对其做一简单介绍。

1.互联网

互联网是当前国际上最大的计算机网络，自从1994年互联网迎来它的发展高潮后，最近几年得到飞速发展，全世界联网国家越来越多，上网用户也成倍增加。现代化企业要想进行对外交流，要想增强自己的竞争实力，必须充分利用互联网的各种资源，应该充分利用它开辟自己的市场。

互联网提供的服务主要集中在以下几方面：

第一，电子邮件。电子邮件是互联网提供的最基本的服务之一，电子邮件传送信件速度快、花费低，同时还可以确认对方是否收到、是否阅读等。要通过互联网传送和接收电子邮件，必须申请一个电子邮件通信地址。

第二，远程登录。连上互联网的任何一台计算机，不管它位于何处，均可很方便地与世界其他地方的任何一台计算机连在一起，使对方为自己服务，这称之为远程登录。远程登录所能享受的服务包括：数据库检索、共享软件、远程使用计算机资源等。

第三，文件传输。使用文件传输命令可以连接到互联网的资源库，实现文件的远程传输。文件传输的类型为多媒体型，即可以传输图形文件、图像文件、声音文件、数据压缩文件等。

第四，电子公告板和电子论坛。互联网设有几千个电子公告板，人们可以往公告板上发送任何信息，也可以参加电子论坛，通过网络讨论问题。

第五，新闻组。互联网设有专门的新闻组，供人们从网络上获取各种新闻信息。

2.内联网

内联网是公司内部的计算机网络，但它使用了互联网的一些标准通信协议及图形化的Web浏览器来支持企业内部的计算机应用，提供部门内部及部门之间的直至全公司范围的信息共享。这些通信协议包括超文本标志语言HTML、超文本传输协议HTTP和TCP/IPO。内联网的中心是浏览器和Web服务器，在建立内联网时，首要工作是选择和安装浏览器，这个工作的实现并不难，目前浏览器较多，功能也都大同小异，且价格均相当便宜，它们的安装也较为简单。在安装浏览器后，就是建立Web服务器，即利用HTML生成内联网网页，并建立链接关系，在Web服务器上增加各种功能。内联网的其他功能包括：文件传送、信息发布、电子邮件、用户与安全管理、网络新闻服务等。内联网用防火墙把自己限制在企业内部，从而保证了企业信息系统的安全性。值得注意的是，在使用防火墙时，虽然安全性得到了提高，但同时也限制了防火墙外的用户、潜在的顾客和合作伙伴访问企业公开和一定密级信息资源的自由，甚至将集团公司位于外地的子公司也挡在防火墙之外，这种现象对企业显然是不利的，而采用内联网技术却可以解决这个问题。

3.外联网

外联网是内联网网络概念和系统的进一步扩展，它借助于互联网把企业网的联网范围扩大到远离企业本部的组织和部门，以及与企业关系密切的组织和部门，以使得企业与合作伙伴之间可以通过计算机网络共享信息资源，也可以通过外联网实现电子商务。外联网不仅适用于分布在不同地理位置的企业集团内部共享信息资源，而且适用于企业与其供销链伙伴之间交换信息，同时还适用于企业的驻外部门与企业之间的数据通信。

建立外联网，应将企业的信息分成三类：第一类是仅供企业内部使用的专用数据，这部分数据要采用防火墙与外界隔离，但不会妨碍特殊虚拟专用网用户（子公司、出差在外的员工等）的进出；第二类是供企业的合作伙伴使用的半公开数据，这些合作伙伴包括集团公司的其他成员、用户、供应商、销售商等；第三类是任何人都可以访问的数据，这些数据不应包括企业的机密，应放在位于防火墙外的专用服务器上。

（三）信息技术

信息是经过加工处理后并对客观世界产生影响的数据，未经加工的数据是毫无意义的，将数据转换成对使用者有价值的信息的过程是非常关键的，而信息系统就像一台机器将原料变成设计的产成品。

管理信息系统是一种集成化的人机系统，它能为一个组织机构的作业、管理和决策职能提供信息支持，该系统是一个利用计算机硬件和软件，手工作业，分析、计划、控制和决策模型，以及数据库的用户机器系统。管理信息系统的概念结构被定义成各职能子系统的一个联合体，而每个子系统又分为四个主要信息处理部分，即事务处理、作业控制的信息系统辅助、管理控制的信息系统辅助和战略计划的信息系统辅助。信息系统的每个职能子系统都有一些只供自己使用的专用数据文件。此外，还有一些需要供多个应用存取并为一般检索使用的文件，这些文件被组织在一个由数据库管理系统管理的通用数据库里。

信息处理资源的需求量随着管理活动层次的不同而变化，与战略计划相比，事务处理层在处理时间、数据量等方面，更值得注意。事务处理系统为其余所有内部信息辅助活动提供基础，这种巨大的事务处理基础和较小的战略计划成分的概念可以看作一个金字塔。金字塔的底部表示定义明确且结构化的规程和决策，而金字塔的顶部代表比较特别的非结构化的处理和决策。金字塔的下部多适于文书和基层管理人员使用，而上部主要适于高级管理人员使用。

管理信息系统经过延伸，逐渐发展为决策支持系统。

决策支持系统是以管理科学、运筹学、控制论和行为科学为基础，以计算机技术、模拟技术和信息技术为手段，面对半结构化的决策问题，支持决策活动的具有智能作用的人—机计算机系统。它能为决策者提供决策所需要的数据、信息和背景资料，帮助明确决策目标和进行问题的识别，建立或修改决策模型，提供各种备选方案，并对各种方案进行评价和优选，通过人—机对话进行分析、比较和判断，对正确决策提供有益帮助。

1.语言系统

提供给决策者的所有语言能力的总和称为语言系统。一个语言系统既包含检索语言（它是可由用户或模型来检索数据的语言），也包含数值计算语言（它是用于模型计算的语言）。决策用户利用语言系统的语句、命令、表达式等来决策问题，编制程序在计算机上运行得出辅助决策信息。

2.知识系统

知识系统是问题领域的知识，它包含问题领域中的大量事实和相关知识，最基本的知识系统由数据文件或数据库组成。数据库的一条记录表示一个事实。它按一定的组织方式进行存储，更广泛的知识是对问题领域的规律性描述，这种描述用定量方式表示为数学模型。数学模型一般用方程、方法等形式描述客观规律性。

3.问题处理系统

问题处理系统是针对实际问题，提出问题处理的方法、途径，利用语言系统对问题进行形式化描述，写出问题求解过程，利用知识系统提供的知识进行实际问题求解，最后得出问题的解答，产生辅助决策所需要的信息，支持决策。

三、应用基础

（一）内部环境

内部控制是企业最重要的财务制度，控制环境的好坏是企业能否实现有效控制的首要因素。交易授权的目标是确保信息系统处理的所有重大交易都是真实有效的，而且符合管理当局的目标。在工业社会的企业组织管理架构下，交易授权通常可分为三类：一是借助经办人员来实现；二是通过程序（不是计算机程序）控制来实现，如利用最低存货水平对购货的控制；三是通过对非正常交易的个案控制来实现。

由于信息社会对信息处理的高度集中，因此几乎所有交易授权都可包含到不同的计算机软件模块中，从而减少人工的介入。例如，采购系统模块可以确定应当在什么时间、向哪个供应商订货，以及订多少等，这些交易都可以在完全没有人工介入的情况下通过信息系统自动完成。职责分离在手工系统中，简单地讲就是掌权的不管事、管账的不管钱、管物的不管账。由于一个有效的内部控制系统需要由不同的人来履行不相容的职务，所以其岗位设置具有某些特定的含义。计算机环境中的职责分离与手工环境是有所不同的。例如，计算机程序既可授权某项采购，也可处理订单，同时还可记录应付账款。换言之，手工状态下必不可少的职责分离和需要由多人来完成的工作，在计算机环境下可以完全依赖计算机程序来实现。人工环境下的内部控制之所以要求有职责分离是为了防止人类行为的某些负面影响，如人总会有开小差出错的时候，而且偶尔也可能有舞弊的想法等。计算机虽然也有出错的时候，但在本质上这种错误是由于执行编程的人员所犯的错误，如果不是人为的原因，计算机不可能自己执行某种舞弊程序。因此，在纯粹的计算机环境下实际上已没有手工状态下的职责分离的必要。计算机环境中的职责分离与手工状态下最大的不同在于，一旦某种软件被安装并用于执行某项功能以后，它的编码、运行和维护职责就必须相分离。

近几年，随着资产重组、行业联合、跨行业兼并等企业扩张行为的实现，涌现出了众多的大企业集团。成立集团结算中心，强化集团财务管理便是一种较为有效的措施，并在一些企业集团获得成功，取得了一定的经验。财务结算中心是根据集团财务管理和控制的需要在集团成立，为集团企业办理资金融通和结算，以降低资金成本和提高资金使用效益的机构。它通常设立于财务部门内，是一个独立运行的职能机构，其主要职能有以下几方面：

第一，集中管理各成员企业或分公司的现金收入，一旦各成员企业或分公司收到现金收入时，都必须转账到结算中心在银行开立的账户，不得挪用。

第二，统一拨付各成员企业或分公司因业务所需的货币资金，监控货币资金的使用方向。

第三，统一对外筹资，确保整个集团的资金需要。

第四，办理各分公司之间的往来结算，计算各分公司在结算中心的现金流量净额和相关的利息成本或利息收入。

第五，核定各分公司日常留用的现金余额。

推行全面预算管理是发达国家成功企业多年积累的经验之一，对企业建立现代企业制度、提高管理控制水平、增强未来竞争力有着十分重要的意义。在一般企业中，次年的预算取决于会计年度预算与企业的战略规划。在会计年度末期要计算出次年的年度预算，反映到会计费用、利润等资金指标上。这些数据分别来自：①销量完成部门（销售部）的销量与销售费用预算数据；②市场开发与维护部门（市场部）的市场费用、产品占有率和市场增长率指标；③产品供应及保障部门（包括生产部、供应部、工程维护部、物流部）的产量预算、运力预算、生产与维护费用预算；④行政部的行政费用预算；⑤财务部的财务费用、资本需求预算等；⑥人力资源部提供的人事费用与人力资源需求预算。[1]

这些预算在不同的行业里，有不同的方法。有了上面的常规预算数据，根据企业的战略目标、行业的市场吸引力、行业的政策取向、行业内部的竞争环境、管理人员的综合分析判断等因素，加以加权修正，以便更确切地保障市场目标的实现。

---

[1] 雷晓光.集团企业财务管理信息化建设分析[J].财会学习，2019（32）：23-24.

（二）外部环境

在信息化进程中，政府作为政策的制定者、启动者、管理者和监督者，对信息化的发展起着举足轻重的作用。随着信息化的发展，要加快信息化立法的进程，保证和促进信息化健康有序的发展，调整社会信息关系，规范社会信息行为，研究制定信息化的法律体系。政府行为在于为企业财务管理信息化创造良好的外部制度环境，同时制定政策引导企业选择财务管理信息化。

（三）信息化水平

企业的信息化水平对实现财务管理信息化的影响是不可忽视的，财务管理信息化除了要有一定的制度基础，还要有必要的设备、系统和人员，信息化水平越高的企业实现财务管理信息化的成功机会越大。企业的信息设备，如计算机、网络设备、自动控制设备等，是信息化的硬件基础，没有这些硬件的存在，信息系统就如空中楼阁，没有任何现实意义。企业要进行财务管理信息化首先要购置相当数量的设备，给信息系统一个可以依附的架构。

财务管理信息化需要各方面的信息作为支持，通过其他系统提供的数据，可以加速信息采集和传递。企业的计算机集成制造系统、计算机辅助后勤保障、制造资源计划、办公自动化系统、电子商务等系统均可为财务管理信息系统提供财务分析、预测、决策所需的数据，大大提高财务管理信息系统的运行效率和使用效果。

人是众多因素中最关键的一项，没有熟悉计算机技术、网络技术和信息技术的信息人员，所有的设备和系统都是陈列品，无法发挥其应有的作用。配备一定数量的信息人员，对财务人员进行信息管理培训，是财务管理信息化水平不断提高的必要手段。

第三节 财务管理信息化的建设策略

一、加强对企业经营者的培训

首先，要加大对企业经营者观念的培训。大力推进企业财务管理信息化建设首要解决的是企业一把手的观念问题。应通过多种形式，加强对企业经营者信息化知识和财务管理方面的培训，并重视舆论宣传，推广典型经验，为推动企业财务管理信息化建设营造舆论氛围。其次，要加强企业经营者的信息化知识和财务知识的培训。企业信息化对于一个企业不是一项简单的工作，它涉及国家政策、客观环境、领导意识、员工素质、管理基础等诸多方面的制约，企业信息化应从企业自身需求出发，因地制宜、因势利导、脚踏实地、循序渐进。要想建立一个完整的企业信息系统首先必须要抓住主流、抓住核心，讲究策略，分步实施。实行企业信息化管理，主流是抓财务，实现财务信息化，以财务信息化带动整个企业的管理信息化，财务是核心是基础；财务管理信息化的成功不仅实现了企业最基本最核心部分的信息化，而且更重要的是它为整个企业信息化的成功积累了经验。财务管理信息化的成功可为企业的理财提供有力的工具，也可为实现企业全面信息化奠定坚实的基础，如财务与业务一体化管理软件，它能实现生产经营权过程的信息流、物流、资金流的集成和数据共享，保障企业预算、结算、监控等财务管理规范化、高效化，最终建立以财务管理为中心，以成本控制为重点，供销一体化的财务信息系统，实现所有的业务核算及登记全部由计算机一次自动完成并做到"信息集成、过程集成、功能集成"，实现财务系统与销售、供应、生产等系统的数据共享，管理统一。企业进行财务信息化建设，必须加强基础工作建设，改善财务信息化环境，培养复合型财务人才，适应财务信息化要求。企业对财务人员进行计算机和财会知识培训，使每个财务人员既具备最基本的计算机知识又具备先进的财务管理知识，把财务人员培养成"财务—计算机—管理"型的复合型人才，以促进财务信息化的正常发展。公司财务管理信息系统的建设实行统一领导、全财务信息化岗位责任制，分级管理、统一规划、分步实施；同时，在工作中建立健全财务信息系统维护、使用人员的管理，对财务人员的管理实行"责、权、利"相结合的原则，明确系统内各类人员的职责、权限并与利益挂钩，切实做到事事有人管、人人有专责，办事有要求、工作有检查。

目前有些企业的经营者战略管理意识模糊，只重眼前利益，认为财务信息化与自己的企业无关，这种错误观点必须予以纠正，原因有三方面：一是在日益加剧的激烈市场竞争中，企业单纯依靠设备的投入和规模的扩大，其发挥的作用有限，也是不长久的。引入信息技术，实行企业管理信息化和财务信息化，及时了解和利用企业内外的信息，作出科学的决策，才是企业发展的根本。二是企业经营者是实现企业信息化的关键，完善的财务制度和内部控制制度是发挥企业信息化优势的保障；信息化进程首先是信息管理的过程，企业经营者不仅要学会如何进行财务信息化的投资，而且更应该学会将庞大的企业信息数据库尽快转化成企业管理的利器。因而，经营者必须加强信息化知识和财务知识的学习，熟练掌握网络知识，应用企业信息化尤其是财务信息化来管理企业，倡导企业员工主动学习企业信息化知识，适应企业信息化的工作环境，在企业信息化的促动下，推动企业的财务制度和内部控制制度的不断完善，推进企业财务管理信息化建设，不仅有助于加强企业内部财务管理与资金监控，从而提高资金的使用效率和实现风险控制，而且对于增强我国企业的核心竞争力、积极参与国际竞争有着十分重要的战略意义。三是树立以财务管理为核心、以资金流量控制为重点的管理理念，在企业的经营管理中，只有切实抓好企业内部的财务管理和资金监控，才可以加强制度约束，防范资金风险、堵塞资产流失的漏洞，才能带动整个企业管理水平的提高，从而使企业真正成为能够与世界各国平等对话、相互协作、相互竞争的现代化新型企业。

二、加强企业之间的交流与合作

信息化的建立不是单个企业的事情，它关系到企业界财务管理水平的信息化建设速度和水平，因此，建立企业财务管理信息系统无论是对用户企业，还是软件企业都是一项全新的工作，再好的财务管理软件，都必须组织二次开发，只有融入企业的管理理念并符合企业实际的统一财务管理软件，才能真正达到加强企业财务管理的目标要求。在这方面，必须积极发挥政府部门或有关行业协会的作用，以行业为基础，组织联合攻关，推动供需双方的合作与交流，从而加快我国企业财务管理信息化的进程。

三、转变经营理念，实行财务信息化与企业信息化的配套建设

财务管理信息系统是整个企业管理信息系统的核心子系统，加快财务管理信息化建设不仅要对建立财务管理信息系统实行规划，而且必须对整个管理信息系统进行整体规划。从企业基础信息化做起，按照先易后难、分步实施的原则，按照财务、物资、生产管理的秩序分阶段推进，否则在没有总体规划的前提下，孤立地建立起各自的子系统，对最终实现企业管理信息化必然会造成极大的投资风险。

许多企业的经营者认为企业信息化，就是每个职能部门实行电算化。于是为了使自己的企业在社会上得到认知，使自己的产品得到全球市场的认可，纷纷建立企业网业、注册域名，实行办公自动化或电算化核算物流。许多企业为实现企业信息化已奠定了一定的基础，投入了一定的资金，即完成了上述信息技术对管理革命影响的第一层次，但由于未达到更高层次，致使企业信息化并没有发挥其应有的作用——提高劳动效率、减少资金占用、节约成本、信息畅通等，因此，必须尽快提高企业经营者的信息化管理水平，以免造成人力和物力的大量浪费。

充分认识到财务信息化是企业信息化的核心部分，以财务管理信息化带动企业管理现代化，只有将企业信息化和财务信息化进行配套建设，各个职能部门的资源共享，才能避免形成"信息孤岛"，避免资金的重复投入和浪费。

（一）硬件准备

第一，会计信息系统要把企业各部门信息纳入范畴，其信息资源将延伸到供、产、销、库存物料、人力资源、资金调度等各个方面，在企业内部各单位、各部门之间建立计算机信息网络体系，变传统书面信息传递为计算机之间的数据传输和数据共享；第二，会计信息系统要具备良好的网络管理功能，网络管理范围既包括各部门集中在一个区域的常规的局域网方式，还必须包括跨地区甚至跨

国界的广域网方式，才能适应网络经济的发展需要。

（二）软件开发

第一，数据收集的功能模块。企业应根据一盘棋的思路，对生产经营过程中的有关数据库进行规划，实现数据共享，开发数据收集模块，可以根据不同需要，完成各种数据收集。第二，预算控制模块。开发出相应的预算控制模块，自动将全年的预算指标根据实际分布情况，分解到月，对会计人员报警，提醒及时加以控制，在完整的价格体系上，还可以要求控制模块自动计算实物的使用数量，变事后控制为事中控制。第三，会计分析功能模块。会计分析的主要功能通过编制相应的功能模块程序来自动完成，自动对大量数据信息进行分析，并对分析结果作出判断。对于超出正常值范围的异常状况能加以解释说明，并分析异常情况产生的影响，同时提出建议和应付措施。第四，会计预测功能模块。会计预测在分析多年的会计原始数据的基础上，找出构成会计要素各因素的变化规律的基础上，编制出内部实物、劳务、费用变化的数学模型，进行符合规律、科学合理的预测，指导我们在激烈的国际竞争环境中进行科学决策。

（三）电子商务

电子商务系统信息时代将越来越多地依靠信息传递的速度和便捷性。应用网络技术发展电子商务、商品销售、物资采购、货款结算，既可扩大市场范围，又可节约费用。

四、完善企业财务制度和内部控制制度

财务信息化的载体电子数据是一种特殊的数据，它对财务工作的影响主要体现在三个方面：一是不辨字迹性。人工财务系统中的字迹是确定会计责任的有效依据，而电子财务数据没有字迹特征，不能通过字迹来确定会计责任，缺乏法律证据效力，要防止一些财务人员用他人的名义做会计制度不允许的事情。二是脆弱性。电子财务数据存储在磁性介质中，容易受到多种物理因素和人为因素的影响，计算机病毒、操作失误、蓄意破坏、搬移震动、机械磨损、电压波动、磁场干扰、灰尘微粒、潮湿空气都会威胁电子财务数据的安全，这就产生了财务数

据安全性要求高而电子财务数据安全性低的矛盾，这是导致很多企业电子财务系统无法真正使用的重要原因，企业财务工作的组织者必须具备解决这一矛盾的素质，才能驾驭电子数据处理环境下企业财务工作的组织管理。[①]三是快速操纵性。电子财务数据可以快速地复制、删除、衍生、传播和成批修改，一方面，使得快速运算大规模财务数据成为可能，为实现财务信息的即时分类检索和复杂财务分析模型运算奠定了技术基础，企业财务工作的组织者要充分利用这一特点，为企业管理者提供更加快捷和丰富的信息服务；另一方面，要考虑如何防范财务信息失密、被篡改和蓄意破坏等问题。由于电子数据的特殊性质，因此我们实施财务管理信息化时应采取安全控制措施，具体如下：

（一）财务信息化内部人员控制的安全措施

第一，组织与管理控制。企业财务信息化后，必须对原有会计组织机构做相应的调整，对各类岗位人员制定岗位责任制度。系统使用人员内部权限的分工，相互间不得越权操作；系统维护人员与系统操作人员分离，系统维护人员定期检查软件、硬件的运行情况，负责系统运行中软件、硬件故障的排除以及系统的安装调试工作；系统操作人员的职责是根据系统操作手册，处理各种业务，如进行凭证录入、审核、报表编制及输出等，所以必须分离，不能相互兼任。

第二，系统维护控制。包括对硬件、软件和数据的维护。对硬件的维护，除应设专人保管外，还应制定设备的使用、检查、维护和更新制度，规定机房的安全用电及制定防火、防盗、避雷等措施。对财务核算软件的管理和维护，主要在于防止对软件的非法修改和删除，必须按规定的程序进行，即通过申请、提取源代码、修改、测试以至重新使用的过程。做好数据备份及恢复工作。要对数据资料进行多份拷贝，存放不同地点，定期进行检查，避免出现由于磁性介质的破坏而造成数据丢失。

第三，系统安全控制。系统安全保护措施比较普遍的是使用对用户和计算机设备进行授权，此种方法简便易行。这种方法是对用户、设备、文件分别授予不同级别的授权，以防止未授权人员有意或无意地进入系统。为此，系统必须具有授权登录、检验用户身份和核对操作权限的机制，还要对数据文件进行加密保

---

① 王凯旋.企业财务管理信息化建设策略研究[J].商讯，2020（3）：18-19.

护，防止他人修改和破坏。

（二）财务信息化网络安全管理的措施

第一，网络是各计算机之间的互联互通，因此网络安全显得尤为重要。企业的财务数据往往涉及重大商业机密，在网络传输过程中，有可能被竞争对手非法截取，造成不可估量的损失。会计信息在网上传递的过程中，随时可能被网络黑客或竞争对手非法截取并恶意篡改，同时病毒也会影响信息的安全性，对此，我们应设立防火墙技术，并且对信息系统普遍采用数据加密技术，把病毒及非法访问者挡在内部网之外，并防止信息在传输过程中被泄密。

第二，网络系统是一个人机系统，仅有一个良好的软件是不够的，必须有一套与之紧密结合的组织措施，才能充分发挥其效用，保证会计信息的安全与可靠。首先，应结合企业的财务特点，选择市场比较成熟的商品化的网络版软件；其次，应制定实施规范及相应的制度，如岗位责任制度、人员管理制度、档案管理制度、以各种标准账表文件为主体的电子介质管理制度等。总之，财务信息化网络的建设是以当代先进的信息技术为基础，采用多种先进技术进行自我查找、跟踪各网站上的会计信息资源，及时获取企业需要的信息，实现资源共享，最终提高信息使用者的决策水平。

五、构筑企业财务管理信息化价值链

企业实行财务信息化或企业信息化，并非只是简单地用计算机代替手工劳动，也不是将传统的管理方式照搬到计算机网络中，而是借助现代信息技术，引进现代管理理念，按照信息化要求，在企业内部以价值链增值活动出发审视企业，将企业的业务流程进行重组，实行以财务为先导，以价值成本为核心来管理和控制企业采购、生产、销售、后勤及服务，将企业的间接费用降到最低；在企业外部，按信息流、资金流、物流与其他企业结成联盟，建立共同目标，通过相互间信息的自由交流，共享先进成果，以其供应链的最佳优势来击败他们的共同竞争对手——其他供应链的盟友。为此，企业在这种供应链的竞争中，为了保持长足的发展，首先，必须尽可能使自己成为处于同一供应链中的大企业的联盟成员，充分利用企业财务信息化的基础，实施供应链的管理，与处于同一供应链中的下游企业实现信息共享，随时了解下游企业的需求，利用内部的快速反应系统及时对下游企业的需求作出相应的调整，从而使企业避免盲目生产，保持最佳库存，减少资金占用成本，以提高企业产品的竞争力；其次，在企业结盟的过程中，要不断学习其他盟友企业先进的管理办法和管理手段，尤其是财务信息化方面的管理经验，为己所用，不断稳固企业在供应链中的结盟地位。只有这样，才能使企业自觉自愿地实现企业信息化，才能快速地抓住企业管理的核心——实现财务信息化，利用财务信息化数据进行科学的经营决策，提高企业的管理水平和技术水平，树立良好的企业信誉，凭借企业的自身实力立于不败之地。

第四节　财务管理信息化系统的优化策略

一、构建财务业务支撑系统

（一）报账管理系统

报账管理系统主要是对公司员工的出差费用、会议招待费用、探亲报账费用、医疗补助费用及其他符合公司报账规范的费用进行报账管理的系统。上述报账费用一般是根据业务类型而分类报账的，这些报账申请过程可通过系统实现自动预算控制。而没有分类的费用则由相关部门对其进行综合处理。所以，公司的报账平台在符合财务信息化体系的总规范下进行规划建设，是符合企业财务部门和其他服务部门要求的。在其规划建设过程中，核心关注的内容有以下几个方面。

1.规范化报账单据

通过电子报账平台系统进行报账，为了确保财务核算账务入账数据的标准化，及为后端的财务核算数据规范奠定基础，需要对报账单据的内容和格式制定统一的规范和标准。

2.电子化审批流程

报账管理系统采用的是电子化的审批流程。它的工作原理主要是根据系统与线下的单据确认，将电子报账单及相关的纸质附件进行电子化处理，再接入电子流程，从而推送待办事件以完成整个审批流程。电子化审批流程不仅能保证审批的质量，还能提高财务核算的效率，为后端的财务分析和决策提供时间上的保证。

3.自动化信息传递

通过建立预算管理系统、ERP核算系统、OA系统的接口，实现信息的准确性，以降低劳动强度和提高财务人员的工作效率。

4.界面美观化与操作易学化

通过引入美工元素和潮流元素，提升用户的友好和忠诚度；同时还要对用户非专业类数据填写与操作步骤进行简化，以提高使用者的可操作性和易学性。

（二）预算管理系统

预算管理系统是财务业务支撑系统的一个重要组成部分，加强公司的预算管理工作，能帮助公司的财务部门和高层管理人员了解公司的资金使用情况，也能够预知企业未来的资金支出情况，借此可以为公司的决策者提供有效的信息，对调整公司的发展战略起到关键性的作用。

预算管理系统是实现预算的编制与调整、预算的控制和预算的执行分析等涉及预算管理的全过程的功能。据此，通过对公司的财务业务流程进行梳理，并结合公司在全面预算管理方面的管理要求，可以将公司的全面预算管理系统的应用分为两个方面：一是按年度进行预算管理；二是按日常细分项目进行预算管理。这两方面的应用在整个财务信息化系统体系中分属于业务的应用层面。

全面预算管理系统的功能主要有个人工作台管理、年度预算编制管理、预算日常业务与调整、预算检查与控制、查询与统计功能、系统管理功能等几个层面。它与已建成或将要建成的其他财务信息系统、前端业务信息系统等都存在基础数据与业务数据的交互关系，这种集成与交互关系是公司整个财务信息化体系不可分割的重要组成部分。

（三）银企互联管理系统

银企互联管理系统是指通过与ERP系统、报账平台、营收资金稽核系统建立接口，来实现信息传递的准确性，最终达到降低员工劳动强度，提高企业财务工作效率的目的。其中，银企互联管理系统是由系统管理、转账支付、上划下拨、监控对账、查询统计、安全管理和接口管理七个部分组成的。

据此，公司为了实现企业与主要银行的直连关系、建立与银行业务系统的实时连接通道，并利用该通道向银行发送交易指令和接收数据信息，实现企业集中高效的资金支付和调拨的目的，其急需建立银企互联管理系统。该系统还可以满足企业银行账户的集中管理与统一口径。基于银企互联管理系统，公司的相关人员可以实时获取资金账户数据，并对企业所有账户的资金变动情况进行及时、全面、准确、有效的监控，此外，还可以实现银企自动对账的需要。

（四）内控内审系统

内控内审系统是指对财务前端业务所涉及的财务运作与财务账务处理进行监控、分析风险、提前预警，并进行防范的工作。它是一个财务信息化系统中必不可简化的环节。其中，内控内审系统模块包括维护管理、执行管理、测试管理、修补管理、考核管理、资源管理、统计分析、知识管理、交流平台九个应用模块。

（五）资金管理系统

资金管理系统是指对公司的资金来源和资金使用进行计划、控制、监督、考核的工作。它是财务信息化体系中的资金管理环节，其中系统中的资金管理功能主要包括：账户管理、资金池、资金计划、资金收付、内部结算、对账、存贷款管理、授信管理、票据管理、报表管理、资金运营与监控分析等。

二、拓展财务管理信息化体系的支撑范围

要建立综合服务的支撑系统，还需要利用科学的运维体系平台和信息管理手段，对已建立的应用系统的运行监控、咨询答复、系统完善的规范化等进行管理。因此，下面将介绍系统支撑组织与支撑人员的职责；规范支撑管理制度；建立运维辅助平台等方面的内容。

（一）系统支撑组织与支撑人员的职责

系统支撑分成两个层面：业务层面和系统运行层面。其中，业务层面的维护工作主要是保证业务功能正常使用。包括系统基础数据的维护、日常业务操作培训和支持、需求收集等内容，其维护工作主要由业务部门的超级用户和关键用户负责。而系统运行层面的维护工作主要是对能保证系统正常运行所必需的主机、数据库、存储、网络、接口等进行管理，其主要由技术维护部门负责。

（二）规范支撑管理制度

为了使财务信息化系统良好地运行，需要规范公司的支撑管理制度。据此，公司可以建立三级运维支撑服务体系，为信息化系统监控服务管理中心的建立创造条件。具体内容如下：

1.一级维护支持

即由专业维护服务团队受理关键用户提出的问题和需求。

2.二级维护支持

由用户的超级用户构成，并通过多渠道的方式提出问题或需求，以便专业团队中心通过网络、电话中心和邮件等方式受理和解决用户提出的问题。

3.三级维护支持

由第三方厂商联合构成，对于产品缺陷或重大系统级的问题，协调产品厂商处理。而对于公司自主开发系统出现的重大问题，将提交给业界知名厂商处理。

（三）建立运维辅助平台

企业的信息化系统运维包括规划部署、运行监控、日常运维管理、运维安全审计等一系列工作。建立运维辅助平台，规范并发布运维管理制度，能帮助相关部门收集和监控信息化系统及设备的运行情况，从而提高管理者对风险的防范意识。因此，运维辅助平台主要解决如下问题。

1.知识库管理

知识库管理即当信息系统运维管理遇到问题需要处理时，企业要提供可参考的依据和标准，将问题的风险降到最低。这就需要辅助平台将企业中的常见问题、规章制度等形成知识库。

2.硬件设备管理与监控

运营辅助平台需要对硬件设备进行管理与监控，对脆弱点进行重点监控并实施定期报告制度；对关联复杂资源进行实时风险警示等工作。

3.定制化应用的重点管理与监控

定制化应用的故障最多，影响最大，监控需求最迫切。因此，对预知性差、突发性强的定制化应用进行重点监控，能帮助企业财务信息化系统的良好运行。

4.提升对监控的扩展能力

信息化系统在生命周期的不同阶段会呈现出不同的故障特征，而运维辅助平台的监控功能可以对其进行持续的监控，并通过不断地调整设备提升系统对监控的扩展能力。

三、加强系统安全性设计

一般来讲，财务管理信息化系统应具备多级别、多层次的安全控制方式，按照财务密级的不同，要确保非涉密级的财务信息能得到最大程度的共享，而对于那些涉密财务信息（包括绝密、机密和秘密等密级信息）应建立相应的安全性措施。

第一，实现ASP.NET安全机制与IIS安全机制的协同机制。为确保ASP.NET应用程序的安全应注意以下三个方面的内容：①身份验证模块。该模块主要是确认及验证用户的身份。②授权模块。即当用户通过身份验证后，还要根据用户访问权限的不同决定用户是否能继续访问相应内容。③模仿模块。在完成从IIS传输数据至应用程序的流程后，在ASP.NET应用程序中可以验证执行各类用户的上下文，然后根据模拟身份权限的不同来判别是否允许用户的访问。

第二，SSL协议即安全套接子层协议。一般来讲，财务系统会默认以明文的形式通过HTTP输送相关信息，实际使用时可在发送明文中加输密码，借助SSL协议保护相关安全目录的安全性。

第三，个人身份验证技术。主要是采用基于智能卡的认证方式，即每个用户持有一张智能卡，智能卡存储了用户的秘密信息，同时在验证服务器中也存放该秘密信息，进行认证时，用户输入PIN（个人身份识别码），智能卡认证PIN成功后，即可读出秘密信息，进而利用该信息与主机之间进行认证。基于智能卡的认证方式是一种双因素的认证方式（PIN+智能卡），即使PIN或智能卡被窃取，用户仍不会被冒充。

第四，其他安全性控制设计。除了上述三个安全性设计外还有传输数据加密、CA认证、存量控制表、防火墙和杀毒软件等安全性较高的系统。

四、提高财务人员的综合素质

建立企业信息化培训体系，要求财务管理人员要懂财务和业务，这是企业培养高素质专业人才的重点。财务管理信息化的性质特征决定了财务人员必须具备很高的综合素质。财务人员要不断吸取新的知识，不断提高财务管理知识化、信息化水平。同时，企业还需要定期对财务人员进行有针对性的培训，对现有的企业信息化培训体系进行补充和完善，加深财务人员对专业知识和技能水平的掌握，使财会人员的综合素质水平得到有效的提升，确保财务管理信息化建设有条不紊地进行。作为企业财务管理人才，要不断学习更新知识、熟悉计算机的相关操作、提高自身的专业能力，使自己成为经验丰富、专业水平过硬的财务管理复合型人才，推动企业财务管理信息化建设的发展，使企业的管理水平跃上一个新的高度。

五、实现财会业务的一体化

企业财务管理信息化建设是繁多复杂的艰巨任务，需要企业不仅要注重自身竞争力的提升，而且还需要参与到国际竞争中，这样既可以有效推动企业财务管理信息化的发展，还能够为企业管理信息化建设争取更多的专项资金，为企业财务管理信息化发展奠定良好的基础。同时，为了更好地满足经济全球化发展需求，还需要对企业资源进行科学、合理的规划，从自身特点出发对业务流程进行创新和优化，以实现生产经营的精细化及集约化效果。在企业管理过程中，信息技术不仅能够使企业财会管理实现一体化发展，而且可以更好地反映企业的经济活动，实现对财务管理资金的有效控制。

第四章 财务管理与资本管理

财务管理工作是企业经营管理工作中极为重要的一环,该项工作就是要帮助企业正确处理各项复杂的财务关系,合理地对企业的各项财务活动进行组织和安排。本章围绕资金时间与投资风险价值、营运资金与现金管理和应收账款与存货管理展开论述。

第一节 资金时间与投资风险价值

一、资金的时间价值

资金的时间价值是现代财务管理的基础观念之一,因其非常重要并且涉及所有理财活动,因此学习财务管理,必须掌握时间价值原理和计算方法。

资金的时间价值是指一定量资金在不同时点上的价值量差额,也称为货币的时间价值。一般情况下,资金必须同时满足两个条件才具有时间价值:一是要经历一段时间,二是要将资金用来投资或再投资。所以有时也将资金的时间价值定义为资金经历一定时间的投资或再投资所增加的价值。

理论上,资金的时间价值就是相当于没有风险也没有通货膨胀情况下的社会平均资金利润率。

实务中,人们习惯使用相对数字表示资金的时间价值,即用增加价值占投入资金的百分数来表示。

由于资金随时间的延续而增值，不同时间单位货币的价值不相等，所以，不同时间的货币收入不宜直接进行比较。需要把它们换算到相同的时间基础上，才能进行大小的比较和比率的计算。因此，要将一定量资金换算到某一时点上，必须掌握终值、现值的计算或换算。

（一）终值和现值的计算

终值又称将来值，是现在一定量资金计算到未来某一时点所对应的金额，俗称"本利和"，通常记作F。现值是指未来某一时点上的一定量资金折算到现在所对应的金额，俗称"本金"，通常记作P。

终值和现值是一定量资金在前后两个不同时点上对应的价值，其差额即为资金的时间价值。一般情况下，终值和现值的计算应分为一次性收付款项和系列收付款项终值和现值的计算。

（1）一次性收付款的终值是指现在某一笔资金在未来某一时点所对应的金额；一次性收付款的现值是指未来某一时点上的某一笔资金折算到现在所对应的金额。

（2）系列收付款的终值是指现在不同时点上的若干笔资金在未来某一时点所对应的金额；系列收付款的现值是指未来时点上的若干笔资金折算到现在所对应的金额。

（二）一次性收付款的终值和现值

一次性收付款的终值和现值，可以简称为普通复利终值和现值。

1.一次性收付款终值

一次性收付款终值是指现在某一笔资金按复利计算的将来一定时间的价值。其计算公式如下：

$$F = P(1+i)^n \quad (4-1)$$

在上述公式中，$(1+i)^n$被称为复利终值系数或1元的复利终值，用符号（$F/P, i, n$）表示。例如，（$F/P, 5\%, 6$）表示利率为5%的6期复利终值的系数。为了便于计算，可查阅"复利终值系数表"。该表的第一行是利率i，第一列是计息期数n，相应的（1+i）^{n}值在其行列相交处。通过该表可查出，（F/P，5%，6）=1.3401。在时间价值为5%的情况下，现在的1元和6年后的1.3401元在经济上是等效的，根据这个系数可以把现值换算成终值。

2.一次性收付款现值

一次性收付款现值是一次性收付款复利终值的对称概念，指未来一定时间的某一笔资金按复利计算的现在价值。复利现值计算，是指已知F/P，i，n时，求P。

通过复利终值计算，已知：$F = P(1+i)^n$，所以

$$P = \frac{F}{(1+i)^n} = F(1+i)^{-n} \qquad (4-2)$$

上式中的（1+i）$^{-n}$是把终值折算为现值的系数，称为复利现值系数，或称为1元的复利现值，用符号（F/P，i，n）来表示。例如，（P/F，10%，5）表示利率为10%时5期的复利现值系数。

（三）系列收付款的终值和现值

掌握系列收付款的终值和现值，是理解年金终值与现值的基础。

1.一般系列收付款的终值和现值

（1）一般系列收付款终值的计算。这个问题实际上就是将不同时点的资金逐一换算为未来某一时点的终值再求其和的过程。如在n年内，已知每年末存款Rt（t=1，2，…，n），求第n年年末一次取出的本利和，这类问题就属于求系列收付款终值的问题。它是由一次性存款现值求终值的发展，即分别将不同时点存款的现值（当时值）按一定的利率（单利率或复利率）和该存款实际存放年限逐一换算为第n年年末的终值，再将它们加起来，便得到系列存款的终值。也就是说，系列收付款的终值就是每笔收付款的单利（复利）终值之和。

（2）一般系列收付款现值的计算。这个问题实质上是将不同时点的资金逐一换算为事前某一时点的现值再求其和的过程。如在n年内每年末取款（本利和）Rt（t=1，2，…，n），第n年取完，需了解一次性存入银行的金额（一次存入，分次取出）。这实际上是由一次性取款终值换算为现值问题的发展，只需将各期取款额（当期终值）分别折算为期初（第0年）的现值，那么这些现值的合

计数就是所求的系列收付款项的现值。也就是说，系列收付款的现值就是每笔收付款的单利（复利）现值之和。

2.特殊系列收付款的终值和现值——年金终值和现值

年金是指等额、定期的系列收付款项。例如，分期付款赊购、分期偿还贷款、发放养老金、分期支付工程款、每年相同的销售收入等，都属于年金收付形式。按照收付时点和方式的不同可以将年金分为普通年金、预付年金、递延年金和永续年金四种。

（1）普通年金终值和现值的计算。普通年金又称后付年金，是指各期期末收付的年金。普通年金的收付形式如图4-1所示。横线代表时间的延续，用数字标出各期的顺序号；竖线的位置表示收付的时刻，竖线上端数字表示收付的金额。

图4-1 普通年金的收付形式

1）普通年金终值的计算。普通年金终值是指其最后一次收付时的本利和，它是每次收付的复利终值之和。例如，第1~3年每年年末收付10000元，则第3年年末的普通年金终值计算的表达式如下：

$$F = 10000 \times (1+i)^2 + 10000 \times (1+i) + 10000 \quad (4-3)$$

2）偿债基金的计算。偿债基金是指为使年金终值达到既定金额每期期末应支付的年金数额。其实际上就是已知普通年金终值F，求年金A。根据普通年金终值计算公式：

$$F = A \frac{(1+i)^{n-1}}{i} \quad (4-4)$$

可知：

$$A = F \frac{i}{(1+i)^{n-1}} \quad (4-5)$$

式中，$(1+i)^{n-1}$是普通年金终值系数的倒数，称偿债基金系数，记作（A/

F，i，n）。它可以把普通年金终值折算为每期需要支付的金额。偿债基金系数可以制成表格备查，亦可根据普通年金终值系数求倒数确定。

3）普通年金现值的计算。普通年金现值是指为在每期期末取得相等金额的款项，现在需要投入的金额。它是每次取款的复利现值之和。例如，第1~4年每年年末有等额收付款10000元，则第1年年初的普通年金现值计算的表达式为：

$$P = 10000 \times (1+i)^{-1} + 10000 \times (1+i)^{-2} + 10000 \times (1+i)^{-3} + 10000 \times (1+i)^{-4}$$
（4-6）

（2）预付年金终值和现值的计算。预付年金是指在每期期初收付的年金，又称即付年金或先付年金。预付年金收付形式如图4-2所示。

图4-2 预付年金的收付形式

1）预付年金终值计算。n期预付年金与n期普通年金的付款次数相同，但由于付款时间不同，n期预付年金终值（n期预付年金在第n期期末的价值）比n期普通年金终值多计算一次利息，或者说比$n+1$期普通年金终值少付一次款，所以，可根据普通年金终值公式来计算预付年金终值。预付年金终值的计算公式如下：

$$\begin{aligned}F &= A(F/A,\ i,\ n)(1+i) \\ &= A(F/A,\ i,\ n+1) - A \\ &= A[(F/A,\ i,\ n+1) - 1]\end{aligned}$$
（4-7）

式中，（F/A，i，n）（$1+i$）、（F/A，i，$n+1$）-1是预付年金终值系数，或称1元的预付年金终值。它和普通年金终值系数相比，期数加1，而系数减1，并可利用"年金终值系数表"查得（$n+1$）期的值，减去1后得出1元预付年金终值。

2）预付年金现值计算。n期预付年金与n期普通年金的付款次数相同，但由于付款时间不同，n期预付年金现值（即n期预付年金在0时点的价值）比n期普通年金现值多计算1次利息，或者说比$n-1$期普通年金多1期不用贴现的付款A，所以，可根据普通年金现值公式来计算预付年金现值。预付年金现值的计算公式如下：

$$F = A(F/A, i, n)(1+i)$$
$$= A(F/A, i, n+1) - A \quad (4\text{-}8)$$
$$= A[(F/A, i, n+1) - 1]$$

式中的（F/A，i，n）(1+i)、（F/A，i，n-1）+1是预付年金现值系数，或称1元的预付年金现值。它和普通年金现值系数（F/A，i，n）相比，期数要减1，而系数要加1，可利用"年金现值系数表"查得（n-1）期的值，然后加1，得出1元的预付年金现值。

二、投资风险和收益

（一）单项资产风险的衡量

风险的衡量需要使用概率和统计方法。

1.概率

在经济活动中，某一事件在相同的条件下可能发生也可能不发生，这类事件称为随机事件。概率就是用来表示随机事件发生可能性大小的数值。通常，把必然发生的事件的概率定为1，把不可能发生的事件的概率定为0，而一般随机事件的概率是介于0与1之间的一个数。概率越大表示该事件发生的可能性越大。

2.离散型分布和连续型分布

如果随机变量（如收益率）只取有限个值，并且对应于这些值有确定的概率，则称随机变量是离散型分布。

如果对每种情况都赋予一个概率，并分别测定其收益率，则可用连续型分布描述。

3.预期收益率

随机变量的各个取值，以相应的概率为权数的加权平均数，叫作随机变量的预期值（数学期望或均值），它反映随机变量取值的平均化。

$$预期收益率（\bar{K}）= \sum_{i=1}^{n}（P_i \times K_i） \quad (4\text{-}9)$$

式中，P_i——第i种结果出现的概率；

K_i——第i种结果出现后的预期收益率；

n——所有可能结果的数目。

4.离散程度

离散程度是用于衡量风险大小的统计指标。一般来说，离散程度越大，风险越大；离散程度越小，风险越小。反映随机变量离散程度的指标包括平均差、方差、标准差、标准离差率和全距等。以下重点论述标准差和标准离差率两项指标。

（1）标准差。标准差是用来表示随机变量与期望值之间离散程度的一个数值。标准差是一个绝对数，在预期收益率相同的情况下，标准差越大，风险越大；标准差越小，风险越小。它用于预期收益率相同的各项投资的风险程度的比较。

（2）标准离差率。标准离差率是标准差同预期值之比，也称变化系数，是一个相对指标。无论预期值是否相同，标准离差率越大，风险越大；反之，标准离差率越小，风险越小。

5.风险控制对策

（1）规避风险。当资产风险所造成的损失不能由该资产可能获得的收益予以抵销时，应当放弃该资产，以规避风险。例如，拒绝与不守信用厂商的业务往来，放弃可能明显导致亏损的投资项目。

（2）减少风险。减少风险主要有两方面的意思：一是控制风险因素，减少风险的发生；二是控制风险发生的频率和降低风险损害程度。减少风险的常用方法：进行准确的预测；对决策进行多方案优选和替代；及时与政府部门沟通获取政策信息；在发展新产品前，充分进行市场调研；采用多领域、多地域、多项目、多品种的经营或投资以分散风险。

（3）转移风险。对可能给企业带来灾难性损失的资产，企业应以一定的代价，采取某种方式转移风险。如向保险公司投保；采取合资、联营、联合开发等措施实现风险共担；通过技术转让、租赁经营和业务外包等实现风险转移。

（4）接受风险。接受风险包括风险自担和风险自保。风险自担是指风险损失发生时，直接将损失摊入成本或费用，或冲减利润；风险自保是指企业预留一笔风险金或随着生产经营的进行，有计划地计提资产减值准备等。

（二）投资组合的预期收益率及其标准差

投资组合理论认为，若干种证券组成的投资组合，其收益是这些证券收益的加权平均数，但是其风险却不是这些证券风险的加权平均风险，投资组合能降低风险。这里的"证券"是"资产"的代名词，它可以是任何产生现金流的东西，如一项生产性实物资产、一条生产线或者是一个企业。

1.投资组合的预期收益率

两种或两种以上证券的组合，其预期收益率可以直接表示为：

$$K_p = \sum_{i=1}^{n} K_i W_i \qquad (4-10)$$

式中，K_i为第i种证券的预期收益率，W_i为第i种证券在全部投资额中的比重，n为组合中的证券种类总数。

2.投资组合预期收益率的标准差

投资组合预期收益率的标准差，并不是单个证券标准差的简单加权平均。投资组合的风险不仅取决于组合内的各证券的风险，还取决于各个证券之间的关系。投资组合收益率概率分布的标准差如下：

$$\sigma_p = \sqrt{\sum_{j=1}^{n} \sum_{k=1}^{n} W_j W_k \sigma_{jk}} \qquad (4-11)$$

式中，n为组合内证券种类总数，W_j为第j种证券在投资总额中的比例，W_k为第k种证券在投资总额中的比例，σ{jk}为第j种证券与第k种证券收益率的协方差。

协方差的计算如下：

$$\sigma_{jk} = r_{jk} \sigma_j \sigma_k \qquad (4-12)$$

式中，r_{jk}为证券j和证券k收益率之间的预期相关系数，σ_j为第j种证券的标准差，σ_k为第k种证券的标准差。

第二节　营运资金与现金管理

一、营运资本管理

（一）营运资本的内涵与特点

1.营运资本的内涵

营运资本是指投入日常经营活动（营业活动）的资本，是流动资产和流动负债的差额。[①]

（1）流动资产。流动资产是指可以在一年以内或超过一年的一个营业周期内变现或运用的资产，企业拥有较多的流动资产可在一定程度上降低财务风险。流动资产按用途分为临时性流动资产和永久性流动资产，临时性流动资产是指随生产的周期性或季节性需求而变化的流动资产，永久性流动资产是指满足企业一定时期生产经营最低需要的那部分流动资产。

（2）流动负债。流动负债指需要在一年或者超过一年的一个营业周期内偿还的债务。流动负债按形成原因可分为自发性流动负债和临时性流动负债。自发性流动负债是指企业在生产经营过程中不需要正式安排，由于结算程序的原因而自然形成一部分货款的支付时间晚于形成时间的流动负债，如应付账款、应付票据等，它们是资金的一种长期来源；临时性流动负债是指为了满足临时性流动资金需要所发生的负债，它是资金的一种短期来源。

当流动资产大于流动负债时，营运资本是正值，表示流动负债提供了部分流动资产的资金来源，另外的部分是由长期资金来源支持的，这部分金额就是营运资本。营运资本也可以理解为长期筹资用于流动资产的部分，即长期筹资净值。

流动资产投资所需资金的一部分由流动负债支持，另一部分由长期筹资支持。尽管流动资产和流动负债都是短期项目，但是绝大多数健康运转企业的营运

[①] 李妍婷.基于价值链分析的企业财务管理转型研究[J].商业会计，2019（23）：54-55，61.

资本是正值。

2.营运资本的特点

(1)流动资产的特点。

第一,流动资产的来源具有灵活多样性。与筹集长期资金的方式相比,企业筹集流动资产所需资金的方式较为灵活多样,通常有银行短期借款、短期融资券、商业信用、应交税金、应交利润、应付职工薪酬、应付费用、预收货款、票据贴现等多种内外部融资方式。

第二,流动资产周转具有短期性。企业占用在流动资产上的资金,通常会在一年或一个营业周期内收回。根据这一特点,流动资产所需资金可以用商业信用、银行短期借款等短期筹资方式来加以解决。

第三,流动资产的数量具有波动性。流动资产的数量会随企业内外条件的变化而变化,时高时低,波动很大。季节性企业如此,非季节性企业也如此。随着流动资产数量的变动,流动负债的数量也会相应发生变动。

第四,流动资产的实物形态具有变动性和易变现性。企业流动资产的占用形态是经常变化的,一般按照现金、材料、在产品、产成品、应收账款、现金的顺序转化。为此,在进行流动资产管理时,必须在各项流动资产上合理配置资金数额,做到结构合理,以促进资金周转顺利进行。此外,交易性金融资产、应收账款、存货等流动资产一般具有较强的变现能力,如果遇到意外情况,企业出现资金周转不灵、现金短缺时,便可迅速变卖这些资产,以获取现金。

(2)流动负债的特点。流动负债具有偿还期限短、成本低、财务风险高、筹资富有弹性等特点。

(二)营运资本管理的主要目的

营运资本管理是企业财务管理的一个重要组成部分,营运资本管理的目的必须符合企业整体财务管理的目的。企业营运资本管理的基本目标就是最大限度地服务于企业的长远财务规划,围绕经营活动现金流量的创造,实现企业价值最大化。当然,流动资产自身没有创造现金流量的能力,对企业价值的形成没有直接的影响。但在资本投资性质及其效率既定的情况下,低效的营运资本管理却会在很大程度上抵减企业经营活动现金流量的创造力。

因此，企业应合理确定现金持有量，保持良好的流动资产结构，加快应收账款的回收等，使企业按照营运资本管理既定的目标进行运营，促使企业实现价值最大化。为达到这一目的，在营运资本管理中，要求做好三个方面的准备：①合理确定企业运营资本的占用数量；②合理确定短期资本的来源结构；③加快资本周转，提高资本的利用效率。

（三）营运资本管理的基本内容

在营运资本管理中，财务管理者必须做两个决策：企业运营需要多少营运资金以及如何筹集企业运营所需的资金。在实践中，这些决策一般同时进行，而且相互影响。所以，营运资本管理的基本内容如下。

1.营运资本投资管理

营运资本投资管理也就是流动资产投资管理，包括以下两部分。

（1）流动资产投资政策。[①]

1）流动资产投资政策类型。流动资产投资政策是指如何确定流动资产投资的相对规模。流动资产的相对规模，通常用流动资产占销售收入的比率来衡量。常见的流动资产投资政策有以下三种类型。

第一，紧缩的流动资产投资政策。紧缩的流动资产投资政策可能伴随着更高风险，这些风险可能源于更紧的信用和存货管理，或源于缺乏现金用于偿还应付账款。此外，受限的信用政策可能减少销售收入。同时，紧缩的产品存货政策则不利于进行商品选择从而影响企业销售。

第二，适中的流动资产投资政策。在销售不变的情况下，企业安排较少的流动资产投资，可以缩短流动资产周转天数，节约投资成本。但是，投资不足可能会引发经营中断，增加短缺成本，给企业带来损失。企业为了减少经营中断的风险，在销售不变的情况下安排较多的营运资本投资，会延长流动资产周转天数。但是，投资过量会出现闲置的流动资产，增加持有成本。因此，需要权衡得失，确定其最佳投资需要量，也就是短缺成本和持有成本之和最小化的投资额。适中的流动资产投资政策，就是按照预期的流动资产周转天数、销售额及其增长、成本水平和通货膨胀等因素确定的最优投资规模，安排流动资产投资。这种流动资

---

① 金炳顺，姜丽丽.试论财务经济管理中存在的问题及创新[J].中国商论，2019（24）：126-127.

产投资政策下的投资收益率和运营风险都适中。

第三，宽松的流动资产投资政策。通常情况下，企业持有高水平的现金、高水平的应收账款（通常来自宽松的信用政策）和高水平的存货（通常源于补给原材料或不愿意因为成品存货不足而失去销售）。这种流动资产投资政策需要较多的流动资产投资，承担较大的流动资产持有成本，可能导致较低的投资收益率，但由于较高的流动性，企业的运营风险较小。

2）流动资产投资政策的选择。在进行流动资产投资政策的选择时，需要考虑以下因素。

第一，公司特性。许多公司，尤其是较小的公司，由于有限的短期借贷可获得性和有限的整体资本化，被迫采用紧缩的投资政策。

第二，产业因素。在销售的边际毛利较高的产业，一个宽松的信用政策可能提供相当可观的收益，尤其是如果潜在的额外利润大大超过潜在的成本。这种观点假设从额外销售中获得的利润超过额外应收账款所增加的成本，以及其他额外的坏账损失。

第三，公司对风险和收益的权衡特性。在进行流动资产投资政策的选择时，公司债权人的意见尤为关键。银行和其他借款人对企业流动性水平非常重视，因为流动性包含了这些债权人对信贷扩张和利率的决策。他们还考虑应收账款和存货的质量，尤其是当这些资产被用来当作一项贷款的抵押品。

第四，决策者类型。财务管理者较之运营或销售经理，通常具有不同的流动资产管理观点。运营经理通常喜欢高水平的原材料存货或部分产成品，以便满足生产所需。另外，销售经理也喜欢高水平的产成品存货以便满足顾客的需要，而且喜欢宽松的信用政策以便刺激销售。相反，财务管理者喜欢最小化存货和应收账款，以便最小化为这些流动资产进行筹资的成本。

（2）流动资产投资日常管理。流动资产投资日常管理是流动资产投资政策的执行过程，是伴随各业务部门的日常生产经营活动进行的。财务部门管理现金流动，生产部门管理存货流动，销售部门管理应收账款流动。这些日常营业活动虽然都会影响公司的流动性，但是财务主管并不直接决策，而由相关营业人员分散决策。

日常营业活动是频繁发生、重复进行的，比如向顾客收款，每天要发生许多次。经营重复的例行活动的决策过程可以程序化，即通过建立控制系统来完成。

例如，企业需要建立现金控制系统、存货控制系统和应收账款控制系统等。财务主管的职责是根据既定流动资产投资政策控制标准和程序的，并监控系统运行的有效性。

2.营运资本筹资管理

营运资本筹资管理是指在总体上如何为流动资产筹资，采用短期资金来源还是长期资金来源，或者兼而有之。进行营运资本筹资管理，就是确定流动资产所需资金中短期来源和长期来源的比例。流动资产的投资管理，确定了投资的总量，也就是需要筹资的总量。营运资本的筹资管理，主要是确定筹资的来源结构。

流动资产的资金来源，一部分是短期来源，另一部分是长期来源，后者是长期资金来源购买固定资产后的剩余部分。长期资金来源购买固定资产后的剩余部分多，资金来源的持续性强，偿债压力小，管理起来比较容易，称为保守的筹资政策。长期资金来源购买固定资产后的剩余部分是负数，资金来源的持续性弱，偿债压力大，称为激进的筹资政策。从最保守的筹资政策到最严格的筹资政策之间，分布着一系列宽严程度不同的筹资政策。主要分为以下三类。

（1）保守型筹资政策。保守型筹资政策的特点包括临时性流动负债融通部分和临时性流动资产的资金需要，另外，临时性流动资产和长期性资产，则由长期资金来源支持。极端保守的筹资政策完全不使用短期借款，全部资金都来自长期资金。保守型筹资政策是一种风险和收益均较低的营运资本筹资政策。

（2）配合型筹资政策。配合型筹资政策的特点包括对于临时性流动资产，用临时性流动负债筹集资金；对于永久性流动资产和长期资产，则由长期资金来源支持。配合型筹资政策要求企业的临时性流动负债筹资计划严密，实现现金流动与预期安排相一致。企业需要与临时性流动资产需求时间和数量相配合的临时性流动负债。

资金来源的有效期和资产的有效期的匹配，是一种战略性的匹配，而不要求完全匹配，实际上，企业也做不到完全匹配。原因有三点：一是企业不可能为每一项资产按其有效期配置单独的资金来源，只能分成短期来源和长期来源两大类来统筹安排筹资；二是企业必须有所有者权益筹资，它是无限期的资本来源，而资产总是有期限的，不可能完全匹配；三是资产的实际有效期是不确定的，而还款期是确定的，必然出现不匹配，如预计销售没有实现，无法按原计划及时归还短期借款，导致匹配失衡。

（3）激进型筹资政策。激进型筹资政策的特点包括临时性流动负债不但融通了临时性流动资产的资金需要，还解决了部分长期性资产的资金需要。极端严格的筹资政策是全部长期性流动资产都采用临时性流动负债筹资，甚至部分固定资产也采用临时性流动负债筹资。

由于临时性流动负债的资本成本一般低于长期负债和权益资本的资本成本，而激进型筹资政策下临时性流动负债所占比例较大，所以该政策下企业的资本成本较低。但是，为了满足长期性资产的长期资金需要，企业必然要在临时性流动负债到期后重新举债或申请债务展期，这样企业便会更为经常地举债和还债，从而加大筹资困难和风险；还可能面临由于临时性流动负债利率的变动而增加企业资本成本的风险。所以，激进型筹资政策是一种收益性和风险性均较高的营运资本筹资政策。

（四）营运资本管理的原则

企业的营运资本在全部资本中占有相当大的比重，而且周转期短，形态易变，所以营运资本管理是企业财务管理工作的一项重要内容。实证研究也表明，财务经理将大量时间用于营运资本的管理。企业进行营运资本管理，必须遵循以下原则。

（1）认真分析生产经营状况，合理确定需要数量。企业营运资本的需要数量与企业生产经营活动有直接关系。当企业产销两旺时，流动资产不断增加，流动负债也会相应增加；而当企业产销量不断减少时，流动资产和流动负债也会相应减少。因此，企业财务人员应认真分析生产经营状况，采用一定的方法预测营运资本的需要数量，以便合理地使用营运资本。

（2）在保证生产经营需要的前提下，节约使用资本。在营运资本管理中，必须正确处理保证生产经营需要和节约使用资本二者之间的关系。要在保证生产经营需要的前提下，遵守勤俭节约的原则，挖掘资本潜力，精打细算地使用资本。

（3）加速营运资本周转，提高资本的利用率。营运资本周转是指企业的营运资金从现金投入生产经营开始，到最终转化为现金的过程。在其他因素不变的情况下，加速营运资本的周转，也就相应地提高了资本的利用效果。因此，企业要加速存货、应收账款等流动资产的周转，以便用有限的资本取得最优的经济效益。

（4）合理安排流动资产与流动负债的比例关系，保证企业有足够的短期偿债能力。流动资产、流动负债以及二者之间的关系能较好地反映企业的短期偿债能力。流动负债是在短期内需要偿还的债务，而流动资产则是在短期内可以转化为现金的资产。因此，如果一个企业的流动资产比较多，流动负债比较少，说明企业的短期偿债能力较强；反之，则说明短期偿债能力较弱。但如果企业的流动资产太多，流动负债太少，也并不是正常现象，这可能是流动资产闲置或流动负债利用不足所致。

因此，在营运资本管理中，要合理安排流动资产和流动负债的比例关系，以便既节约使用资金，又保证企业有足够的偿债能力。

二、现金管理

广义的现金是指在生产经营过程中以货币形态存在的资金，包括库存现金、银行存款和其他货币资金等；狭义的现金仅指库存现金。此处论述的是广义的现金。保持合理的现金水平是企业现金管理的重要内容。拥有足够的现金对于降低企业的风险，增强企业资产的流动性和债务的可清偿性有着重要的意义。除了应付日常的业务活动外，企业还需要拥有足够的现金偿还贷款、把握商机以及防止不时之需。但库存现金是唯一的不创造价值的资产，对其持有量不是越多越好，即使是银行存款，其利率也非常低。因此，现金存量过多，它所提供的流动性边际效益便会随之下降，从而使企业的收益水平下降。所以，企业必须建立一套管理现金的方法，持有合理的现金数额，衡量企业在某段时间内的现金流入量与流出量，在保证企业经营活动所需现金的同时，尽量减少企业的现金数量，提高资金收益率。[①]

（一）持有现金的动机

1.预防性动机

预防性动机是指企业需要维持充足现金，以应付突发事件。这种突发事件

---

① 唐晶.财务管理[M].西安：西北工业大学出版社，2018.

可能是政治环境变化、公司突发性偿付，也可能是某大客户违约导致企业突发偿债。尽管财务主管试图利用各种手段来较准确地估算企业需要的现金数，但这些突发事件会使原本很好的财务计划失去效果。因此，企业为了应付突发事件，有必要维持比日常正常运转所需金额更多的现金。

为应对意外的现金需要，企业需维持的现金额取决于以下三点：一是企业愿意应对缺少现金风险的程度；二是企业预测现金收支可靠的程度；三是企业临时融资的能力。

2.交易性动机

交易性动机是企业为了维持日常周转及正常商业活动所需持有的现金额。企业每日都在发生许多支出和收入，这些支出和收入在数额上不相等以及时间上不匹配，为此企业需要持有一定现金来调节，以使生产经营活动能继续进行。

企业向客户提供的商业信用条件和它从供应商那里获得的信用条件不同，可能使企业必须持有现金。如供应商提供的信用条件是30天付款，而公司迫于竞争压力，则向顾客提供45天的信用期，这样，企业必须筹集够15天的运转资金来维持运转。另外，业务的季节性，要求企业逐渐增加存货以等待季节性的销售高潮。这时，一般会发生季节性的现金支出，公司现金余额下降，然后随着销售高潮到来，存货减少，而现金又逐渐恢复到原来的水平。

3.投机性动机

投机性动机是企业为了抓住突然出现的获利机会而持有的现金，如证券价格的突然下跌，企业若没有用于投机的现金，就会错过这一机会。

除了上述三种动机以外，还有许多企业持有现金是作为补偿性余额的。即出于银行要求而保留在企业银行账户中的存款，它是企业对银行所提供借款或其他服务的一种间接付款。

（二）现金管理的成本

1.现金的管理成本

现金的管理成本是指企业因持有一定量的现金而发生的管理费用，如管理人员工资、安全措施费等。现金的管理成本是一种固定成本，与现金持有量之间无明显的比例关系。

2.现金的机会成本

现金作为企业的一项资金占用，是有代价的，这种代价就是它的机会成本。现金的机会成本，是指企业因持有一定现金余额而丧失的再投资收益。再投资收益是企业不能同时用该现金进行有价证券投资所产生的机会成本，这种成本在数额上等于资金成本，即机会成本=平均现金持有量×有价证券利率（或资本成本率）。

3.现金的交易成本

企业用现金购入有价证券以及用有价证券转换回现金是要付出代价的（如支付经纪费用、证券过户费及其他费用），这种代价被称为现金的交易成本。企业在一定时期内，现金使用量确定的情况下，现金持有量越多，证券价交易（转换）次数越少，现金的交易成本就越低；现金持有量越少，证券价交易（转换）次数越多，现金的交易成本就越高。因此，现金交易成本与现金持有量成反比。

4.现金的短缺成本

现金的短缺成本是因缺乏必要的现金，不能应付业务开支所需，而使企业蒙受损失或为此付出的代价。现金的短缺成本随现金持有量的增加而下降，随现金持有量的减少而上升。

（三）最佳现金持有量的确定

现金的管理除了做好日常收支，加快现金流转速度外，还需控制好现金持有规模，即确定适当的现金持有量。确定最佳现金持有量的方法如下：

1.成本分析模式

成本分析模式是通过分析持有现金的成本，寻找持有成本最低的现金持有量。运用成本分析模式确定最佳现金持有量时，只考虑因持有一定量现金而产生的机会成本、管理成本和短缺成本，而不考虑交易成本。

现金的机会成本、管理成本与短缺成本之和最小的现金持有量，就是最佳现金持有量。如果把这三条成本线放在平面上，就能表现出持有现金的总成本（总代价），找出最佳现金持有量的点：机会成本线向右上方倾斜，短缺成本线向右下方倾斜，管理成本线为平行于横轴的平行线，总成本线便是一条抛物线，该抛物线的最低点，即持有现金的最低总成本。超过这一点，机会成本上升的代价会大于短缺成本下降的好处；在这一点之前，短缺成本上升的代价会大于机会成本下降的好处。这一点横轴上的量，即最佳现金持有量。[①]

在实际工作中，运用成本分析模式确定最佳现金持有量的具体步骤如下：

第一，根据不同现金持有量测算并确定有关成本数值；

第二，按照不同现金持有量及其有关成本资料编制现金持有总成本表；

第三，在总成本表中找出总成本最低时的现金持有量，即最佳现金持有量。

2.存货模式

企业平时持有较多的现金，会降低现金的短缺成本，但也会增加现金占用的机会成本；而平时持有较少的现金，则会增加现金的短缺成本，却能减少现金占用的机会成本。如果企业平时只持有较少的现金，在有现金需要时（如手头的现金用尽），通过出售有价证券换回现金（或从银行借入现金），便能既满足现金的需要，避免短缺成本，又能减少机会成本。因此，适当的现金与有价证券之间的转换，是企业提高资金使用效率的有效途径。但是，如果每次任意量地进行有价证券与现金的转换，会加大企业现金的交易成本。如何确定有价证券与现金的每次转换量，可以应用现金持有量的存货模式解决。

现金持有量的存货模式又称鲍曼模型，是用以确定目标现金持有量的模型。在持有现金的成本中，管理成本因其相对稳定，同现金持有量的多少关系不大，在存货模式中将其视为决策无关成本而不予考虑。现金是否会发生短缺、短缺多少、概率多大以及各种短缺情形发生时可能的损失如何，都存在很大的不确定性和无法计量性。因而，在利用存货模式计算现金最佳持有量时，对短缺成本也不予以考虑。在存货模式中，只考虑机会成本和交易成本。

3.随机模式

随机模式是在现金需求量难以预知的情况下进行现金持有量控制的方法。对企业来讲，现金需求量往往波动大且难以预知，但企业可以根据历史经验和现实需要，测算出一个现金持有量的控制范围，即制定出现金持有量的上限和下限，将现金量控制在上、下限之内。当现金量达到控制上限时，用现金购入有价证券，使现金持有量下降；当现金量降到控制下限时，则抛售有价证券换回现金，使现金持有量回升。若现金量在控制的上、下限之内，便不必进行现金与有

[①] 孙茜.企业财务管理存在的问题及对策——以生产型企业为例[J].中国商论，2019（24）：224-224.

价证券的转换，保持它们各自的现有存量。这种对现金持有量的控制，如图4-3所示。①

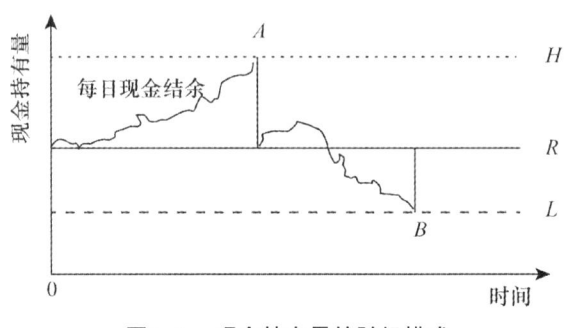

图4-3 现金持有量的随机模式

图4-3中，虚线H为现金存量的上限，虚线L为现金存量的下限，实线R为最优现金返回线。从图中可以看到，企业的现金存量（表现为现金每日余额）是随机波动的：当其达到A点时，即达到了现金控制的上限，企业应用现金购买有价证券，使现金持有量回落到现金返回线的水平；当现金存量降至B点时，即达到了现金控制的下限，企业则应转让有价证券换回现金，使其存量回升至现金返回线的水平。现金存量在上、下限之间的波动属控制范围内的变化，是合理的，不予理会。

（四）现金的日常管理

1.现金收入管理

（1）收款的流动时间。一个高效率的收款系统能够使收款成本和收款浮动期达到最小，同时能够保证与客户汇款及其他现金流入来源相关的信息的质量。收款系统成本包括浮动期成本，管理收款系统的相关费用（如银行手续费）及第三方处理费用或清算相关费用。在获得资金之前，收款在途项目使企业无法利用这些资金，也会产生机会成本。信息的质量包括收款方得到的付款人的姓名、付款的内容和付款时间。信息要求及时、准确地到达收款人一方，以便收款人及时处理资金，做出发货的安排。

收款浮动期是指从支付开始到企业收到资金的时间间隔。收款浮动期主要是

---

① 唐晶.财务管理[M].西安：西北工业大学出版社，2018.

由纸基支付工具导致的，有三种类型：一是邮寄浮动期，是指从付款人寄出支票到收款人或收款人的处理系统收到支票的时间间隔；二是处理浮动期，是指支票的接受方处理支票和将支票存入银行以收回现金所花的时间；三是结算浮动期，是指通过银行系统进行支票结算所需的时间。

（2）邮寄的处理。纸基支付收款系统主要有两大类：一类是柜台存入体系，另一类是邮政支付系统。支付系统是企业通过邮政收到顾客或者其他商业伙伴的支票。公司尽可能采用内部清算处理中心或者一个锁箱来接收和处理邮政支付。具体采用哪种方式取决于两个因素即支付的笔数和金额。

企业处理中心处理支票和做存单准备都在公司内进行。这一方式主要为那些收到的付款金额相对较小而发生频率很高的企业所采用（如公用事业公司和保险公司）。场内处理中心最大的优势在于对操作的控制。操作控制可以有助于：①对系统做出调整改变；②根据公司需要定制系统程序；③监控掌握客户服务质量；④获取信息；⑤更新应收账款；⑥控制成本。

（3）收款方式的改善。电子支付方式对比纸质支付是一种改进。电子支付方式的好处包括：第一，结算时间和资金可用性可以预计；第二，向任何一个账户或任何金融机构的支付具有灵活性，不受人工干扰；第三，客户的汇款信息可与支付同时传送，更容易更新应收账款；第四，客户的汇款从纸质方式转向电子化，减少或消除了收款浮动期，降低了收款成本，收款过程更容易控制，并且提高了预测精度。

2.现金支出管理

现金支出管理的主要任务是尽可能延缓现金的支出时间。当然，这种延缓必须是合理、合法的。

（1）使用现金浮游量。现金浮游量是指由于企业提高收款效率和延长付款时间所产生的企业账户上的现金余额和银行账户上的企业存款余额之间的差额。

（2）汇票代替支票。汇票分为商业承兑汇票和银行承兑汇票，与支票不同的是，承兑汇票并不是见票即付。这一方式的优点是它推迟了企业调入资金用以支付汇票的实际所需时间。

（3）推迟应付款的支付。推迟应付款的支付是指企业在不影响自己信誉的前提下，充分运用供货方所提供的信用优惠，尽可能地推迟应付款的支付期。

（4）改进员工工资支付模式。企业可以为支付工资专门设立一个工资账户，通过银行向职工支付工资。为了最大限度地减少工资账户的存款余额，企业要合理预测开出支付工资的支票到职工去银行兑现的具体时间。

3.现金收支的综合控制管理

（1）实行内部牵制制度。在现金管理中，要实行现金与账户管理相分离，使出纳人员和会计人员互相牵制，互相监督。凡有库存现金收付，应坚持复核制度，以减少差错，堵塞漏洞。出纳人员调换时，必须办理交接手续，做到责任清楚。

（2）保证现金流入与流出同步。如果企业能尽量使它的现金流入与现金流出发生的时间趋于一致，就可以使所持有的交易性现金余额降到较低水平，这就是所谓的现金流量同步。基于这种认识，企业可以重新安排付出现金的时间，尽量使现金流入与现金流出趋于同步。

（3）及时进行现金的清算。在现金管理中，要及时进行现金的清算。库存现金的收支应做到日清月结，确保库存现金的账面余额与实际库存额相符；银行存款账户余额与银行对账单余额相符；现金、银行存款日记账数额分别与现金、银行存款总账数额相符。

（4）遵守国家规定的库存现金支付的使用范围。按我国有关制度规定，企业可以在下列范围内使用库存现金支付：

第一，职工工资、各项工资性补贴；

第二，个人劳动报酬；

第三，根据国家规定办法给个人的科学技术、文化艺术、教育、卫生、体育等各种奖金；

第四，各种劳保、福利费，各种抚恤金、学生奖学金、丧葬补助费以及国家规定的对个人的其他支出；

第五，向个人收购农副产品和其他物资的价款；

第六，出差人员必须随身携带的差旅费；

第七，结算起点以下的零星支出，现行规定的结算起点为1000元；

第八，中国人民银行确定需要支付的其他支出。

（5）做好银行存款的管理。企业超过库存现金限额的现金，应存入银行，由银行统一管理。企业银行存款主要有以下两种类型。

第一，结算户存款。结算户存款是指企业为从事结算业务而存入银行的款项。其资金主要来自企业出售商品的货款、提供劳务的收入、从银行取得的贷款以及发行证券筹得的资金等。结算户存款可由企业随时支取，具有与库存现金一样灵活的购买力。但结算户存款利息率很低，企业获得的报酬很少。

第二，单位定期存款。单位定期存款是企业按银行规定的存储期限存入银行的款项。企业向开户行办理定期存款，应将存款金额从结算户转入专户存储，由银行签发存单。存款到期凭存单支取，只能转入结算户，不能直接提取为库存现金。单位定期存款的利息率较高，但使用不太方便，只有闲置的、一定时期内不准备动用的现金才能用于定期存款。

加强对银行存款的管理具有重要意义，企业应做好三项工作：一是按期对银行存款进行清查，保证银行存款安全完整；二是当结算户存款结余过多，一定时期内又不准备使用时，可转入定期存款，以获取较多的利息收入；三是与银行保持良好的关系，使企业的借款、还款、存款和转账结算能顺利进行。

4.持有交易性金融资产

交易性金融资产与现金管理密不可分。交易性金融资产因易变现的特征而成为现金的替代品。企业持有交易性金融资产主要基于以下原因：

（1）以交易性金融资产作为现金的替代品。交易性金融资产虽然不能直接使用，但是与其他流动资产相比，也具有较高的流动性和较强的变现能力，通过不同的交易性金融资产形式代替现金，可以丰富企业的现金持有形式。

（2）以交易性金融资产取得一定的收益。单纯的现金项目没有收益或收益很低，将一部分现金投资于交易性金融资产，可以在保持较高流动性的同时得到比现金高的收益，所以将持有的部分现金用于交易性金融资产是很多企业的做法。

第三节 应收账款与存货管理

一、应收账款管理

随着市场经济的发展,商业信用的推行,企业应收账款数额明显增多,已成为流动资产管理中一个日益重要的问题。企业通过提供商业信用,采取赊销、分期付款等方式可以扩大销售,增强竞争力,获得利润。应收账款作为企业扩大销售和盈利的一项投资,也会发生一定的成本,所以企业需要在应收账款所增加的盈利和所增加的成本之间做出权衡。应收账款管理就是分析赊销的条件,使赊销带来的盈利增加大于应收账款投资产生的成本增加,最终使企业现金收入增加,企业价值提升。[①]

(一)持有应收账款的动机与成本

1.持有应收账款的动机

(1)商业竞争。在社会主义市场经济的条件下,存在着激烈的商业竞争,竞争机制的作用迫使企业以各种手段扩大销售。除了依靠产品质量、价格、售后服务、广告以外,赊销也是扩大销售的手段之一。对于同等的产品价格、类似的质量水平、一样的售后服务,实行赊销的产品或商品的销售额将大于现金销售的产品或商品的销售额,这是因为顾客从赊销中可以得到好处。出于扩大销售的竞争需要,企业不得不以赊销或其他优惠方式招揽顾客,于是就产生了应收账款。由竞争引起的应收账款,是一种商业信用,这是企业持有应收账款的主要原因。

(2)销售和收款的时间差。商品成交的时间和收到货款的时间经常不一致,这也导致了应收账款。当然,现实生活中的现金销售是很普遍的,特别是零售企业更常见。从一般批发和大量生产企业来讲,发货的时间和收到货款的时间

---

① 王丹丹.事业单位财务管理中存在的问题及对策思考[J].中国商论,2019(23):138-139.

往往不同，这是因为货款结算需要时间。

既然企业发生应收账款的主要原因是扩大销售，增强竞争力，那么其管理的目标就是求得利润。应收账款是企业的一项资金投放，是为了扩大销售和盈利而进行的投资。而投资肯定要发生成本，这就需要在应收账款信用政策所增加的盈利和这种政策增加的成本之间做出权衡。只有当应收账款所增加的盈利超过所增加的成本时，才应当实施应收账款赊销；如果应收账款赊销有着良好的盈利前景，就应当放宽信用条件，增加赊销量。

2.持有应收账款的成本

应收账款作为企业为增加销售和盈利进行的投资，肯定会发生一定的成本。持有应收账款产生的成本主要有以下三种：

（1）应收账款的机会成本。应收账款会占用企业一定量的资金，企业若不把这部分资金投放于应收账款，便可以用于其他投资并可获得收益，如投资债券获得利息收入。这种因投放于应收账款而放弃其他投资所带来的收益，即为应收账款的机会成本。

（2）应收账款的管理成本。应收账款的管理成本主要是指在进行应收账款管理时所增加的费用。主要包括调查顾客信用状况的费用、收集各种信息的费用、账簿的记录费用、收账费用和现金折扣成本等。

（3）应收账款的坏账成本。在赊销交易中，债务人由于种种原因无力偿还债务，债权人就有可能无法收回应收账款而发生损失，这种损失就是坏账成本。企业发生坏账成本是不可避免的，而此项成本一般与应收账款发生的数量呈正相关。

（二）应收账款的信用政策

应收账款的信用政策，是企业财务政策的一个重要组成部分。企业要管好应收账款，必须事先制定合理的信用政策。信用政策包括以下三个方面：

1.信用标准

（1）信用标准的概念及判别标准。信用标准是指顾客获得企业的交易信用所应具备的条件。如果顾客达不到信用标准，便不能享受企业的信用或只能享受较低的信用优惠。信用标准通常以预期的坏账损失率作为判别标准。如果企业的信用标准较严，只对信誉好、坏账损失率低的顾客给予赊销，则会减少坏账损失和应收账款的机会成本，但这可能不利于扩大销售量，甚至会使销售量减少；反之，如果信用标准较宽，虽然会增加销售，但会相应增加坏账损失和应收账款的机会成本。企业应根据具体情况权衡。从2019年1月1日起，涉税服务人员从事涉税服务，将按照《个人信用指标》计分，形成个人信用积分。

（2）确定信用标准的信息来源。当公司建立分析信用请求的方法时，必须考虑信息的类型、数量和成本。信息既可以从公司内部收集，也可以从公司外部收集。无论信用信息从何处收集，都必须将成本与预期的收益进行对比。公司内部产生的最重要的信用信息来源是信用申请人执行信用申请（协议）的情况和公司自己保存的有关信用申请人还款历史的记录。公司可以使用各种外部信息来源帮助其确定申请人的信誉。

申请人的财务报表是该种信息的主要来源之一。无论是经过审计的还是没有经过审计的财务报表，因为可以将这些财务报表及其相关比率与行业平均数进行对比，所以，它们都提供了有关信用申请人的重要信息。

获得申请人信誉状况的第二个信息来源是一些商业参考资料或申请人过去获得赊购的供货商。另外，银行或其他贷款机构（如商业贷款机构或租赁公司）可以提供申请人财务状况和可使用信用额度方面的标准化信息。一些地方性和全国性的信用评级机构收集、评价和报告有关申请人信用状况的历史信息。这些信用报告包括还款历史、财务信息、最高信用额度、可获得的最长信用期限和所有未了解的债务诉讼等信息。由于还款状况的信息是以自愿为基础提供给评级机构的，因此，评级机构所使用的样本量可能较小，并且（或）不能准确地反映公司还款历史的整体状况。

（3）信用标准的定性评估。企业在设定某一顾客的信用标准时，往往先要评估他赖账的可能性。这可以通过"5C"系统来进行。所谓"5C"系统，是评估顾客信用品质的五个方面，具体如下：

第一，品质（Character）。品质指顾客的信誉，即履行偿债义务的可能性。企业必须设法了解顾客过去的付款记录，看其是否有按期如数付款的一贯做法，以及与其他供货企业的关系是否良好。这一点经常被视为评价顾客信用的首要因素。

第二，能力（Capacity）。能力指顾客的偿债能力，即其流动资产的数量、质量以及与流动负债的比例。顾客的流动资产越多,其转换为现金支付款项的能力越强。同时,还应注意顾客流动资产的质量,看是否有存货过多、过时或质量下降,影响其变现能力和支付能力的情况。

第三,资本(Capital)。资本指顾客的财务实力和财务状况,表明顾客可能偿还债务的背景。

第四,抵押(Collateral)。抵押指顾客拒付款项或无力支付款项时能被用作抵押的资产。对于不知底细或信用状况有争议的顾客,这一点尤为重要,一旦收不到这些顾客的款项,便要求对方以抵押品抵补。如果这些顾客提供足够的抵押,就可以考虑向他们提供相应的信用。

第五,条件(Conditions)。条件指可能影响顾客付款能力的经济环境。比如,万一出现经济不景气,会对顾客的付款产生怎样的影响,顾客会如何做等,这需要了解顾客在过去困难时期的付款历史。

(4)信用标准的定量分析。进行商业信用的定量分析可以从考察信用申请人的财务报表开始。通常使用比率分析法评价顾客的财务状况。常用的指标有流动性和营运资本比率(如流动比率、速动比率以及现金对负债总额比率)、债务管理和支付比率(利息保障倍数、长期债务对资本比率、带息债务对资产总额比率以及资产负债率)和盈利能力指标(销售净利率、总资产净利率和净资产收益率)。将这些指标和信用评级机构及其他协会发布的行业标准进行比较,可以洞察申请人的信用状况。定量信用评价法常被像百货公司这样的大型零售信用提供商使用。具体包括以下四个步骤:

第一,根据信用申请人的月收入、尚未偿还的债务和过去受雇佣的情况将申请人划分为标准的客户和高风险的客户。

第二,对符合某一类型申请人的特征值进行加权平均以确定信誉值。

第三,确定明确的同意或拒绝给予信用的门槛值。

第四,对介于同意给予信用的门槛值或拒绝给予信用的门槛值之间的申请人进行进一步分析。

这些定量分析方法符合成本—效益原则,并且符合消费者信用方面的法律规定。判别分析是一种规范的统计分析方法,可以有效确定区分按约付款和违约顾客的因素。信用机构也可根据获得专利的模型来评价信誉值。

2.信用条件

信用条件是指企业要求顾客支付赊销条款的条件，包括信用期间、折扣期限和现金折扣率。信用期间是企业为顾客规定的最长付款时间；折扣期限是为顾客规定的可享受现金折扣的付款时间；现金折扣是在顾客提前付款时给予的优惠。以下分别探讨：

（1）信用期间。信用期间是企业允许顾客从购货到付款之间的时间，或者说是企业给予顾客的付款期间。例如，若某企业允许顾客在购货后的50天内付款，则信用期为50天。信用期过短，不足以吸引顾客，在竞争中会使销售额下降；信用期过长，对销售额增加固然有利，但只顾及销售增长而盲目放宽信用期，所得的收益有时会被增长的费用抵销，甚至造成利润减少。因此，企业必须慎重研究，确定出恰当的信用期。

信用期的确定，主要是分析改变现行信用期对收入和成本的影响。延长信用期，会使销售额增加，产生有利影响；同时，应收账款、收账费用和坏账损失增加，会产生不利影响。当收入大于成本时，可以延长信用期，否则不宜延长。如果缩短信用期，情况与此相反。

（2）现金折扣。现金折扣是企业对顾客在商品价格上所做的扣减。向顾客提供这种价格上的优惠，主要目的在于吸引顾客为享受优惠而提前付款，缩短企业的平均收款期。另外，现金折扣也能招揽一些视折扣为减价出售的顾客前来购货，借此扩大销售量。

现金折扣是与信用期间结合使用的，因此确定折扣程度的方法与程序实际上与前述确定信用期间的方法与程序一致，只不过要把所提供的延期付款时间和折扣综合起来，看各方案的延期与折扣能取得多大的收益增量，再计算各方案带来的成本变化，最终确定最佳方案。

（三）应收账款的日常管理

1.应收账款的账龄

企业已发生的应收账款时间有长有短，有的尚未超过收款期，有的则超过了收款期。一般情况下，拖欠时间越长，款项收回的可能性越小，形成坏账的可能性越大。对此，企业应实施严密的监督，随时掌握回收情况。实施对应收账款回收情况的监督，可以通过编制账龄分析表进行。

账龄分析表是一张能显示应收账款在外天数（账龄）长短的报告，其格式见表4-1。[①]

表4-1 账龄分析

应收账款账龄	账户数量	金额/元	占比/（%）
信用期内	200	80 000	40
超过信用期1~20天	100	40 000	20
超过信用期21~40天	50	20 000	10
超过信用期41~60天	30	20 000	10
超过信用期61~80天	20	20 000	10
超过信用期81~100天	15	10 000	5
超过信用期100天以上	5	10 000	5
合计	420	200 000	100

利用账龄分析表，企业能了解到以下情况：

（1）尚在信用期内的欠款。表4-1显示，有价值80 000元的应收账款处在信用期内，占全部应收账款的40%。这些款项未到偿付期，欠款是正常的；但到期后能否收回，还要待时再定，故及时监督仍是必要的。

（2）超过信用期的欠款数量，超过时间长短的款项所占比例，因拖欠时间太久而可能成为坏账的欠款数量。表4-1显示，有价值120 000元的应收账款已超过了信用期，占全部应收账款的60%。不过，其中拖欠时间较短的（20天内）有40 000元，占全部应收账款的20%，这部分欠款收回的可能性很大；拖欠时间较长的（21~100天）有70 000元，占全部应收账款的35%，这部分欠款的回收有一定难度；拖欠时间很长的（100天以上）有10 000元，占全部应收账款的5%，这部分欠款有可能成为坏账。对不同拖欠时间的欠款，企业应采取不同的收账方式，制定出经济、可行的收账政策；对可能发生的坏账损失，则应提前做好准备，充分估计这一因素对利润的影响。

2.对客户的信用分析

（1）调查客户信用。信用调查是指收集和整理反映客户信用状况的有关资

---

① 唐晶.财务管理[M].西安：西北工业大学出版社，2018.

料的工作。信用调查是企业应收账款日常管理的基础，是正确评价客户信用的前提条件。企业对顾客进行信用调查主要通过两种方法。

1）直接调查。直接调查是指调查人员通过与被调查单位进行直接接触，通过当面采访、询问、观看等方式获取信用资料的一种方法。直接调查可以保证收集资料的准确性和及时性；但也有一定的局限，往往获得的是感性资料，同时若不能获得被调查单位的配合，调查工作则难以开展。

2）间接调查。间接调查是指以被调查单位以及其他单位保存的有关原始记录和核算资料为基础，通过加工整理获得被调查单位信用资料的一种方法。这些资料主要来自以下几个方面：

第一，银行。银行是信用资料的一个重要来源，许多银行都设有信用部，为其顾客服务，并负责对其顾客的信用状况进行记录、评估。但银行资料一般仅愿意在内部及同行间进行交流，而不愿向其他单位提供。

第二，信用评估机构。因为专业的信用评估机构的评估方法先进，评估调查细致，评估程序合理，所以可信度较高。

第三，财务报表。通过财务报表分析，可以基本掌握一个企业的财务状况和信用状况。

第四，其他途径。例如，财税部门、工商管理部门、消费者协会等机构都可能提供相关的信用状况资料。

（2）评估客户信用。收集好信用资料以后，就需要对这些资料进行分析、评价。企业一般采用"5C"系统来评价，并对客户信用进行等级划分。在信用等级方面，目前主要有两种：一种是三类九等，即将企业的信用状况分为AAA，AA，A，BBB，BB，B，CCC，CC，C共九等，其中AAA为信用最优等级，C为信用最低等级；另一种是三级制，即分为AAA，AA，A三个信用等级。

二、存货管理

存货是指企业在生产经营过程中为销售或者耗用而储备的物资，包括材料、燃料、低值易耗品、在产品、半成品、产成品、协作件和商品等。存货管理水平的高低直接影响企业的生产经营能否顺利进行，并最终影响企业的收益、风险等状况。因此，存货管理是财务管理的一项重要内容。存货管理的目标，就是要尽力在各种存货成本与存货效益之间做出权衡，在充分发挥存货功能的基础上，降低存货成本，实现两者的最佳结合。[①]

（一）持有存货的意义

持有存货的意义是指存货在企业生产经营过程中起到的作用。具体包括以下五个方面：

（1）保证生产正常进行。生产过程中需要的原材料和在产品，是生产的物质保证，为保障生产的正常进行，必须储备一定量的原材料；否则可能会造成生产中断、停工待料现象。

（2）便于维持均衡生产，降低产品成本。有些企业的产品属于季节性产品或者需求波动较大的产品，此时，若根据需求状况组织生产，则可能有时生产能力得不到充分利用，有时又超负荷生产，造成产品成本的上升。

（3）降低存货取得成本。一般情况下，当企业进行采购时，进货总成本与采购物资的单价和采购次数有密切关系。而许多供应商为鼓励客户多购买产品，往往在客户采购达到一定数量时，给予价格折扣，所以企业通过大批量集中进货，既可以享受价格折扣，降低购置成本，又因减少订货次数，降低了订货成本，使总的进货成本降低。

（4）有利于销售。一定数量的存货储备能够增加企业在生产和销售方面的机动性和适应市场变化的能力。当企业市场需求量增加时，若产品储备不足，就有可能失去销售良机，所以，保持一定量的存货是有利于市场销售的。

（5）防止意外事件的发生。企业在采购、运输、生产和销售过程中，都可能发生意料之外的事故，保持必要的存货保险储备，可以避免和减少意外事件的损失。

（二）存货管理的成本

1.取得成本

取得成本指为取得某种存货而支出的成本，通常用TC_a来表示。其又分为订货成本和购置成本。

---

① 王庭民.关于企业会计的财务管理及内部控制探讨[J].中国商论，2019（23）：186-187.

（1）订货成本。订货成本指取得订单的成本，如办公费、差旅费、通信费、运输费等支出。订货成本中有一部分与订货次数无关，如常设采购机构的基本开支等，称为固定的订货成本，用F_1表示；另一部分与订货次数有关，如差旅费等，称为订货的变动成本。每次订货的变动成本用K表示；订货次数等于存货年需要量D与每次进货量Q之商。订货成本的计算公式如下：

$$订货成本 = F_1 + \frac{D}{Q}K \tag{4-13}$$

（2）购置成本。购置成本指为购买存货本身所支出的成本，即存货本身的价值，经常用数量与单价的乘积来确定。年需要量用D表示，单价用U表示，于是购置成本为DU。订货成本加上购置成本，就等于存货的取得成本。其公式如下：

取得成本=订货成本+购置成本=订货固定成本+订货变动成本+购置成本

$$TC_a = F_1 + \frac{D}{Q}K + DU$$

$$(4-14)$$

2.储存成本

储存成本指为保持存货而发生的成本，包括存货占用资金所应计的利息、仓库费用、保险费用、存货破损和变质损失等，通常用TC_c来表示。

储存成本也分为固定成本和变动成本。固定成本与存货数量的多少无关，如仓库折旧、仓库职工的固定工资等，常用F_2表示。变动成本与存货的数量有关，如存货资金的应计利息、存货的破损和变质损失、存货的保险费用等，单位储存变动成本用K_c表示，平均储存量用E表示。

3.缺货成本

缺货成本指由于存货供应中断而造成的损失，包括材料供应中断造成的停工损失、产成品库存缺货造成的拖欠发货损失和丧失销售机会的损失及造成的商誉损失等；如果生产企业以紧急采购代用材料解决库存材料中断之急，那么，缺货成本表现为紧急额外购入成本，缺货成本用TC_s表示。如果以TC表示储备存货的总成本，计算公式如下：

$$TC = TC_a + TC_c + TC_s = F_1 + \frac{D}{Q}K + DU + F_2 + K_c\bar{E} + TC_s \quad (4-15)$$

企业存货的最优化，就是使企业存货总成本即TC值最小。

（三）存货决策

1.订货批量的决策

（1）经济订货量基本模型。经济订货量基本模型需要设立的假设条件：①企业能够及时补充存货，即需要订货时便可立即取得存货；②能集中到货，而不是陆续入库；③不允许缺货，即无缺货成本，TC_s为零，这是因为良好的存货管理本来就不应该出现缺货成本；④需求量稳定，并且能预测，即D为已知常量；⑤存货单价不变，即U为已知常量；⑥企业现金充足，不会因现金短缺而影响进货；⑦所需存货市场供应充足，不会因买不到需要的存货而影响其他方面。

设立了上述假设后，TC_s为零，存货的平均储存量$\bar{E}$就等于$Q/2$，存货总成本的公式可以简化为：

$$TC = F_1 + \frac{D}{Q}K + DU + F_2 + K_c\frac{Q}{2} \quad (4-16)$$

为了确定经济批量，可采用公式法、逐批测试法进行计算。

当F_1，K，D，U，F_2，K_c为常数量时，TC的大小取决于Q。为了求出TC的极小值，对其进行求导演算，可得出下列公式：

$$\bar{E} = \sqrt{\frac{2KD}{K_c}} \quad (4-17)$$

这一公式称为经济订货量基本模型，求出的每次订货批量，可使TC达到最小值。这个基本模型还可以演变为其他形式。

（2）存货陆续供应和使用的经济订货量模型。经济订货量的基本模型是在前述各假设条件下建立的，但现实生活中能够满足这些假设条件的情况十分罕见。为使模型更接近于实际情况，具有较高的可用性，需逐一放宽假设，同时改进模型。在建立基本模型时，是假设存货一次全部入库，故存货增加时，存量变化为一条垂直的直线。事实上，各批存货可能陆续入库，使存量陆续增加。尤其是产成品入库和在产品转移，几乎总是陆续供应和陆续耗用的。在这种情况下，需要对基本模型做一些修改。

（3）有数量折扣的经济批量模型。在西方，许多企业在销售时都有批量折扣，即对大批量采购在价格上给予一定的优惠。在这种情况下，与决策相关的成本除了考虑变动订货成本和变动储存成本外，还应考虑购置成本。

2.订货时间的决策

（1）再订货点的概念。一般情况下，企业的存货不能做到随用随时补充，因此，不能等存货用完再订货，而需要在没有用完时提前订货。在提前订货的情况下，企业再次发出订货单时，尚有存货的库存量，称为再订货点，用R来表示。它的数量等于交货时间（L）和每日平均需用量（d）的乘积：

$$R=L \times d \tag{4-18}$$

（2）保险储备。每日需求量可能变化，交货时间也可能变化。按照某一订货批量（如经济订货批量）和再订货点发出订单后，如果需求增大或送货延迟，就会发生缺货或供货中断。为防止由此造成的损失，就需要多储备一些存货以备应急之需，称为保险储备（安全存量）。这些存货在正常情况下不动用，只有当存货过量使用或送货延迟时才动用。建立保险储备，固然可以使企业避免缺货或供应中断造成的损失，但存货平均储备量加大却会使储备成本升高。研究保险储备的目的，就是要找出合理的保险储备量，使缺货或供应中断损失和储备成本之和最小。方法上可先计算出各不同保险储备量的总成本，然后再对总成本进行比较，选定其中最低的。

（四）存货的日常管理

伴随着业务流程重组的兴起以及计算机行业的发展，存货管理系统也得到了很大的发展。从物料资源规划发展到制造资源规划，再到企业资源规划以及后来的柔性制造和供应链管理，甚至是外包等管理方法的快速发展，都极大地促进了企业存货管理方法的发展。这些新的生产方式把信息技术革命和管理进步融为一体，提高了企业的整体运作效率。以下重点论述典型的库存控制系统。

1.存货的归口分级管理

存货的归口分级控制，是加强存货日常管理的一种重要方法。归口分级管理的基本做法是在企业总经理的领导下，财务部门对企业的存货资金实行集中统一管理，财务部门应该掌握整个企业存货资金的占用、耗费和周转情况，实行企业资金使用的综合平衡，加速资金周转。实行存货归口分级管理，有利于调动各职能部门、各级单位和员工管好、用好存货的积极性和主动性，把存货管理同企业的生产经营结合起来，贯彻责、权、利相结合的原则。这一管理方法包括如下三项内容：

（1）在企业管理层领导下，财务部门对存货资金实行统一管理。企业必须加强对存货资金的集中、统一管理，促进供、产、销相互协调，实行资金使用的综合平衡，加速资金周转。财务部门的统一管理主要包括四个方面：一是根据国家财务制度和企业具体情况制定企业资金管理的各种制度；二是认真测算各种资金占用数额，汇总编制存货资金计划；三是把有关计划指标进行分解，落实到有关单位和个人；四是对各单位的资金使用情况进行检查和分析，统一考核资金的使用情况。

（2）使用资金的归口管理。根据使用资金和管理资金相结合，物资管理和资金管理相结合的原则，每项资金由哪个部门使用，就归哪个部门管理。各项资金归口管理的分工包括：第一，原材料、燃料、包装物等资金归供应部门管理；第二，在产品和自制半成品占用的资金归生产部门管理；第三，产成品资金，归销售部门管理；第四，工具、用具占用的资金归工具部门管理；第五，修理用备件占用的资金归设备动力部门管理。

（3）实行资金的分级管理。各归口的管理部门要根据具体情况将资金计划指标进行分解，分配给所属单位或个人，层层落实，实行分级管理。具体分解过程为：第一，原材料资金计划指标可分配给供应计划、材料采购、仓库保管、整理准备各业务组管理；第二，在产品资金计划指标可分配给各车间、半成品库管理；第三，成品资金计划指标可分配给销售、仓库保管、成品发运各业务组管理。

2.ABC分类法管理

ABC分类法就是把企业种类繁多的存货，依据其重要程度、价值大小或者资金占用等标准分为三大类：A类高价值库存，品种数量占整个库存的10%～15%，但价值占全部库存的50%～70%；B类中等价值库存，品种数量占全部库存的20%～25%，价值占全部库存的15%～20%；C类低价值库存，品种数量多，占整个库存的 60%～70%，价值占全部库存的 10%～35%。针对不同类别的库存分别采用不同的管理方法，A 类库存应作为管理的重点，实行重点控制、严格管理；而对 B 类和 C 类库存的重视程度则可依次降低，采取一般管理。

3.适时制库存控制系统管理

适时制库存控制系统在我国早就引进了，又称零库存管理或看板管理系统。最早由丰田公司提出并将其应用于实践，是指制造企业事先和供应商及客户协调好，只有当制造企业在生产过程中需要原料或零件时，供应商才会将原料或零件送来，而每当产品生产出来就被客户拉走。这样，制造企业的库存持有水平就可以下降。显然，适时制库存控制系统需要的是稳定而标准的生产程序以及与供应商的诚信。否则，任何一环出现差错都将导致整个生产线的停止。目前，已有越来越多的公司利用适时制库存控制系统减少甚至消除对库存的需求，即实行零库存管理，如沃尔玛、丰田、海尔等。适时制库存控制系统的进一步发展被应用于企业生产管理过程中——集开发、生产、库存和分销于一体，提高了企业运营的管理效率。

第五章 财务会计信息化发展探究

第一节 会计信息化的发展历程研究

经济体制改革的深入推进和信息技术的迅猛发展在制度与技术层面为我国会计信息化提供了成长的沃土，推动其实现了从"缓慢探索"到"全面推进"的伟大跨越。随着近年来大数据技术、人工智能、移动互联网和云计算等技术飞速发展及其在企业的推广应用，企业将逐渐成为一个集财务、管理、业务等于一体的大数据平台。企业必须依托"大智移云"，及时挖掘和充分利用各种信息，以全面提升管理效率，进而提升企业价值。

一、改革开放四十年我国会计信息化发展历程

（一）第一阶段（1979—1988年）：缓慢探索，渐入正轨

改革开放之初，我国开始尝试推行会计电算化。1979年，财政部和第一机械工业部为中国第一家会计电算化试点单位——长春第一汽车制造厂提供了560万元的财政支持，长春第一汽车制造厂借此从前东德进口一台EC-1040计算机以实行电算化会计。彼时，计算机只作为工资会计的辅助工具。1981年，第一汽车制造厂和中国人民大学联合主办"财务、会计和成本应用计算机学术研讨会"，会议中将计算机技术在会计工作中的应用正式命名为"会计电算化"，这是我国首次确立"会计电算化"的概念。1982年，国务院主导成立计算机和集成电路领导小组，重点推广全国计算机的应用，北京、上海、广州等发达地区的公司先后开展试点工作。自1984年以来，中国人民大学组织研究生先后为北京、石家庄

的部分企业开发会计应用软件，帮助企业进行账务处理、报表编制、会计核算等工作。[①]

1987年，财政部颁布《关于国营企业推广应用电子计算机工作中的若干财务问题的规定》，从提倡发展基金和严格管理成本支出两方面促进会计电算化的发展。1988年6月，由财政部财政科学研究所主办的全国首届会计电算化学术研讨会在河北承德召开，会议提出了会计电算化应加强通用化、商业化，为会计电算化的发展指明了方向。同年8月，中国会计学会举办学术研讨会，对会计软件的实际运用提出了合理化建议。在起步之初，各界人士都在积极探索会计软件的商业化发展道路，为会计电算化的快速发展提供了理念、制度和人员上的准备。

在会计电算化应用起步的同时，会计电算化教育和科研也取得了一定进展。1984年，财政部财政科学研究所首次招收会计电算化研究生，中国会计电算化高等教育迈出新步伐。1987年11月，中国会计学会正式成立会计电算化研究小组，其理论研究引起业内人士的高度重视，中国会计电算化高等教育在缓慢摸索中渐入正轨。

（二）第二阶段（1989—1998年）：重点关注，快速发展

1989年，为交流会计电算化的管理工作经验，促进会计电算化的进一步升级，财政部召开了会计电算化管理专题讨论会，讨论并修订了《关于会计核算软件管理的几项规定（试行）》。该规定明确了政府会计电算化的重要性，决定在各级财政部门推行会计电算化的试点工作，会计电算化逐渐代替传统手工记账。自此，会计电算化开启了实践应用的新纪元。

随着国内会计电算化的推行，我国会计软件市场日益扩大。众多国际大型会计软件开发公司纷纷进驻我国进行市场开发与拓展。一些本土会计软件开发公司如用友、金算盘、金蝶等纷纷成立，促进了会计软件在我国企业核算中的应用与推广，进而推动了我国会计电算化的发展。财政部颁布的《会计电算化知识培训管理办法（试行）》则进一步促进了会计电算化社会教育的发展。截至1998年年底，我国约有两万名会计人员接受过正规会计电算化的培训，为财务软件的实践应用构成了重要的人员支撑。在社会教育取得一定成效的同时，高等教育也取得

---

① 徐玉德，马智勇.我国会计信息化发展演进历程与未来展望[J].商业会计，2019（07）：7-12.

重大突破。1996年，财政部财政科学研究所成立第一个会计电算化博士点，此后多家高校先后开始招收会计电算化博士研究生，会计电算化正式成为会计学科研究的重要方向。

（三）第三阶段（1999—2008年）：厚积薄发，稳步提高

1999年，会计软件市场管理暨会计信息化研讨会召开，大会探讨了会计软件的市场情况，交流了企业会计电算化的管理经验，并明确指出会计信息化将成为下个世纪会计电算化的发展方向。在此之后，我国一系列软件开发企业以及会计软件的发展也印证了这一预想。

2003年，上交所和深交所陆续开展XBRL应用试点，XBRL研究逐步成为社会热点。2006年，中国XBRL研讨会在北京召开，明确XBRL研究在今后一段时期将作为主要研究方向，为会计信息化提供统一标准。2008年，我国会计信息化委员会暨XBRL中国地区组织成立大会在北京召开，中央各部门共同发力，从制度、准则和人才储备方面为会计信息化标准体系的建立提供了支持与保障。

2004年，中国会计学会成功举办第三届会计信息化年会暨杨纪琬教授创建会计电算化高等教育二十周年纪念大会。大会研究了如何完善会计信息化教学体系，并讨论了开展会计信息化实践应用的具体路径。2005年，财政部先后颁布《会计从业资格管理办法》《初级会计电算化考试大纲》，明确了会计信息化的地位和从业人员所需达到的具体要求。

（四）第四阶段（2009年至今）：与时俱进，全面推进

2009年，财政部颁布《关于全面推进我国会计信息化工作的指导意见》，从意义、主要任务和措施要求三个方面阐述全面推进会计信息化工作的具体内容。会计信息化的施行以计算机软件良好应用为基础，因此在实践中，会计人员不仅需要精通会计专业知识，具备会计专业胜任能力，同时也需熟练掌握会计软件系统，以此来保障会计信息化工作的顺利开展，更好地发挥信息化工作的优越性。当前，会计工作与计算机系统间的联系更为紧密，各行业各领域都将会计软件作为处理会计工作的主要工具，会计软件的应用领域日益宽广。

科学技术的发展将人类带入"大智移云"时代。会计信息化建设逐渐从局域

网进行管理的财务会计软件，向互联网综合利用阶段进发。但是现阶段的会计信息化，更多的是进行日常会计核算和财务报表编制等基础会计工作，缺少对"大智移云"的有效利用及政企之间、企业之间的信息交互。2017年，德勤会计师事务所推出财务机器人，提供了财务自动化流程解决方案，这标志着会计工作正式由"信息化"向"智能化"转变。

二、我国会计信息化四十年发展成就及现实挑战

（一）我国会计信息化四十年发展的主要成就

1.理论研究不断发展创新

四十年来，我国始终坚持会计信息化理论方面的研究与创新，先后经历了从自发应用到规范指导、有序发展的演进过程，现已形成基础理论、应用理论、环境理论及其他理论有机结合的会计信息化理论体系（如图5-1所示）。

会计信息化理论体系
- 会计信息化基础理论
  - 会计信息化内涵
  - 会计信息化特征
  - 会计信息化意义
  - 会计信息化系统
- 会计信息化应用理论
  - 会计信息化实施
  - 会计信息化重组
  - 会计信息化控制
  - 会计信息化系统开发
  - 会计信息化应用分析
  - 会计信息化评价
- 会计信息化环境理论
  - 会计理论
  - 信息技术应用
  - 组织理论
  - 会计信息化信息提取
  - 会计信息化标准
  - 会计信息化管理

图5-1 会计信息化理论体系

著名会计学家杨纪琬教授作为我国会计信息化事业的开创人和奠基人，为我

国的会计信息化理论研究提出了许多真知灼见。随着科学技术的发展和经济管理要求的提高，会计信息化仅满足于会计核算已远远不够，会计软件的研制开发亟待向企业管理软件方向发展，会计信息化与企业管理信息化的融合成为一种新的发展趋势，会计信息系统将不再是独立的一部分，而是企业管理信息系统的有机组成部分。同时，企业的管理信息系统也将成为整个社会信息一体化的有机组成部分。在中国会计信息化起步之初，学术界就倾向于把会计制度体系视为企业管理体系的一个组成部分。受杨纪琬教授思想的影响，王世定教授认真研究了会计制度在企业管理中的地位，在此基础上创造性地提出了"小系统"扩展理论。该理论以"会计账务系统—会计信息系统—企业管理系统"为进阶路径，阐述了会计信息化的发展方向，如今已成为国内会计学界的主流观点。

在第六届会计信息化年会上，庄明来教授明确了会计系统应用的"两阶段论"：第一阶段，在嵌入实时控制和连续审计的监督下，核定会计流程的标准化，通过电子化原始凭证自动生成记账凭证，并进一步输出符合XBRL的高质量财务信息；第二阶段，则通过ERP设计框架构建业务数据库以获取财务与非财务数据，建立业财融合的业务事件仓库。"两阶段论"可以有效实现业财融合，对于实现我国会计信息化的发展目标具有重要的指导作用。

2009年，杨周南教授在总结和分析中国会计信息化发展的基础上，首次提出了会计信息化的TMAIM体系架构的概念和结构，为会计信息科学和会计信息资源的建立提供了一个研究框架和思路。随着科学技术的不断发展和广泛应用，会计信息化研究需要有机融合会计学理论和"大智移云"技术，既要把握会计信息化基本理论的发展脉络，又要加强会计信息化的实践导向，为会计信息化在社会管理中的运用奠定坚实的理论基础。

2.实践应用得到广泛普及

随着科学技术的发展及政府的大力推广，我国大多数企业已经开展了会计信息化工作，并取得了显著的成效，信息系统管理遍及企业管理的全过程，众多上市公司将会计准则与本公司的会计信息系统相结合，极大程度上确保了企业对外提供会计信息的真实性和完整性。许多企业成熟的财务共享服务中心正在尝试或者将经验总结分享帮助更多的企业，或者开始探索基于财务共享为企业提供更多的管理增值服务，也有部分企业在论证财务共享的可行性并将之付诸实践。此外，为了满足不同信息使用者的需要，企事业单位尤其是上市公司，在实施会计准则体系、内部控制标准体系时，均会以XBRL标准为基础规范制作财务报告和内部控制评价报告，促使建立会计工作和会计信息的标准化。随着信息技术的推广应用，云政务也得到广泛普及，会计信息化的应用领域逐渐拓展至政府部门。

随着企事业单位会计信息系统的日益完善，我国注册会计师的工作内容与方式同样发生了翻天覆地的变化。注册会计师在开展工作时充分利用信息技术创新成果，摆脱了简单、繁重、重复性高且有规律可循的机械性工作，从而将主要的时间用于专业性更高的职业判断中，极大地提升了审计效率；各大会计师事务所纷纷在内部建立起技术支持中心，通过加强开发审计信息系统，从而实现审计流程与会计信息系统的统一。当前，我国已初步形成以信息化设施为基础、以数据资源为核心、以技术支持和安全管理为保障的互联网化、云计算化、智能化的注册会计师行业信息化体系。

3.人才培养体系逐步完善

我国会计信息化事业的发展离不开会计信息化人才队伍的构建。目前，我国会计信息化人才培养方式主要有三种：正规教育、委托培养和在职短期培训。三种人才培养方式有机结合，不仅有利于培养既懂会计又懂计算机技术的复合型青年人才，还可促进当前从事会计工作的人员学习会计信息化知识，尽快适应会计信息化发展的新环境，提高自身工作效率与效果。除此之外，会计信息化的内容正不断融入注册会计师与会计专业技术资格考试中。

4.会计软件开发及应用持续转型升级

经过四十年的发展，我国会计软件顺应政策和市场发展变化，不断更新换代，从多个方面转型升级。

第一，从局部到整体。我国会计软件最初只能进行局部处理，数据处理量也较少。时至今日，会计核算软件已进化为处理业务全过程的会计信息系统，正进一步向企业管理信息系统进阶。

第二，从手工到自动。会计软件逐渐脱离会计人员手工操作，向全面自动化方向发展，大大降低了人为的出错概率。

第三，从基层到高层。原有会计软件仅用于处理领证录入、数据核算、报表生成等基础性工作，仅能满足基层单位会计工作的需要；新型会计软件不仅包含之前的功能，同时还能够在内部控制、信息传递、企业管理等方面对管理工作发挥辅助作用。

第四，从自主到通用。会计软件起初由企业自主开发，虽能紧密贴合自身业务，但需耗费大量的研发和维护费用。目前各公司均采用专业公司开发的通用会计软件，软件适用性更强，为全面推行会计信息化提供了前提和保障。

第五，从零散到规范。之前企业强调会计软件即插即用，更重视软件的功能性，忽视了系统的整体设计；随着信息化观念的不断更新，新开发的会计软件逐渐形成规范化的会计信息系统，可为企业整体的良好运行提供帮助。

（二）我国会计信息化发展面临的挑战

1.会计信息化基础薄弱，发展结构不均衡

相较西方发达国家而言，我国会计信息化的理论和实践基础相对薄弱，会计制度规范体系中也缺乏对会计信息化的详细规定或明确规范，会计信息化的核算流程尚采用半人工半自动的方式，在监督和管理上存在诸多漏洞，实践中仍存在会计信息失真现象。信息化过程简化了会计流程，使其在账户设置、登记方法甚至会计核算方面都发生本质性改变，原有制度已不能适应新时代，甚至会在实践工作中产生阻碍。此外，会计信息化发展结构不平衡问题较为突出，小微企业的经济效益较差，对会计信息化的资金投入远不如大中型企业。同时由于观念普及的差异和业务实践的需要，相较于内陆经济欠发达地区，东部经济发达地区的企业更愿意向信息化的开发与应用投入成本以获取会计流程的高效率，提高会计决策的正确性。

2.会计信息存在安全隐患，风险管控不规范

网络时代下，信息安全性成为企业普遍关注的焦点问题。这就要求企业在进行会计信息化的同时，努力做好风险控制工作。目前会计软件的研发着力点主要放置于完善会计软件的操作功能，忽视了财务数据的保密性问题。即使部分会计软件提出安全性防范问题，但只是针对软件本身的使用，而非企业会计信息的保密，无法真正做到信息零泄露。除网络泄露外，企业内部同样存在人员泄露的隐患，这给企业的生存带来严重威胁。因而，防范企业内外财务风险需从会计软件入手。

3.会计软件的专业性和商业化程度待提高

当前我国会计信息化应用得到了一定普及，但专业性的缺乏造成会计软件

市场存在供需不匹配问题。一方面，通用会计软件的更新换代难以满足企业发展的需要。我国经济发展日新月异，企业面临的环境和业务也在不断变化，这对会计核算和报表编制提出了新的要求。通用会计软件虽然存在成本低、易维护等优点，但同时存在很多与企业不相适应的机制，只有少数企业可以使用价格高昂的自主研发会计软件。另一方面，我国会计软件真正开发并广泛应用只有十几年的历史，行业水平仍有待提高，部分软件公司没有进行充分的市场调研就直接参照国外会计软件进行设计并投入市场，很难满足我国企业的使用需求。有的软件公司虽然争取到了一定的市场份额，但是缺少可持续性，开发软件的许多功能也没有充分利用。

4.信息化认知待普及，复合型财会人员短缺

当前，会计从业者对于会计信息化的认知较为浅薄，仍停留在简单地运用会计软件进行会计实务以减少人工参与的层面，这严重制约着会计信息化的普及。会计信息化的发展客观上也对会计人员的计算机操作能力提出了更高的要求，高级会计人员不仅要精通专业知识，具备会计专业胜任能力，同样需要掌握计算机技术。当前，我国会计教育如火如荼，会计行业人才辈出，但在高级会计人员队伍中同时具备两方面知识的复合型人才却是凤毛麟角。

三、我国会计信息化发展的未来展望

（一）会计信息化功能更强大，由核算层面转向管理层面

会计信息系统是现代企业管理系统的核心。传统模式下企业管理成本过高、信息透明度低、风险管理系统薄弱等问题降低了账户管理、资金收付、资源合理运用等方面的工作效率。财务共享服务中心则是会计信息化的新应用，它通过整合和升级企业的基础业务，极大提高了会计人员的工作效率和管理层的管理水平。财务共享服务中心的基本架构可以概括为"三项核心功能、四个管理机制、两套保障体系"。通过界定核心功能、打造管理机制、确立保障体系，并确保这些要素之间综合协调运行，从而提升财务共享服务的质量和效率，充分发挥财务共享服务的职能。

1.三项核心功能

第一，财务共享服务中心的核心功能是用于会计核算。业务内容包括应

收、应付、成本费用、总账、资产、税务等，业务环节包含从会计制证到报表编制整个流程。实施财务共享模式后，分公司、子公司财务部门不再承担会计核算、资金结算等业务。第二，财务共享服务中心具有监督规范的作用。集团公司对财务共享服务中心实行监督，财务共享服务中心对分、子公司实行监督，"双重监督"的机制能更有效地保障业务执行的合规有效。第三，财务共享服务中心可以进行信息支撑。财务共享服务中心生产和管理会计信息，可以为分、子公司提供会计核算、报销进度、账务报表等多元化的服务，并对会计信息进行加工与展示，以满足单位信息需求。

2.四项管理机制

第一，组织变革。财务共享服务具有独创性，需要打造新的管控机制以使企业更好运行。一方面，要促使集团公司与分、子公司两级财务组织架构的转型升级，通过设立中间级的财务共享服务中心为集团公司下的会计主体提供服务；另一方面，突破以业务类型定岗的划分形式，转而分为会计核算、资金支付、总账报表等以流程环节为依据的岗位，提高共享服务岗位的专业性。

第二，流程创新。财务共享服务中心要创新应收应付、成本费用、资产总账等共享业务的流程，并在财务共享服务中心与分、子公司之间建立有效的双向沟通机制。

第三，质量控制。财务共享服务中心可以通过财务审核、凭证稽核、因素分析优化流程与标准三个途径，打造财务共享服务中心业务稽核管理体系的"三道防线"，使财务共享服务中心的业务质量可控、在控。

第四，绩效管理。通过指标监控、绩效分析、量化考核等方式，对纳入财务共享的业务进行全方位、全过程的绩效监控，以此推进财务共享服务中心的管理水平。

3.两套保障体系

即建立健全标准化保障体系，对纳入财务共享服务的业务进行规范管理；打造完善的信息系统保障体系，提高工作效率，减少工作失误。

（二）会计数据处理更全面，财务工作趋向网络化、智能化

在"大智移云"时代，集团公司及其分支机构的数量急剧增加，财务信息也

开始呈现规模化和多样性的特点，因此，企业的财务管理越来越注重数据的可靠性和时效性，数据之间的关系逐渐成为财务信息关注的重点。财务工作由单一的会计核算、报表编制、财务分析等扩展至研发、运输、销售等多个领域，财务人员的工作也不再仅仅只是进行账务处理，同时也要掌握并处理各个业务部门甚至行业的数据以供决策者使用，财务工作正步入财务云时代。财务云通过财务共享服务中心（FSSC）搜集业务数据，数据全部上传后，在云端对搜集的数据进行处理、分析、储存和传输，并将处理后形成的财务信息传递给企业帮助其做出正确决策，其中，云计算是处理财务信息、提供决策支持的核心环节，是整个平台的关键程序。大中小型企业在选择财务云时的要求不同，从中小企业角度，使用公共云服务能更好地节约成本，而从大型企业角度，安全性和效率是其考虑的重点，因此会选择使用私有云或混合云。

财务云时代，借助财务共享服务中心的信息平台，获取并处理各类数据的工作变得更为方便快捷。财务云通过高质量财务数据的处理与获取提升企业的总体决策水平，可避免由财务人员个人原因导致的数据失真问题。然而，当前我国专网建设刚刚起步，现有技术对财务云支持力度较小，同时网络波动、电脑病毒等安全性和稳定性问题使得外网使用面临严峻挑战。随着"大智移云"在各行业的推广应用，云计算将得到更广阔的发展空间。

（三）信息化人才培养更趋系统化、创新化

会计信息化的实践应用预示着未来会计核算人员的生存空间将受到挤压，绝大多数基础性会计工作人员会被财务机器人或者会计软件所取代，但这并不意味着所有会计专业人员都要面临失业问题。通过会计信息化的应用，可从烦琐、重复的非核心业务和后台业务中释放出大量的财务人员，让其更多地从事价值增值工作，专注企业战略财务规划，提高企业的财务管理能力，这对财务人员的专业水平和工作技能提出了更高的新要求。针对会计工作趋于智能化的形势，我国应探索更为高级的信息化人才培养模式以顺应时代发展。具体而言，我国将着重打造三元共育、四环相扣、五阶递进的"三四五"信息化人才培养模式。

三元共育，是指从政府、高校和企业三处发力，形成多元培养环境，形成综合性人才结构。国家可进一步出台政策和相关法律法规，促使我国信息化走向制

度化和成熟化；高校应采取相应措施，如增设相关课程、编著会计信息化课本等方式，打造"会计学为本，计算机应用为辅"的教学体系；企业应集中、系统、全面地学习解读会计信息化的知识，主要以人员职能为划分依据进行会计信息化人员的专项培训。

四环相扣，是指在理论课程的基础上，增添更多的信息化实践内容。理论教学中，可创新教学模式，通过模拟办公场所进行分组岗位体验，提高学生独立开展会计工作、解决会计问题的能力。社会实践中，可通过比赛、实习、模拟、岗位体验等方式提高学生的实践能力，打造"理论+实验"教学模式，重视学生寒暑期的实习机会，促使其在毕业时即可熟练掌握会计信息化的应用。

五阶递进，是指打造以通识教育为基础，专业教育为核心，实践教育为主导，双创教育为引领，素质教育为铺垫的递进型教学模式。基层财务人员既要学习财务会计的基本知识和相关财经法规，又要学习计算机的基本操作。企业中层财务人员需要打造系统完善的知识结构体系，在管理过程中能够对企业的财务状况、经营成果做出正确判断，对未来发展提供良好建议，力争全面化发展。对于高级财务人员，不仅需要重点关注战略目标、创新举措、企业管理等方向的培养，还要加强会计信息化的再教育，使其能够有效管理企业资源，提高他们的领导、管理和创新能力。

（四）会计软件标准更严格，安全性、专业化进一步提升

多年的实践与发展，给予我国企业会计信息化以大量经验，也进一步细化了会计软件的标准。不同企业在实行会计信息化的过程中，对会计软件功能的需求也有所不同。针对不同企业之间的差异，开发适应企业特征的会计软件是未来会计软件研发的方向。从软件本身层面，为实现数据即时共享，需增添数据共享模块，将共享功能纳入会计软件的体系中，这不仅需要提高接口技术，使每个模块之间更好连接，同时要提高传输技术，使信息可以全面迅捷地达到共享。另外，未来会计信息化系统应增添审查模块，加强内部的审查功能，保证数据真实性的责任确认到人，杜绝会计人员擅自篡改系统信息的现象。利用智能化技术，企业可以对自身业务活动和财务工作进行实时监控并留下记录，并根据记录分析企业情况，以帮助管理层做出正确决策。面对信息泄露日益严重的局面，提高软件安

全迫在眉睫。具体而言，对内需做好会计人员审查制度，对每次的信息审阅进行记录，防止数据外泄；对外需设置防火墙，以防止病毒、黑客等对软件系统的破坏。

第二节 会计信息化的特征与实施条件

随着市场经济体制的逐步确立，在社会经济和网络通信技术的双重推动下，会计电算化逐渐向更高级的阶段——会计信息化方向发展，并成为会计工作发展的必然趋势。本节从会计信息化的含义出发，通过对会计电算化和会计信息化区别与联系的介绍，着重对会计信息化的特征以及实施条件进行分析和探讨。

一、会计信息化的内涵

会计信息系统就是通过一定的技术手段，以一定的处理模式对各种相关的会计数据进行收集、加工处理、存储、整理分析，并根据具体要求输出不同形式的会计信息系统。会计信息化就是信息技术和会计信息系统融合的过程，即以计算机及网络通信技术为手段，通过建立技术与会计高度融合的开放的会计信息系统，运用会计信息处理软件对与企事业单位有关的会计信息资源进行深度开发和广泛利用，以促进企事业单位发展业务、提高经济效益，并向利益相关者提供多方位信息服务的过程。会计信息化程度主要反映在所使用的技术手段上，取决于经济业务和技术的发展，经济业务的发展导致新的业务形式和业务信息需求的变化；技术（信息技术和管理技术）的发展带来了会计目标和相应会计思想的变革。随着会计信息技术水平的不断提高，会计信息系统在逐步完善，会计信息化的程度也在不断提高。[1]

---

[1] 韩珂.会计信息化的特征及其对财务软件的影响[J].现代商业,2010（7）：207-208.

二、会计信息化与会计电算化的区别与联系

会计学是一门以研究方法论为主的经济应用科学，而研究方法论离不开其技术手段。会计电算化旨在突出信息技术在会计中的作用，强调计算机替代手工核算的技术与方法；会计信息化在于引起人们对网络信息技术在会计中应用的重视及信息技术和会计信息系统融合程度的不断提高。两者没有明确的边界划分，只是同一事物在不同时代的不同称谓。

（一）信息技术与会计信息系统的融合程度不同

会计电算化是信息技术在传统会计模式下的简单应用，只是实现了会计核算环节（报账、算账等）的电子化，在其他环节仍然要依靠手工完成，是会计信息化的初级阶段。会计信息化除了必要的录入审查环节外，全部的业务流程均实现了计算机的自动化。与企事业单位相关的业务数据全部一次性录入单位数据库同时生成会计信息，并且可以按照给定的参数自动生成更具有针对性、操作性的控制和决策报告信息，实现真正意义上的人机交流。不仅如此，会计信息化系统还可以通过授权与外部系统（如证监会、银行、工商、税务、经销商等）相互沟通，进行网上结算、网上报税、网上审计等。

（二）会计职能不同

会计电算化根据已经发生的业务将原始会计信息录入系统，由计算机进行平衡校对后记账，生成会计报表，实现了会计核算的自动化，仍然是事后核算和监督。会计信息化收集了企业内外几乎所有与之相关的业务信息，随时可以将系统产生的会计信息与相关标准信息（定额、预算、行业平均水平等）相比较，通过人机交互作用，实现事前优化决策、事中实时监控，职能由单纯核算转变为全面管理预测决策。

（三）在企业信息化中的地位不同、开放程度不同

会计电算化阶段，系统使用者主要是单位会计部门，其职能是完成会计日常核算的自动化，输出的会计信息具有较高的专业性和保密性，与部门外部信息隔绝，非财务人员很难知道并加以利用，处于"信息孤岛"的状态。在会计信息化

高级阶段，系统几乎涵盖了与企事业单位相关的所有业务数据，单位各部门共同使用单位的同一数据库，所有业务信息在发生时分散录入会计信息系统并由计算机网络自动传输、实时转化，根据不同的要求直接生成会计信息或转化为控制信息、综合信息，动态地提供给各部门及决策者使用。

（四）运用的会计模式和理论基础不同

会计电算化强调会计数据处理的规范化，要求会计信息系统的运行按照我国统一会计制度的要求规范操作，立足于财务报告的规范生成；会计信息化阶段，相关业务数据信息在发生时分散录入会计信息系统，相应的会计信息由计算机网络自动传输并计算、分析，根据不同的要求输出特定的报告，传统会计模式下的财务工作逐步消灭。

随着会计信息化程度的提高，四大基本假设会计主体、持续经营、会计期间、货币计量也受到了全方位的冲击。

（1）随着网络通信技术的快速发展，网络电子商务已经出现，可以预见，不久的将来虚拟公司将大量存在。虚拟公司有自己的经济活动，理所当然是会计主体，但它的存在显然又有别于传统的会计主体。

（2）虚拟公司往往是为了完成一个特定目标而出现的，目标完成后随即解体，也不具备持续经营的前提。

（3）会计信息化系统根据相关业务的发生实时输出所需要的会计信息，按项目或作业进行管理并核算，效益更直观、准确，传统会计期间的划分也许只是对外信息呈报的需要了。

（4）各部门共同使用单位的同一数据仓库，会计信息化系统在反映货币计量信息的同时反映非货币计量信息，以多元化信息反映同一项业务的发生，货币计量假设相对弱化。

三、会计信息化的特征

会计信息化的特征显著地体现在其所应用的计算机通信技术及会计信息系统上。

（一）渐进性

会计信息化程度的提高依赖计算机及通信技术的进步，依赖于会计信息系统的逐步完善。从技术上讲，从1946年世界上第一台计算机诞生时只是用于简单的数值计算，今天我们可以运用计算机技术从事航天、军事等复杂问题的研究，这种进步是快速的，但也是渐进性的。从会计信息系统的角度讲，按系统论观点，系统是一个有着特定功能的有机整体，这种功能的完善是一个漫长的过程，不可能一蹴而就。从会计信息化经历的会计核算、会计管理、会计业务一体化、全面网络会计等发展阶段可以看出，信息技术与会计信息系统的融合是逐步递进的一个过程。

（二）动态性

会计信息化的动态性体现在会计信息系统自身的发展进程和会计处理对象即会计数据上。首先，从会计信息系统角度讲，随着经济及计算机通信技术的发展，会计信息系统在会计核算、会计管理、会计业务一体化、全面网络会计各阶段间，从低到高逐步进化完善，这是一个相辅相成的动态的过程；其次，从会计数据角度讲，无论是单位内部的数据（如材料领料单、产量记录），还是单位外部的数据（如发票、订单），无论什么时间什么地点，一旦发生，都将实时进入会计信息系统中进行分类、计算、更新、汇总、分析等一系列处理操作，以保证会计信息实时地反映单位的财务状况和经营成果。

（三）开放性

会计信息系统实时地处理随时被录入的各相关业务数据，并根据要求输出不同的报告，这决定了会计信息化的开放性。

（四）互动性

会计信息系统具备系统的一般流程：数据录入、整理、分析、储存、报告等环节，同时建立了与人进行多向多位信息交流的方式。一方面，不同的业务人员向单位同一数据库录入数据信息，系统可自动转化成会计信息，不同的信息使用人输入自己不同的需求参数可以使系统输出不同要求的信息报告，获得自己所需要的信息；另一方面，信息使用人可以通过对系统的数据处理流程加以调整和改进，来满足特定的信息需求。通过会计信息系统的互动功能，系统和信息使用人同时成为信息的提供者和使用者。

（五）集成性

信息集成的目的是信息共享。与企事业单位有关的所有原始数据只要一次输入会计信息系统，就能做到分次或多次利用，在减少了数据录入工作量的同时，实现了数据的一致、准确与共享。全面实现管理/决策型网络会计是会计信息化的最终目标，突出特点是实现会计信息和业务信息的集成化。可以从以下两个方面来说明：

（1）同一个时间点上，集成三个层面的信息。首先，在会计部门内部实现会计信息和业务信息的一体化集成，即实现会计账簿各分系统之间的信息集成，协调解决会计信息真实性和相关性的矛盾；其次，在企事业单位内部实现会计信息和业务信息的集成，在两者之间实现无缝连接，真正融合在一起；最后，建立企事业单位与外部利益相关人（客户、供应商、银行、税务、财政、审计等）的信息集成。

（2）在时间链上集成与企事业单位相关的历史、目前、未来的所有信息。

（3）统一业务的多重反映。比如，固定资产折旧的计算，现行会计制度规定可以在历史成本的基础上选定一种方法，现在可以选择多种方法同时计算，作为决策的参照。

四、会计信息化实施前提与条件

（一）政府引导、规划、协调和管理

随着政治体制的改革，我国政府的主要职能已逐步转变。在信息技术逐渐发达的今天，政府必须从国民经济和社会发展的全局出发，为全社会、全体企事业单位营造一个良好的社会法律、信息、教育环境，对企业信息化建设工作进行宏观规划、协调和管理。其实政府在这方面已经做了许多工作：2003年国家信息产业部颁布《企业信息化技术规范》，2005年国家标准委发布《信息技术会计核算软件数据接口》，同年相关部门召开"中国城市经济发展与城市信息化建设研

讨会",提出了信息化建设的许多创新理念。目前,在相当一部分政府机关(工商、银行、税务机关等)、国有大中型企业、事业组织已经实现了会计信息化的建设。另外,财政部从1994年开始对会计人员展开了全面的会计信息化培训工作,并且统一了培训大纲、教材和教学软件。但现在的信息化建设仍然处于试点、探索阶段,距离信息化的全面、规模化建设要求还相差甚远。当只有一人使用电话作为通信工具时,电话是装饰品;当社会上很多人以电话作为通信工具时,才能发挥电话的作用,这就是规模效益。会计信息化建设存在同样的道理。当前信息化经济是一个集供应商、生产商、营销商、客户为一体的产业链,同时和工商、银行、税务等政府机构紧密相连,客观上要求与产业链相关的各方面都实现信息化,都能在网络环境下自由完成各自的业务活动,实现各自的职能。所以只有在社会上全面、规模地实现信息化,并且政府真正起到规划、协调、管理的作用,才能真正达到会计信息化的要求。

(二)经济及信息技术的约束

会计信息化的发展程度受所处时代经济及信息技术水平的影响和制约,并反映着一个时代经济及信息技术的发达程度。在社会的不同历史阶段,经济及信息技术的发展水平不同,对会计的影响也不相同。在我国计划经济体制下,随着计算机技术的发展,传统会计逐步发展到会计电算化;随着市场经济体制的逐步确立,出现了会计管理软件;随着计算机网络通信技术的发展和电子商务等新经济业务形式的出现,高度会计信息化阶段正逐步走来。

(三)现代会计信息系统的建立

会计信息系统的完善标志着信息化的发展程度,而采用何种会计软件则是信息系统是否完善的直接体现。会计信息化的成效如何,视其所用的会计软件能在多大程度上提供有价值的会计信息。目前运用现代计算机及网络通信技术,围绕信息增值而设计的会计软件少之又少,所提供的能支持管理/决策的会计信息非常有限。

（四）无纸化凭证的推行

从会计信息化的发展历程可以看出，随着信息化程度的不断提高，会计信息的数据来源将逐步无纸化——数据电子化，这是会计信息化提高的结果，也是会计信息化的必然要求。虽然这些原始电子数据必须通过人脑的会计确认才能进入会计信息系统，但在原始数据全部电子化以后，电子签名将代替手工纸制签名，原始凭证的表现形式将发生革命性的变化。另外，随着市场经济竞争的加剧，会计信息使用者对会计报表报送周期的时间要求将大大缩短甚至具有不确定性，进一步加重了会计人员对相关业务数据进入会计信息系统进行判断和选择的时间要求。

（五）现代会计信息系统内部控制制度的制定

任何一个系统的有效运行，都需要相关控制制度的建立和完善。会计信息系统也不例外。尽管传统会计内部控制制度在电算化阶段得到了及时的更新和完善，但网络环境比单机甚至局域网要复杂得多。会计信息系统使得相关的不同部门的不同人员在不同地点的不同微机终端上完成相关业务数据的录入并通过网络/Internet进行传输，原始凭证的表现形式电子化，业务数据的会计转化由计算机自动完成并保存。可以看出，会计信息化系统的内部控制由对人的内部控制转变为对人、机控制并重。对人的控制，我们有以前的经验可以借鉴，而网络环境下的对机控制则不同，对于我们来说完全是一个陌生的问题。例如，交易的授权、完整性及正确性不如传统环境下那么明显，网络数据容易被截取与修改等，因而，制定严密完善的内控制度，保证会计信息系统对业务活动准确、完整、及时的安全反映是会计信息化成败的关键。

（六）财务人员知识结构的更新

在会计实现信息化前，会计人员只要具有扎实的专业知识，按时保质保量地完成相关业务的会计记录和报表输出即可。而在高度的会计信息化阶段，会计人员不仅要及时地运用扎实的专业知识对进入会计信息系统的业务数据进行会计判断和选择，还要利用娴熟的计算机知识（相关计算机程序和系统数据库知识）编制满足不同信息使用者的特定会计报告，更为重要的是，会计人员还要利用丰富的经济学、管理学知识解析和拓展会计信息系统输出的会计信息，为决策者提供最佳的业务预测和决策建议。所以只有财务人员的知识结构及时更新，业务素质得到提高，才能保障会计信息化的顺利实施，充分发挥会计信息化的优势。

总之，随着全球经济的进一步融合和计算机及网络通信技术的进一步提高，构建高度开放的、具有智能化、实时处理能力的会计信息系统已是会计发展的必然趋势。从1981年正式提出会计电算化以来，经过四十多年的努力，我国会计工作的电算化技术已经成熟，已基本具备了向更高程度的会计信息化阶段进军的条件。

第三节　会计信息化对会计实务的影响

会计信息化使会计核算工作更多地利用现代信息技术高速发展的成果，推动了会计理论与会计实务的进一步发展完善，促进了会计管理制度的改革，会计信息化对会计理论和实务必将产生深远影响。本节就网络时代会计信息化的定义、会计信息化对会计理论及实务的影响进行分析，并在此基础上提出相应对策。

20世纪最后几十年进入信息时代，使工业时代的竞争中许多基本概念变得过时，信息时代的环境决定，要想在竞争中获胜，必须具备新的能力。作为国民经济信息化基础和企业信息化核心的会计信息化，将会计信息作为管理信息资源，全面运用以计算机、网络和通信为主的信息技术，为国民经济平稳运行，为企业管理高效运作提供实时充足的信息。从会计电算化到会计信息化，并不是一个简单的概念变化，它更代表了一种会计改革的理念和发展变化趋势。现代信息技术的革命，使会计核算工作更多地利用现代信息技术高速发展的成果，此外，它同样深刻地影响和改变着会计的基本理论体系和方法，但会计信息化和网络会计对传统会计理论体系带来冲击和影响的同时，仍须对一些基本会计理论问题加以肯定并赋予其新的含义和内容。

一、会计信息化对会计基本理论体系的影响

会计理论是由具有一定客观逻辑关系的会计理论要素组合而成的一个系统化有机整体，我国的传统会计理论体系是以会计目标为理论起点，以会计基本假设为前提和会计应用理论为内容的有机整体。会计应用理论是以基础理论为指导，运用于财务会计实践所形成的一系列方法性的理论，主要是制定和实施符合会计实务规范，是引导和制约会计工作的标准、评价会计工作的依据。传统会计应用理论主要有基本会计准则，会计信息质量和会计计量等层次。

（一）对会计目标的影响

会计目标是指在一定的社会条件下，会计工作所要达到的要求和标准，会计目标是决定会计实务发展的方向性因素，是会计最终所要求达到的目的。目标是把会计职能具体化，随外部环境变化，会计的目标将变化，会计的具体职能也将发生改变。在会计信息化时代，会计的基本目标仍然是提高经济效益，具体目标是向信息使用者提供决策有用的会计信息。财务会计报告的目标是向财务会计报告投资者、债权人、政府及其有关部门和社会公众等提供与企业财务状况、经营成果和现金流量等有关的会计信息，反映企业管理层受托责任履行情况，有助于财务会计报告使用者做出经济决策。但由于会计信息化的本质是会计与信息技术相融合的一个发展过程，因此会计信息化的目标是通过将会计学科与现代信息技术有机地融合在一起，以建立满足现代企业管理要求的会计信息系统。特别是在网络经济高速发展的今天，会计信息更容易满足公众对企业的经济信息需要，它为企业外部各方面了解其财务状况和经营成果提供信息，在信息技术如数据库技术、人工智能技术、网络通信技术的支撑下，会计信息处理将实现自动化、网络化、系统化，甚至可以利用自身的信息通过人工智能技术使预测与决策变得更容易、更准确。然而这种发展并未改变原有目标，相反它促进了传统会计目标的实现。只有这样，会计信息化才能与市场经济体制相适应，从而得到更好的发展，如果偏离其所服务的目标，那么无论多么先进的技术都无异于南辕北辙，失去其前进的方向。

（二）对会计基本假设的影响

1.对会计主体假设的影响

会计主体又称为会计实体，指会计为之服务的特定单位。在传统的工业经济时代，会计主体的范围很明晰，一般表现为独立核算企业，企业会计只核算企业范围内的经济活动，并向有关方面提供会计信息。但是在会计信息化条件下，网络技术的发展和普及不仅为会计信息的传播提供条件，而且使企业的组织形态、经营方式等方面呈外在的不确定虚拟化状态。网络交易的发展，导致会计主体界限越来越模糊，但不论是高科技企业，还是所谓的"虚拟公司"都离不开会计主体假设。

会计信息化则极大地拓展了会计主体的外延，各种"网络公司"处于媒体空间中。然而依据实质重于形式的原则，无论会计主体的外部表现形式和存在介质如何变化，今后会计服务的对象仍同为某一特定主体，并以其客观存在或发生的经营行为或事项作为处理会计信息的唯一依据。无论会计电算化还是网络化，只是改变了会计信息的储存介质与传输方式，不可能动摇会计基本理论的根基——会计主体假设。这一实质无论是在会计主体假设的形成初期，还是在网络公司兴起的今天，都未发生改变。所以在会计信息化条件下，更需要全体会计人员从本质上审视会计主体，充分地挖掘假设的内涵，从思想上树立会计主体理念。

2.对持续经营假设的影响

持续经营假设的基本含义：除非有反面例证，否则就能够认为企业的经营活动将无限地经营下去，即可以预见的将来，企业不会面临破产清算。在传统的工业经济时代，企业的大部分资产差不多都具有实物形态，而构成这些实物形态的主体通常是具有一定价值的自然资源，其中的技术因素和人工成本所占比例很小，这些有价值的资源不仅使企业有形资产在企业经营中的任何时候都具有较强的客观能力，而且可以合理预见其物理寿命。这在客观上降低了经济生活中的不确定性和风险。所以在这个意义上，尽管工业社会中企业经营仍存在经营失败的危险，但这种风险似乎并不影响人们长期持有持续经营的观念，而且也不影响以此为基础构建的会计系统所具有的理性。而信息化时代使各媒介主体的存在、发展、消失变得"扑朔迷离"，难以判断。因为"网上公司"的外部虚拟化常常掩盖了其发生真正交易或事项的行为，经营活动常呈现"短暂性"，它们适时地介入、联合、退出与转换,其网上交易的游离性和随机性难以控制。在这种经营方式下,就要求我们从市场空间的角度来确定企业的经营之间是否存在联系。必须以会计主体为基础,用发展的、联系的思想解释这种经营现象。另外从现行法律意义上理解将这类企业确定为持续经营主体,更有利于企业自身的权利实施和承担应有的义务。另外许多"虚拟公司"在发展中也将不断地向实体企业转变,持续经营假设也不会因信息传输方式的改变而有所改变,即使是所谓的网络公司也是如此。我们可以考虑这样一个问题,如果"百度""新浪"等公司在可以预见的将来就要解散清算,美国证券交易委员会怎么会同意其在美国资本市场上融资并挂牌交易?

3.对会计分期假设的影响

会计分期是将企业持续不断的经营活动分割为若干个较短时期,据以结算账目和编制会计报表,提供有关财务状况、经营成果的会计信息。会计分期假设本身是对持续经营假设的一种补充。会计信息化条件下使企业与外部实体之间的空间距离大大缩小,网络技术为我们随时了解企业的财务状况、经营业绩提供了可能。因此会计期间在网络环境下由于网络在线、实时反馈的功能可以进一步细分,比如一个月、一周,但不能趋向于无穷小,因为许多经济业务具有连续性和周期性,分割太细就无法反映某些业务的全貌,况且,评价一个企业的经营业绩乃至发展前景和瞬时数据是没有任何意义的,另外,执行统一的会计期间核算为国家、企业之间、社会公众提供了客观可比的标准,有利于国家加强宏观管理进行经济决策,其他利害关系人可以在相对稳定的期间了解企业的经营和效益,所以必须坚持会计分期。

4.对货币计量假设的影响

货币计量假设是指会计主要运用货币对企业活动进行计量,并把结果加以传递的一个过程,在使用货币计量时,必须同时附带两个假设:①货币的币值不变(或稳定);②币种的唯一性假设。在传统会计中,货币计量是会计系统产出所依据的尺度约定。随着企业经济活动的对象和范围不断向非资金领域扩展,尤其是知识资本和人力资本等新资源的产生,许多人开始对货币计量假设提出质疑,但无论何种资源的价值都必须以其能为企业带来的预期收益为衡量标准,而衡量资产价值主要依靠准确的货币计量。由于会计信息系统的发展,网络突破了时间和空间的限制,使用电子货币和电子数据进行交易和记录,丰富了货币计量的形式，如"网上银行"、电子货币的出现可能引发货币革命与支付革命，但无论什么货币都要有计量单位，以公允地反映财务状况，反映整个企业的价值。

（三）对会计信息质量的影响

会计信息的质量特征主要包括可靠性、相关性、可理解性、可比性和及时性，直接关系到决策者的决策及其后果，从而要求会计信息必须真实有用，能够满足决策者的需要。而对会计信息质量起到修订作用的操作限制主要包括实质重于形式、重要性和谨慎性。这些质量要求与财务报告相协调，体现了会计核算的共同要求，是会计核算一般规律的概括和总结。在会计信息化条件下，会计信息系统处于企业管理的控制层，更有利于体现会计核算的质量要求，其不仅使会计信息的质量有所提高，而且在体现会计要素确认与计量方面有一定的突破。如及时性、可理解性所要求达到的标准在信息化条件下很容易做到。

（四）对会计信息质量的影响

传统的工业经济时代要求企业在对会计要素进行计量时，一般应当采用历史成本进行计算，确定其金额。然而在会计信息化的会计核算要求下，计量方法已发展成为以历史成本为主，以公允价值、市场价值、重置价值等其他计量方法为补充的相互结合的多元计量模式，使会计信息既反映历史成本，又反映现时价值。在不同的会计领域使用不同的价值计量形式。确立以历史成本为基础的会计报表系统和以公允价值等其他计量为依据的财务成本管理系统，使各种计量方法适应信息使用者的需要并发挥更好的作用。

二、会计信息化对会计实务的影响

（一）对会计核算方法的影响

会计核算方法是对经济业务进行完整、连续和系统的记录和计算，为经营管理提供必要的信息所应用的方法，传统会计的核算流程一般包括设置账户、复式记账、填制和审核凭证、登记账簿、成本计算、财产清查和编制财务报表。

实现会计信息化后，会计系统将是一个实时处理、高度自动化的系统，会计处理流程将采用集成化的软件代替，可以与业务处理流程实现无缝连接和实时处理。

传统的会计核算纷繁复杂，使得许多企业在确定核算方法时，更注重简单、易用而忽视了科学性和合理性，而且数据在不同凭证账表中的抄写和结计会造成人工的浪费。但是在会计信息化系统中，会计核算的方法科学合理，很大程度上提高了会计资料的准确性。会计人员从繁杂、重复的会计日常事务中得到解放，科学性和合理性成为选择核算方法的主要考虑因素。而且实现会计电算化后，利用计算机可以采用手工条件不愿采用甚至无法采用的复杂、精确的计算方法，从而使会计核算工作做得更细、更深，使得参与企业经营管理工作的重点更多地转向非事务性工作，如业务流程的优化、组织结构的调整，更好地发挥其参与管理的职能。[1]

（二）对会计分析方法的影响

会计分析是企业经济活动分析的重要组成部分，是会计核算的继续和发展。会计分析是以会计核算资料为主要依据，结合统计核算、业务核算和其他有关资料，采用专门的方法，从相互联系的各项经济指标中进行分析对比，查明各单位经济活动和财务收支的执行情况和结果，客观地评价计划和预算完成或未完成的原因，肯定成绩，找出差距，总结经验教训，提出改进措施，借以改善经营管理，提高经济效益。在网络环境下，会计信息系统将采集到的数据和加工生成的会计信息存储在系统数据库中，既可以按约定的格式和内容提供会计信息，也可以由用户根据自己的信息需求，在数据库基础上加工生成个性化的会计信息。

在信息高速发展的时代，会计信息对社会经济发展和企业经济效益提高起着越来越重要的作用。现代信息技术和会计电算化能将社会经济活动的细枝末节精确地记录、保存和传播，会计人员可以通过计算机分析会计信息，从中发现企业生产经营过程中的问题，对客观经营活动进行调节、指导、控制，减少资源浪费。通过分析用户的信息需求，会计人员不但可以制定有关的信息纪律、储存、维护和报告的规则，还可以制定在信息处理过程中用到的相关模型和方法等，并将这些结果经过信息系统的处理后传递给相应的用户。

---

[1]何日胜.我国会计信息化的基本特征及其实施难点[J].中国管理信息化,2005（11）：33-34.

（三）对会计检查方法的影响

会计检查是指由会计人员对会计资料的合法性、合理性、真实性和准确性进行的审查和稽核。会计检查是对经济活动和财务收支所进行的一种事后监督，是会计核算和会计分析的必要补充。随着信息技术的普及和网络媒体的应用，企业将利用互联网使会计信息处理高度自动化，工作流程简化且易于管理。网络型的数据结构达到信息高度共享，冗余度降低，各管理、生产组织部门的数据信息都将通过网络直接进入会计处理系统，每个员工都可能成为会计信息的生产者和使用者，会计信息可随时监督和检查。企业领导也可通过网络直接实现生产现场管理，及时发现并处理产生的问题。但由于会计事项由计算机按程序自动进行处理，如果系统的应用程序出错或被非法篡改，计算机只会按给定的程序以同样错误的方法处理所有的有关会计事项，系统就可能被不知不觉地嵌入非法的舞弊程序，不法分子可以利用这些舞弊程序侵吞企业的财物。系统的处理是否合规、合法、安全可靠，都与计算机系统的处理和控制功能有直接关系。会计信息系统的特点及其固有的风险，决定了会计检查的内容要增加对计算机系统处理和控制功能的审查。在会计信息化条件下，为防范计算机舞弊，企业会计内部控制制度也要随之改变，随之建立新型的会计工作组织体系。会计人员要花费较多的时间和精力来了解和审查计算机系统的功能，以证实其处理的合法性、正确性和完整性，保证系统的安全可靠。

综上所述，会计信息化不仅改变了会计核算方式、数据储存形式、数据处理程序和方法，扩大了会计数据领域，提高了会计信息质量，而且改变了会计内部控制与检查的方法，推动了会计理论与会计实务的进一步发展完善，促进了会计管理制度的改革，是整个会计理论研究与会计实务的一次根本性变革，会计信息化对会计理论和实践必将产生深远影响。面对这种发展趋势，会计人员必须重新审视有关会计基本理论，不断挖掘新的理论内涵；会计人员必须转变观念以适应会计信息化条件的新型会计工作；会计人员必须参与到企业信息系统的建设中，并与信息人员一道完成对信息系统及其资源的管理。

第四节　会计信息系统的"五化"研究

网络环境下的会计信息系统所表现出来的协同化、实时化、智能化、多元化、动态化等特征，为提高会计的运行效率与管理水平，提供了坚实的技术基础。通过网络，金融事务、会计往来将越来越频繁，单位内部的财务活动和单位外部的财务活动将高效化、实时化，并对单位的经济运作、财务往来、会计核算等实施全面、及时的监控，实现财务的静态管理为动态管理，提高企业整体效益。

我国的会计软件起步于20世纪70年代末，近五十年来，企业会计信息化在政府、企业和会计软件开发商等的通力协作下，得以不断地发展与进步。会计软件开发经历了从自主开发、委托定点开发到标准化、通用化、商品化、专业化阶段。会计软件应用从过去的单项业务处理到核算管理一体化，从事后记账（反映、分析）到事中预警、控制、事前预测，管理模式由分布式向集中式发展。网络延伸会计及企业管理范围，提高会计信息系统的通信质量和运作效率，降低经营成本，实现资源共享，并使会计信息系统获得了更为宽广的发展空间。因此在网络环境下，会计系统以网络技术等新型的信息处理工具置换了传统的纸张、笔墨和算盘。这种置换不仅仅是简单工具的变革，也不再是手工会计的简单模拟，更重要的是对传统会计理念、理论与方法前所未有的、强烈的冲击与反思。那么，网络环境下的会计信息系统具有哪些本质呢？

一、会计与相关者协同化

网络环境下，网络使得会计与企业内部各部门协同、与供应链协同、与社会有关部门协同，使得会计系统不再是信息的"孤岛"，真正体现了"数出一间，数据共享"的原则。由于企业间、企业同客户间的物理距离都将变成鼠标距离，不仅要求企业内部网上采购、销售、考勤预算控制、资金准备等协同，企业与供应链的协同（网上询价、网上催账、网上订票、网上生产计划等），而且要求企业与工商、税务、金融、保险等有着频繁联系的部门，可以在网上实现（如网上银行、网上保险、网上报税）协同。会计与相关者协同化，使得会计管理能力能够延伸到全球的任何一个结点，可以顺利实现远程报账、远程报表、远程查账和远程审计，也会很方便地掌握远程仓库、销售点的库存销售等业务情况。这不仅可以降低企业采购成本，提高资金周转率，而且可以降低整个社会工作成本，从而使社会经济生活更加高效有序。

二、会计信息处理实时化

在网络环境下，会计信息系统一改传统会计事后的静态核算。企业的生产、销售、人事、仓储等各个业务部门借助网络将各种信息实时传输到会计部门，发生交易的数据通过网络传递直接下载到会计应用程序中，会计部门及时处理后并将相关信息反馈回去，从而使各个部门的信息处于随时的沟通之中，最大限度地发挥会计的反映与控制各类交易的职能。至于对外公布，企业可通过防火墙（Firewall）及相关的加密过滤技术将动态数据库内容在Internet上实时传送给税务、审计、统计、证券机构等外部信息使用者，各种信息使用者从自己的实际利益出发各取所需，搜寻出及时性、相关性较强的信息。[1]这种实时化不仅可以使会计信息系统通过内联网、外联网直接采集有关数据信息，实现会计和业务一体化处理，还可以使会计核算从事后的静态核算转为事中的动态核算，极大地丰富了会计信息的内容，提高了会计信息的质量和价值。使得从原始单据到生成最终会计信息的过程瞬间就可以完成，所需的会计信息随时都可获得，会计信息的搜集、输入、处理和提供实现了实时化。尤其会计核算数据在互联网上的传递与传统会计信息披露方式相比，是没有时间和空间限制的，因为电子数据在网络上是以光速传送的，几乎可以看作没有时间差。只要在网络内输入会计信息，任何地点的信息使用者在任何时候都可以在网上查询到相应的会计信息。因而，日常会计信息的披露将变成现实，极大地增强了会计信息披露的时效性，能够满足决策者的及时需要。

---

[1]张兴惟.浅析会计信息化的特征及其发展过程中应当解决的几个基本问题[J].科学咨询,2008（23）：39.

三、会计信息管理模式智能化

网络环境下，企业的管理将变成以知识和信息为核心的管理，这就要求企业信息高度集成，会计信息资源高度共享，而网络技术的发展正为这种信息集成提供可能。因为在网络环境下，会计信息系统采用在线管理和集中管理模式。为了适应这一要求，由过去的会计人员都是独立的、封闭的工作单元，改变为会计信息系统的有关人员都在一个开放的网络上进行工作。如网上会计审批、会计制度在线更新、在线服务支持、在线会计岗位教育、在线调度资金（异地转账）、在线证券投资（外汇买卖），软件维护、应用指导、版本更新等均可以在线实时处理。由于网络会计信息系统实现了会计信息的网上发布，投资者及其相关利益集团可随时上网访问企业的主页，以获取企业最新的及历史的财务信息，从而减少外部信息使用者的决策风险。也由于管理信息系统最大的子系统——会计信息系统实现了实时跟踪的功能，从而使管理者可以及时了解最新情况，管理决策效率极大地提高。网络的出现使得集中式管理成为可能。企业的规模越来越大，为整合企业会计资源，加强对下属机构的财务监控，采取集中式管理，不仅消除了物理距离和时差概念，高效快速地收集数据，并对数据进行及时处理和分析，而且还能够实现业务协同、动态管理、及时控制、科学预测，使企业实现决策科学化、业务智能化，使企业充分利用信息，提高投资回报率，保障企业在有序的智能化状态下高速发展。因而，实现降低运营成本和提高效率的目标。

四、会计信息提供多元化

网络环境下，会计信息使用者需要的信息多样化，使得会计信息的提供必须多元化。首先，会计理论多元化，为会计信息提供多元化奠定了基础，使得会计理论、内容、目标呈现多元化特征。会计假设得到扩展，多主体、多币种、不等距会计期间成为可能和必要，计量属性多样化，权责发生制与收付实现制并存，历史成本与重置成本并存，记账方法采用多元化记账法。其次，会计方法多元化，为会计信息提供多元化提供了保证，计算机强大的运算功能及网络技术的发展使得会计核算能多种方法并用，以满足不同使用者对信息的要求。最后，网络技术提供了多元化会计信息的功能，使得多元化会计信息真正成为现实。企业不仅可以提供规范的标准会计信息，而且可以提供所有可能的会计方法为基础的会计信息。此外，还能通过对这些所有可能的会计方法的多种组合，推出自己的信息产品。具体来讲，包括收集与提供信息的多元化，处理信息方法的多元化和提供信息空间的多元化等。

五、会计信息核算动态化

网络环境下，企业主要在网上进行交易，出现了电子单据、电子货币等多种交易方式，也使电子结算成为可能。由于电子计算具有强大的运算功能，从会计凭证到会计报告全过程的信息处理都由计算机来执行，人工干预大大减少，客观上消除了手工方式下信息处理过程的诸多环节，如平行登记、错账更正、过账、结账、对账、试算平衡等。相对手工会计而言，大幅度地降低了计算的复杂程度。也由于各种数据实现在线输入，电子货币自动划转，业务信息实时转化，自动生成会计信息，省却了手工方式下将业务资料输入会计账簿的过程，使得会计核算从事后核算变为实时核算，静态核算变为动态核算，会计信息管理实现在线管理。会计信息收集处理的动态化使得会计信息的发布和使用能够动态化。会计信息生成后，将通过会计软件实时反映到企业公共信息平台上，或直接发送到有关用户的电子信箱中。这样，信息使用者可以随时了解企业的信息，及时做出决策。

总之，网络环境下，会计信息系统可以理解为一个由人、电子计算机系统、网络系统、数据及程序等有机结合的应用系统。它不仅具有核算功能，而且更具控制功能和管理功能，因此它离不开与人的相互作用，尤其是预测与辅助决策的功能必须在管理人员的参与下才能完成。网络环境下的会计信息系统，不再是一个简单的模拟手工方式的"仿真型"或"傻瓜型"系统，而是一个人机交互作用的"智能型"系统，它使会计工作由核算型向管理型转移，推动着会计职能向深层次延伸。

第六章 财务会计精细化管理探究

第一节 财务会计精细化管理概述

一、财务会计精细化管理的内涵与特征

（一）精细化管理理论

企业精细化管理不仅强调在理念上要求企业在生产经营的每一环节上精细，而且作为一种文化能融入企业管理的每个角落。它起源于20世纪50年代，是对现代管理方法的必然要求，是社会分工的不断精细化以及服务质量不断精细化的必然结果，它包含常规管理方式又超越常规管理方式，在结合常规管理方式的基础上引入更深入的管理思想和更加高效的管理模式。为提高企业的管理效率，使企业更具市场竞争力，通过精细化管理可以最大限度地降低管理成本和尽可能地减少管理所占用的资源。

精细化管理以精细著称，以细作化操作和管理为基本特征，以真实的量化数据来表示那些含糊的企业目标，将抽象的决策明确化、数字化。作为一种效率高、科学性强的管理模式，精细化管理随着所处环境、不同目标、不同对象的变化而被赋予新的内涵。

精细化管理以行业标准为准则、以利润最大为目标、以可控风险为前提，全体控制若干子系统，通过子系统而影响整个管理。通过科学可行的精细化决策实现风险预测和权责明晰化。整体性是精细化管理的重点，精细化的整体系管理思想需要贯穿企业管理的始终，涵盖精细化分析和规划、精细化核算、精细化操

作、精细化控制，等等。

精细化操作主要是指员工应按照企业制定的各项规章条例来行事，使企业基础生产项目运转进入专业化、正规化状态；精细化的控制是指企业基本运行有计划、审核、执行和回馈的过程，按照固定、科学的流程运转并做到及时反馈，从实际生产运行中及时发现问题、分析问题、解决问题，从而做到企业运转经营高效化，降低企业的业务失误率，杜绝相应的管理漏洞，在流程参与过程中员工可以增加责任感；精细化的核算是指在财务管理活动中需予以严格的记录、核算、审核涉及企业财务相关的各项活动，从而帮助企业实现财务透明化、合理化；精细化的分析是指企业通过科学化的管理手段，从多个层面和方向分别对企业生产经营中出现的问题进行整理和追踪，切实研究提高企业效益的方法；精细化的规划是指企业每次所指定的年度、季度、月度指标都是符合企业文化的，并且科学可行。

企业精细化管理围绕着企业经营运转的各个环节而展开，它是企业运作的核心。用先进的文化、技术、智慧等来指导企业的管理，这样才能使企业做强，才能促进企业的发展。精细化管理就是要将管理责任具体化、细致化、明确化，落实好管理责任。

精细化管理不能单从字面上来理解，它具有深刻的内涵，其主要包含以下四个方面的特征：一是求精，追求最精细；二是必须做到准时准确；三是细致，无论是工作还是管理、流程监管等都要细致；四是要严格监管制度和流程，它要求每一位管理者都必须做到尽职尽责，甚至第一次就把工作做好，要日结日清，每天都要对当天的工作情况进行检查和反思，发现问题必须及时纠正，及时改正，等等。

企业精细化管理的本质意义就是让企业管理层的战略规划能高效地贯彻到每个环节并且发挥作用，在于它是一种对企业责任分解细化和落实的过程，同时也能够提升企业的整体执行能力。要将企业精细化管理与企业的现实情况相结合，遵循"精细化管理"的思路与步骤，找准问题的关键和不足环节，分步骤进行，每一步骤完成一个体系，便实施这个体系的运转，并立即修改相关管理体系，只有这样才能实现全部体系的精细化管理，才能实现企业精细管理在企业发展中的效果。同时，我们也必须清醒地认识到，在实施"企业精细管理"的过程中，最为重要的是要汲取原来先进的管理经验，并且有大胆创新的意识。"企业精细化管理"的最高境界就是将企业管理的规范性、可行性和创新性最好地结合起来。一个规模相当的企业要想走向成功，企业精细化管理是不可缺少的。

在现代旅游企业中，由于旅游企业部门繁多、人员复杂、监管难度大等特点，使旅游企业运营的每个环节都离不开企业精细化管理。旅游企业需要通过集中监控产品线路研发、市场业务拓展、财务的有效管理等方面，并对物料消耗、人员流动与分工等方面进行管控，让整个流程实现完全透明化，为旅游企业营造一个高效率精细化制造管理平台。

（二）财务精细化管理的内涵

财务精细化管理对企业的每个环节都必须细致化，针对每个岗位、每项业务，都有一套与之对应的工作流程和业务规范，重点在于实践中的落实，并且企业的每个生产经营领域都有财务管理的范围延伸，通过财务监督，能拓展财务管理和服务职能，实现财务管理全衔接，发掘财务活动的潜在价值。精细无论是在理念上还是在行为上，都要求认真积极、精益求精。

围绕已经确定的财务目标，财务精细化管理实施过程中通过组织、整合每个控制环节中的单个行为单元，为确保目标的实现需要形成步调一致的合力。工作中，要求必须以"全员、全过程、全方位"的控制为主线，并谋求理想的管理效果，即从点滴中梳理出一整套旨在强化企业对财务的控制管理，以提高企业财务精细化的管理水平。

财务精细化管理，就是以计算机网络为平台，采用过程控制手段，在企业财务管理中做到岗位职责明确、业务流程优化、协调配合能力提高，用精确、细致取代粗放式管理，全面实现企业财务管理的标准化、程序化、科学化、动态化和数据化。另外，考核精细化也是财务精细化管理的重要内容。

（三）财务精细化管理的特征

财务精细化管理作为企业财务管理的重要手段，具有以下特征。

第一，以"三个转变"为核心。即财务工作职能从记账核算型向经营管理型转变；财务工作领域从事后的静态核算向全过程、全方位的动态控制转变；财务工作作风从机关型向服务型转变。它明确了企业的任何一项经济活动都有其财务意义，而财务精细化管理的核心就是通过实现"三个转变"促进财务管理水平的提高。

第二，以细化财务管理的内容、拓宽财务管理的领域为重点。财务管理水平和财务工作质量的提高可以通过对内容的细化、分解和整合来达到。在企业内实施"大财务"战略，通过对财务管理领域的拓展，形成以财务预算为指导的"计划—决策—实施—控制—调整—优化"的工作程序，使财务管理与生产经营管理融合在一起，各部门围绕企业的效益目标协同作战，提高企业经营的灵活性和战斗力。

第三，把科学的管理手段和制度作为财务精细化管理的平台。通过建立切实可行、严格细致的督察机制和工作规范，健全内部管理制度和细化岗位职责，实现从人治向法治过渡。

第四，以提高企业效益为目标。财务精细化管理的目标是要从广度和深度上不断拓展财务工作，生产经营活动的潜在价值需要挖掘，尽量追求财务活动的高附加值，最大限度地为企业创造经济效益。

将精细化管理理念应用到企业财务管理中，就是要建立具备系统化、规范化、流程化、数据化、信息化和标准化特征的一种财务管理体制。

1.系统化

所谓系统化就是指要运用精细化管理思想对整个企业财务管理系统进行再造，从财务管理目标到管理手段、职责分工等，都要细分，系统地对待企业财务管理中的每个细节。

2.规范化

所谓规范化就是指在上述系统化的基础上，做到有科学的制度保障，遵守再造后财务精细化管理系统中的每项规定，实现财务管理规范化和标准化，这是财务精细化管理实现的基本前提。

3.流程化

流程化是系统化的细分，它是规范化的一个保障，财务管理最终还是要实现流程化管理，各个岗位、各个财务管理环节要实现紧密连接，就要对财务管理的流程进行细分，实现科学的流程化管理。

4.数据化

数据化是财务精细化管理数据载体，无论是借助计算机网络平台，还是财务管理绩效考核，都需要以数据为载体，如工作量的测定、岗位的分工、管理人员的年终考核等，都要做到以数据说话。

5.信息化

信息化与系统化、规范化和流程化是分不开的，这是现代财务精细化管理的应用基础，要运用先进的技术手段，通过计算机网络平台，使企业财务管理与信息化手段能很好地结合。

6.标准化

标准化是从更高层面对财务精细化管理的要求，建立在前述特征的基础之上，对财务管理的"质"提出的要求，防止财务管理中的模糊空间的出现，有效堵塞财务管理的漏洞。

二、财务会计精细化管理原则与目标

（一）财务精细化管理原则

需要找到适合企业发展的财务管理模式，并将财务精细化管理理念深化到企业生产经营中，提高企业资金的利用率，提高财务精细化管理带来的效益，那么企业需要坚持的原则如下：

1.整体系统原则

企业财务精致化、细致化是企业总体层面的全面性管理，它需要各个分散部门的人力、物力资源共同努力去协调一致，共同完成目标。在未来企业总体化战略的指导下，企业应从全局角度出发。企业财务精细化管理的实施，目的是提高企业的整体管理水平。从董事管理层到基层员工，以公司的统一目标为出发点和立足点应该是每项决策和每项工作执行要做到的。管理理念渗透到企业每项行动决策中，财务管理的范围扩展到公司从上到下的所有部门，企业才能做到改变、进步和建立一个相对完美的财务精细化的管理模式。

2.成本效益原则

目前，全球经济发展很快，中小企业发展的环境压力较大。只有当企业实现日常经营活动收入大于成本时，企业才能继续运营下去。精细化管理的其中一个目的就是通过成本的减少增加企业的利润，从而使企业增加经济效益。通过对企业的输入输出进行比较，分析某个项目是否值得投入。但是，由于精细化的财务管理追求的是"精"和"细",如果企业过度注重过程细分,就会增加人力、物力和执行成本,企业在精细化管理的同时不能影响利润的达成。

3.灵活适应原则

企业实施财务精细化管理,应当反映企业现实财务情况指标,如资产流动、现金流量等,还应当反映企业对可能发生的突发事件的应对能力,并提高突发情况发生时筹集应急资金的能力。企业如果要实现自身价值,目标应不仅仅局限于当下,更要将目光放长远,着眼于未来,懂得如何抓住机遇。面对瞬息万变的市场环境,企业的财务管理必须具有很强的灵活性和适应性、应变性。

4.动力原则

坚持财务精细化管理的动力原则,也就是最大限度地激发员工在工作过程中的积极性,工作状态会影响员工的工作效率,工作情绪与工作思想则会影响周围工作环境的工作氛围。[①]在坚持动力原则的同时,企业必须在适应公司自身的工作制度和业务规范的前提下实施绩效考核,实现金融监管职能,最大限度地发挥企业价值。

(二)财务精细化管理目标

由于公司处于发展阶段,公司资金的累积、利润的增长尤为重要。自上而下,搭建精细化管理体系,其中不仅与财务部门相关,还涉及业务部、信用调查部、风险控制部、采购部、人力资源部和信息技术部等多个相关职能部门或专业部门。精细化管理的理念需要贯穿整个公司,应先从思想上进行转变,改变传统的粗放型管理模式,通过更加全面的预算和更加精细的成本过程控制以实现业绩增长的目标。

1.企业价值最大化

企业的发展不仅要追求利润的最大化,更需要可持续化,这便要求从全局考虑,多个维度出发,一方面提高劳动效率,实现"开源",另一方面有效管控降低成本,实现"节流"。财务部门如果能够有效利用最优政策,充分利用资金,规避风险,对企业来讲是受益无穷的。企业收益与国家保理行业政策,在近几年飞速发展,业绩显著增加,而追求利润率只是短期目标,其长期目标在于能够持

[①] 钟坤新.精细化管理理念在企业管理中的运用思考[J].中外企业家,2020(17):56.

续、稳定、高效地运转下去。

2.企业运营更合理化

成本控制是公司运营中的重要控制环节，运营成本应与销售业绩或所提供服务的收入相匹配。在企业的运行过程中，会遇到多种多样的情况与环境，但若根据精细化管理规则，严格控制流程，优先考虑效率，企业的工作效率在细化中并不会降低。不过如果一味地追求工作细化，理论与实际相脱节，忽视了企业的工作效率，就得不偿失了。

流程的细化得到了改进，但不会影响企业的效率。如果合理注意细节，实际效率将不至于损失。故企业在进行财务精细化管理时，应不违背效率优先的前提，而是通过精细化令企业能够适应环境，提升工作效率。

第二节 财务会计精细化管理实务研究

一、财务精细化管理的主要思想

财务的精细化管理，顾名思义，其以科学的管理方式为中心，精细化操作为落实办法，将精细化管理遍布于整个企业的体系中，从而提升财务绩效，其落实办法如下：

首先，对于职能部门、专业部门等接受精细化管理管控的部门，都需要搭建精细化管理体系，完善精细化管理的工作流程与规范。

其次，要在实际的生产生活中不断地更新完善精细化管理体系，针对每一部门、每一岗位，都需要将精细化管理与具体业务相连接，从实际出发，扶正精细化管理的操作方向，使其服务于整个企业并能不断挖掘财务管理在企业运营中的作用并将其放大。

在操作执行的过程中，需注意通过标准、规范的管理方式，明确任一部门、岗位的职责职能，将各个部门的资源和职能集中起来实现企业目标。重中之重为秉承"细"的思想，对所有业务进行细分细化，并规范其操作方法，提升其工作效率。同时应注意时时"回头看"，针对过往发掘的缺陷和不足及时吸取经验教训，对每一项目进行复盘，发掘不足并加以优化，使财务管理能遍布企业每一管理角落，为企业实现其目标保驾护航。

二、财务精细化管理的形式

《企业精细化管理》将财务精细化管理的形式分为以下四类：

第一，程序化。从传统意义上的事后会计转变为对企业各种经济活动总过程的监控，形成一个涉及业务运营的全面协调管理系统的过程。企业日常运营中的经营活动都要通过专业精细的分工，严格认真的规范，形成过程管理和流程化的管理。

第二，系统化。财务管理不再是独立的管理部门，而是需要企业由上至下各岗位部门共同协作、配合的过程，以企业具体财务预算为指导，通过分解和完善工作内容，形成科学的工作流程，拓展财务管理领域，形成整个系统的管理模式，将财务管理作为一个完善的系统融入企业日常的生产经营活动中。凭借精致、细致的财务管理精神，公司全体员工将共同努力，为企业创造更大的价值。

第三，制度化。是在实现企业系统化的基础上，通过相关制度来规范财务精细化管理的各项实施细节，所有财务处理可依相关制度遵循，只有内部管理制度的健全才能促进公司各项工作的顺利推进。

第四，信息化。信息化和互联网化是现代化管理不可或缺的应用手段，前三项的基础均要通过企业信息化来实现，精细化的财务管理与信息化密不可分。

三、财务精细化管理的核心和重点

财务精细化管理的重点就是用细化的管理手段去完善企业的管理制度。财务精细化管理的技术保障就是建立和完善财务信息管理系统，加快信息生成速度，提高工作效率；财务精细化管理的制度保障则是建立严格细致、切实可行的工作规范和督察机制，健全内部管理制度，细化岗位责任，实现人治向法治过渡。

四、实施财务精细化管理的意义

企业在现有发展空间上要继续拓展，在经营过程中减少财务风险并保证财务目标实现，那么实行财务精细化管理就是它们的一项重要基础。从管理行为的效用性方面来看，财务精细化管理可以促进财务人员更加熟悉企业的生产工艺流程，更好地服务于企业生产经营决策；可以将财务管理工作与全体员工相互配合，对财务目标的执行可以形成齐心协力的良好效果；可以为企业总体目标的实现形成合力而明确各责任部门的财务管理目标；为把企业的价值观深入管理全过程，实现管理行为的升华，通过财务精细化管理可以梳理管理行为，从而实现财务和管理的双重目标。

企业或其他单位要不断提高财务管理工作的公开、透明程度，必须进行财务管理方面的改革，同时财务管理改革要求能够详细说明全部资金的来源、用途与流向，并备注相应的信息，而财务精细化管理就能够实现上述要求。在传统财务管理模式中存在着财务管理技术的限制，很多单位的各项资金在使用情况方面无法全部解释说明，不符合财务管理工作改革的要求。财务精细化管理要求每项业务都可以在管理信息系统中查询与检索，从而对全部业务实行精细化、科学化管理。

实行企业财务精细化管理能够有效解决企业财务预算实施效率较低、固定资产经营不佳与资产资源配置不合理等问题，同时帮助企业不断修复管理缺陷，并简化管理流程，对于建设节能减排的和谐社会具有一定的意义。

财务管理的精细化要求严格的预算管理，同时全程监控单位的业务过程，合理优化与配置企业的资产，以此减少资产闲置与浪费，提高资产的使用效率与收益，对于实现企业的健康、稳定发展具有重要的意义。由于繁多且复杂的企业财务工作量再加上企业的财务管理贯穿于企业的整个管理过程，合理的财务管理对企业的发展具有巨大的推动作用。企业财务管理工作可通过财务精细化管理进行细化和严密的梳理，以梳理出真实有效的财务数据，方便企业管理层进行决策。

财务精细化管理作为企业管理的核心内容，在有效促进企业发展的同时也是企业发展中的重要选择。

首先，财务精细化管理能够有效控制企业的财务风险，并充分挖掘出财务活动的潜在价值。精细化管理在财务管理过程中采用精细、严密、系统、科学的管理方式，能够挖掘出企业的发展潜力，保证企业的财务发挥最大的价值，使企业财务管理细致周到。

其次，财务精细化管理提供的可靠性参考数据能够帮助企业做出合理化的对策。财务精细化管理提供的有效财务管理数据，有助于企业管理人员充分了解企业的运行情况，做出正确的判断，并且财务精细化管理能为管理层提供准确的财务信息。

再次，贯穿于企业管理始终的财务精细化管理，能够集结广大员工的智慧，积极鼓励员工参与到企业财务管理工作中，促进企业财务管理的精细化，保障企业良性发展、资产安全可靠。

最后，企业的精细化管理通过对企业的全部资源进行整合，促进了企业各个部门相互合作、相互协调，有效保障了各员工职能工作的开展。

五、财务精细化管理方案的构建——以SM公司为例

（一）强化财务精细化管理体系的建立

首先，要大力强化对财务审批环节的监督及检查。从内部而言，要以内部审计为导向，随机地、频繁地对财务审批环节进行检查，如存在违反财务法规或公司管理规定的情况，按SM公司相关规定严肃处理，对重点责任人进行经济处罚的同时进行纪律处罚。从外部而言，合理借助外部监督的力量，可聘请第三方会计师事务所对SM公司进行详细的检查，细化检查费用管理要求、费用报销流程等，针对检查结果和不足项及时加以改进。

其次，要对全员的精细化管理设立考核机制，建立以经济增长为核心的绩效考核模型。随着利率市场化的推进，如需深化和加强传统的保理业务，必须改变管理方法，合理地运用管理会计工具，保持并寻求利润增长点。[①]正确定位客户群体，实现"精准营销"；完善利率定价政策，实现"主动定价"；合理评估产品水平，实现价值取向；创新商业产品，实现"差异化产品"。目前情况下，整体绩效评估方法广泛，未能突出以利益为中心的概念，盲目追求规模。通过管理会计制度的初步应用，如可以降低低收益存款的价格比例，以引导客户经理多销售高收益产品，促进并优化经济资源，有效提高系统在绩效考核中的指导作用。

---

①郭侠.企业精细化管理与财务管理精细化[J].财经界，2020（06）：202.

再次，要建立财务精细化核算模型，加快SM公司财务核算方法的转变，强调精细化核算的重要性，实现从粗放型向精细化的转变。

SM公司的财务人员应积极学习现代金融管理知识，掌握管理会计的基本原则，运用管理会计系统的相关模块，逐步建立扁平化管理体系，实现对全过程的后静态核算、全方位动态控制方向转变，促进经济资源配置最优化状态。针对不同的产品和不同的期限设定不同的价格，使业务方向更加清晰明确，使业务线、部门线、产品线和机构线的绩效更加直接，会计结果更加精细，盈利模式更加清晰。

最后，要为财务精细化管理组织其相应的组织体系。精细化管理虽与财务部门有直接的联系，但其内容贯穿整个企业生产运营，财务的精细化管理要想顺利地运转、高效地执行，必须得到其他相关部门的全力支持。需要建立一个由各部门搭建的组织机构，建立公司的财务精细化管理组织领导小组。由总经理办公室作为总牵头部门，负责整个精细化管理的指导、协调、监督和评估。

各部门应设立专人负责，督促本部门的精细化管理建设落实情况。该领导小组应定期召开会议，以便了解各级部门的实施情况。各层级部门应在会上汇报精细化管理近期执行情况及相应问题点，由领导小组进行决策解决。其中职能部门、专业部门与技术部门则负责对该体系进行细节的支撑与技术支持，各部门不断地对精细化管理进行优化改善。

（二）预算全流程管理方案

SM公司是汽车产业上游衍生经济体系的重要组成部分，通过扶持各大主机厂的供应商，能够间接促成主机厂汽车产销规模稳定增长，对主机厂规模扩大和效益增长有良好的推动作用，为了实现以上目标，需要在内部管理上做提升，预算全流程管理是企业经营中不可或缺的一部分。

从短期来看，从单一部门主导，变成多元部门参与后，预算管理效率将会得到提升，从长期来看，预算全流程管理可以保障公司稳健发展，高效完成年度计划指标。我们的目的是全公司部门参与程度高，分工明确，涵盖与预算管理的各项工作，从而能够指导日常预算管理动作。通过战略预算编制规则、流程进行公司五年战略预算的编制；通过公司年度预算编制规程进行下一年度的预算编制；

通过业绩评价规则及相应流程控制预算目标的有效达成；通过预算调整流程控制经营目标、成本、费用在预算执行年度的调整；通过滚动预测及经营分析的管理手段促使当年预算的达成。

要通过科学地编制预算进行有效的控制。实行业务先行、分级编制、整体协调的编制程序，首先是以业务规划编制为前提，推算出主要业务规模和主要业务价格，从而编制出业务收入计划，其中要包含利息收入、投资收入等。在主要业务规模方面预估出资金需求，通过现融资渠道情况，设立下一年度综合融资成本率，结合资本补充计划将业务预算的要素编制全面；其次是多维度编制预算，SM公司按照目前的预算编制仅从产品、时间、地区三个角度编制已经不能满足日后的发展需要，有必要对业务产品进行细化，细化到产品和渠道等多角度的多维体系，全方面地对下一年度的业务预算进行合理预测，通过调节各项产品的收益率促进下一年度预算的达成。再次需编制IT项目及投资计划相关预算，根据项目投入计划分房屋购置计划、IT类项目投入、管理类咨询项目、投资股权计划几个方向进行编制。最后汇总，形成项目预算的一部分。

在预算编制流程进行优化的同时，应建立预算全流程制度体系，内容主要包括：全面预算管理各部门工作职责、预算编制流程图、预算调整流程、预算管理制度，其中该制度为预算全流程管理项目的总制度，规定了全面预算管理的层级、各部门的工作职责，规定了预算编制要求和原则。

同时在预算管理制度下建立子制度及实施细则，主要包括：

（1）预算编制流程指向《战略预算管理办法》和《年度预算管理办法》。

（2）预算执行监控和分析参照《经营预算分析管理办法》。

（3）年度预算考核参照《经营业绩评价管理办法》。

（4）《战略预算编制管理程序》，规范公司五年战略经营规划的编制流程，各部门的工作职责、编制内容、工作程序和编制前提制定公司经营预算，信息技术部、后勤保障部、人力资源部编制资源保障预算，公司战略预算的审议程序，以及归档文件等。

（5）《年度预算编制实施细则》，详细说明了公司下一年度的编制流程，各部门的工作职责、预算编制内容、工作程序和编制前提制定公司经营预算，资源保障预算，编制方法，编制流程等。

（6）《预算调整管理办法》，详细说明了公司预算调整范围、预算调整原则、预算调整的各部门职责、管理要求和程序以及不同情境、不同金额的预算调整、预算追加审批程序。

（7）《经营预测分析管理办法》，详细规范了公司事中、事后经营情况的监控及分析，对于预算执行中预算差异情况的解决流程、解决部门，将经营监控分解到经营日报、月度经营分析、双月经营分析等管理动作中。

（8）《经营业绩评价管理办法》，详细规范了年度经营指标的设置、赋值、调整的程序，详细规范了经营业绩和反馈的机制，以及经营评价指标设置的权重。

（9）预算的管理层级包括审议层、管理层、执行层。审议层设置为公司总经理办公会，是预算管理的议事机构，负责审议战略预算和年度预算方案，或在董事会授权下决策预算管理过程中的其他重大事项。会议参会人员包括总经理、副总经理、总经理助理和各部门负责人。财务部是预算管理的主责部门。执行层：各执行单元。预算执行部门在总经理办公会的统一指导下，组织开展本部门的预算管理工作。

（10）预算的各层级管理职责，总经理办公会负责审议公司整体战略预算和年度预算方案；业务部门负责确定业务预算前提，确定业务规模、产品、价格，进行业务收入预算编制。

（11）财务部负责制定全面预算管理制度，组织制定公司整体战略预算和年度预算，组织上报股东战略预算及年度预算报表，制定战略预算及年度预算编制前提中财务制度、税收政策等，编制公司应交税费、审计费、评估费、银行结算费等年度预算，负责组织战略预算及年度预算编制前提及要求，包括金融环境、行业环境等前提，并提请总经理办公会，负责协调解决全面预算管理过程中的其他重大事项。

（12）战略管理部组织制定、审核管理类咨询项目预算，组织编制公司岗位及人员需求战略预算和年度预算。

（13）人力管理部负责制订公司员工人数计划、职工薪酬计划等，制定公司员工人数、职工薪酬、招聘费、人力类咨询费、培训费预算等；资产管理部负责编制公司资金运用业务战略预算及年度预算，编制公司筹资业务战略预算及年度预算，编制投融资业务费用年度预算等。

（14）信息技术部负责制定战略预算及年度预算编制前提中IT类资产及低耗

配置标准，并组织编制、审核IT类投入战略预算及年度预算。

（15）后勤保障部负责制定战略预算及年度预算编制前提中非IT类资产及低耗配置标准，并组织编制、审核各公司非IT类投入战略预算及年度预算。

（16）办公室负责编制公司董事会费、同业公会会费、学会会费、外事费、会议费及业务招待费预算。

（17）风控合规部负责制定战略预算及年度预算中贷款损失准备计提政策前提，审核公司不良贷款战略预算及年度预算编制情况，编制诉讼费、法律类咨询费等年度预算。

预算编制要求和原则主要包含三个方面，一是坚持战略引领原则，二是坚持价值导向原则，三是坚持稳健发展原则。预算编制管理程序主要包括业务预算编制程序及费用预算编制程序，业务预算编制程序为：首先确定公司的业务增长规模，其次初步预测业务规模，再次测算业务收入，最后根据变化因素调整业务收入。费用预算编制程序为，首先确定固定费用和变动费用，然后编制具体科目预算考虑的因素。

预算调整的处理也是规范预算管理的重要工作要求之一，预算调整基本原则：不能影响公司发展战略；预算调整必须建立在预算分析的基础上；预算方案应当在经济上实现最优化；各层级的职能安排参照预算编制的相关职能设置，总经理办公会负责审议公司预算目标调整方案、负责在权限内审批公司预算执行调整方案。

（三）精细化成本分摊方案

保理公司现阶段的财务数据主要依托三个系统：业务结算系统、费用控制系统、总账系统。企业财务人员通过三大系统进行财务核算，财务核算的基础工作较为完善。但目前公司财务核算体系缺少分析的环节，应对成本进行精细化的分摊，从而为指导公司战略预算的落地提供有效信息参考。同时，为适应保理公司市场化机制，对客户经理进行有效的绩效激励，能将有限的资源向高收益的保理产品倾斜，能分别列明每个项目及每个合同的收入、成本、费用、盈利状况，采取保理公司进行精细化成本分摊的方式，建立精细化成本分摊模型。

精细化成本分摊模型的目标包括：通过对业务情况的计算和统计，筛选出当月保理融资合同，通过对本月保理融资合同中发生的费用进行分解，分解出某一个客户在存续期间内的收入、成本、利润情况，通过成本分摊项目的建设，再辅以相关的分析，作为公司投资、业务发展方向的支撑。同时，该精细化成本分摊对绩效评价方面也有很大的益处，可通过成本精细化分摊模型，对业务部门，甚至是每位业务人员，分析出对企业收益真正有正向帮助的"优质"客户，从而在绩效考核方面进行倾斜，摆脱保理融资规模一个指标决定业务部门绩效的情况。

精细化成本分摊应输出的工作成果包括月度分摊收益情况表及单一客户分摊收益情况表。表单的计算逻辑主要为通过业务系统已有的财务数据，进行一定程度的分摊，从而得出某一个放款合同的详细分摊数据，分摊后的收入减去成本得出利润总额，再减去所得税费用金额，最终得出净利润的金额，就是这个客户或者这个放款合同的净利润。通过表单的明细展示，可看出成本分摊后的精确利润。通过对分摊结果的提取，可随时了解每个客户在此期间的精确收益情况，可按每月进行测算，也可随时调取表单。随着公司的发展，费用分摊将持续优化，更加的精准化，以现有计算规则作为基础，分产品分区域进行统计分析。

对于报表的数据，收入从SM公司业务结算系统获取，按月获取每笔融资合同的收入，主要包括利息、手续费、服务费等收入项目；主营业务成本从业务结算系统获取，按查询日期获取银行借款的每日余额表，按照借款的利率期限等维度计算资金成本，分摊到每一笔融资合同上，分摊比例为当月每笔融资合同收入除当月融资合同总收入；税金从结算系统获取，按查询期限获取每笔融资合同产生的销项税，按照增值税的比例计算相关附加税。保理公司的印花税主要为借款合同产生，按照当月累计借款金额的0.05‰确定，按照公式推算，当月每笔融资合同附加税=当月销项税+附加税+印花税×分摊比例；期间费用从SM公司总账系统获取，按查询期间获取当月发生的销售费用、管理费用、财务费用之和，按照一定的费用率进行分摊，分摊到每一笔保理合同中，至此，成本分摊收益表的主要项目已经获取完毕。

随着企业的发展，逐步推行产品标准成本的建设，在标准化和规范化逐步完善的前提下，为推行产品标准成本的建立提供了条件，通过每种产品或每个客户所需要的直接费用和直接人工及所分摊的制造费用等因素制定标准成本，财务精细化管理可将标准成本的制定前移，能够帮助企业和公司高层做出更科学、更高效、更有说服力的决策与判断。

将成本精细化分摊的数据进行应用，从而对业务进展情况及成本配比情况进行分析，配合精细化报表的使用准确了解各项变动情况，财务部门通过对成本的计算，把成本与收入项结合纳入绩效考核，同时通过考核的分析，提出成本差异原因，各责任部门提出整改意见，再结合市场情况及时调整考核指标，进而促进年度经营目标的达成。

（四）资金融资精细化管理方案

目前，我国现有的行业监管要求中，保理公司需进行杠杆经营，如《天津市商业保理业试点管理办法》规定，为防范风险、保障经营安全，商业保理公司的风险资产不得超过公司净资产的10倍。风险资产（含担保余额）的计算公式为保理公司的总资产中，扣除现金、银行存款、国债后的剩余资产总额组成。在这种经营模式下，商业保理公司的资金来源就显得非常重要，商业保理公司并没有银行强大的资金优势，反而需要从银行进行资金的融入，而银行的融资非常有限且难度较高，所以可以这样理解，解决了资金来源问题，就可以为商业保理公司的发展提供有力保障。

商业保理公司获取资金的首要方式就是从银行得到授信额度融资。授信额度方式是根据银行对商业保理公司的信用情况，给予一定的授信额度，在不超过授信额度和合同期限的范围内，资金可以循环进行借款。在传统授信额度方式中，受银行规模及市场情况制约，获取资金难度较大。这就决定了保理公司需要开拓其他融资模式，如再保理模式、银行代理模式。首先可采取再保理模式，这一模式指的是商业保理公司将卖方的应收账款，在保理公司获得转让之后，再转让给银行，银行进而将款项发放至保理公司账户，商业保理公司收到款项后相当于收到融资，再将款项划至卖方账户中。银行代理模式指的是商业保理公司在资金实力方面和风险把控方面都有较大的难度，进而业务范围受到限制，通过与银行进行保理合作这一方式，可以解决资金问题，既能够扩大业务量，扩展销售渠道，又能够提高业务效率，降低工作成本。

在拓宽融资渠道的同时，还应精细化管理现有融资业务，规范交易行为，防范交易风险，流动资金贷款管理包含渠道管理、价格管理、规模管理、期限管理、提前还款管理五个部分。

渠道管理方面，公司流动资金贷款范围原则上包括所有可以提供流动资金贷款服务的金融机构；资产管理部根据公司资金需求情况判断授信是否充足，并适时启动流动资金贷款渠道建设。

价格管理方面，流动资金贷款价格应遵循公司整体价格管理要求；资产管理部根据借款规模和借款期限等维度制定流动资金贷款报价模板，各金融机构定期向资产管理部报价；资产管理部对各家金融机构进行比价和议价，议价过程由资产管理部负责，最终确定最低成交价。

规模管理方面，同等条件下，各金融机构的借款优先选择公司战略银行。

期限管理方面，资产管理部应根据资产负债管理需要，结合公司经营目标和流动性情况，确定流动资金贷款期限；流动资金贷款期限还应考虑公司年度融资成本目标，贷款到期集中度以及未来市场价格趋势等因素。

提前还款管理方面，基于降低融资成本和流动性管理需要，在市场利率较低、到期集中度较高或单笔到期金额较大等情况下可以启动提前还款，单日提前还款金额不低于50万元整。

同时应建立融资事项审查机制，根据公司融资目标和流动性管理需要，拟定年度和季度融资策略，并提交风险管理委员会审定；在日常融资操作中，制定每笔流动资金贷款交易对手、金额、价格和期限等，并提交公司风险管理委员会审定。通过风险管理委员会对融资事项进行监督和保证。

（五）票据保理模式构建

票据的流转是一种将成本缓释的行为，将票据的应用引入保理业务可以减少企业成本，同时解决保理公司融资困难，又可以增加保理业务的收益。

SM公司可建立票据保理专业产品，票据产品分为两种：一种是票据还款产品，适用于解决客户票据贴现及票据还款问题；另一种是保理公司开票放款产品，适用于解决保理公司使用票据进行放款的问题。

票据还款产品的特点是低成本，客户通过保理公司贴票，成本低于银行贴票，自客户申请票据贴现至收到现金仅需一个工作日，灵活性高，客户可以通过将票据背书至公司实现融资还款，应收账款的买方以票据形式向卖方付款，卖方向保理公司转让票据，可选择融资发放或直接偿还前期的保理融资。

保理公司开票放款产品，主要适用于解决保理公司使用票据进行放款的问题，其流程同正常保理融资放款流程，其差异主要在放款方式的选择上，可选择使用票据来结算，主要功能是可以为保理公司节省现金，缓解保理公司的资金压力。联合合作银行开发票据（应付票据）放款业务，并运用于实际业务中，该业务一方面丰富了结算手段，提升了资金结算和管理的灵活性，另一方面降低了业务放款对外部融资的依赖，并且实现了既有资金的更高收益，可分为开银承放款及开商承放款。开银承放款，即根据客户需求，选择合作银行直接开立不同期限的银行承兑汇票，实现对客户放款，该模式只占用50%甚至更低的资金；开商承放款是根据客户的需求以及对票据的运用能力，选择合作银行开立商业承兑汇票，实现对客户放款，该模式不占用资金，是保理公司商业信用价值的体现。

使用票据放款对于保理公司及其卖方有诸多益处，其中最明显的就是保理公司的资金成本更低，从而也会降低卖方的资金成本。以在对资金成本和业务收益的测算中显示使用开银承放款5万元为例，融资成本按照市场保理公司融资价格计算为5%，保证金收益按照银行给予的较高收益计算为2.05%，在以上基础上，现金放款的收益为141元，而电票放款的收益将达到1903元，收益相差巨大。

鉴于目前电子承兑汇票在资金支付领域的高流通性及便利性优势，从拓宽业务支付手段、降低客户融资成本、提升保理资金收益、减轻保理公司外部融资压力等角度出发，通过开具商票进行放款还有很大的探索空间及意义。通过研究开具商票后的流转可行性，得出以下流转方案。

开具商票放款至客户账户后，客户可对其二级供应商进行支付；二级供应商收到票据后可持商票向SM公司提出提前付款业务申请；SM公司受理并收取相关服务费；二级供应商在人行电票系统操作"提示付款"（经与银行核实，在票据到期日前，票据持有人可随时发起提示付款）；SM公司在人行电票系统通过付款申请，款项支付至二级供应商账户。

该模式拥有诸多意义，该模式为"票据放款+贴票业务"合并，实现两段业务的收益，提高整体收益性；可以拓宽客户范围，将二级供应商纳入服务范围，降低一级供应商的融资成本，缩短二级供应商的回款周期，同时降低其外部融资成本。该业务模式除创造利润价值外，更重要的是可以更广泛地应用于客户服务，有效降低客户融资成本。同时，拓展客户渠道，增加客户黏性。

在票据产品开发的基础上，也应对票据产品进行精细化管理，可采取以下举措：第一，通过建立票据台账，将收取的票据全生命周期进行登记，同时进行系统化票据台账的探索，将票据台账系统化，在保理核心业务系统中嵌入票据管理功能，后续将根据实际运用情况进行该功能的优化工作；第二，整理已接收票据承兑行信息，建立《票据承兑行白名单》，并根据业务情况不断修订，完善接收票据范围；第三，每日与合作银行进行票据贴现价格的询价工作，了解票据价格趋势。

第七章 财务分析的基础理论研究

第一节 财务分析概述

一、财务分析的意义

财务分析是以企业财务报表为主要信息,结合其他信息来源,对企业当前的状况做出综合评价,对未来发展趋势做出预测,从而帮助报表使用者改善管理并优化决策的一项专门技术。

财务分析是评价财务状况、衡量经营业绩的重要依据,是挖掘潜力、改进工作、实现理财目标的重要手段,是合理实施投资决策的重要步骤。

二、财务分析的内容

财务分析信息的需求者主要包括企业投资者、债权人、经营管理者和政府等。不同主体的利益视角不同,对财务分析的目的和侧重点也不同。

从投资者的角度看,他们最关心资本保值增值状况和企业的盈利能力。这是投资者创办企业的最初动机,也是企业的经营目标和方向。

从债权人的角度看,他们侧重关心企业的长短期偿债能力。短期债权人主要关心资产的流动性;长期债权人关心的是企业在较长时间内还本付息的能力,即企业长期收益能力和资本结构。[1]

从经营管理者的角度看,他们对经营理财的各个方面,包括运营能力、偿债

---

[1] 杨姗.财务分析[M].上海:立信会计出版社,2017:6-10.

能力、获利能力和发展能力等全部信息都予以详尽的了解和掌握。

从政府的角度看，政府兼具多重身份，既是宏观经济管理者，又是国有企业的所有者和重要的市场参与者，因此政府对企业财务分析的关注点因所具身份不同而异。

总的来看，财务分析的基本内容包括偿债能力、运营能力、获利能力和发展能力分析，四者是相辅相成的关系。

第二节 财务分析方法

进行财务分析需要运用一定的方法。财务分析的方法主要包括趋势分析法、比率分析法和因素分析法等。

一、趋势分析法

趋势分析法又称水平分析法，是通过对比两期或连续数期财务报告中的相同指标，确定其增减变动的方向、数额和幅度，来说明企业财务状况或经营成果变动趋势的一种方法。采用这种方法，可以分析引起指标变化的主要原因、变动的性质，并预测企业未来的发展前景。

趋势分析法的具体运用主要有三种方式：一是重要财务指标的比较；二是会计报表的比较；三是会计报表项目构成的比较。

（一）重要财务指标的比较

重要财务指标的比较是将不同时期财务报告中的相同指标或比率进行比较，直接观察其增减变动情况及变动幅度，考察其发展趋势，预测其发展前景。

对不同时期财务指标的比较，可以有以下两种方法。

1.定基动态比率

定基动态比率是以某一时期的数额为固定的基期数额，用分析期数额同其比较而计算出来的动态比率。其计算公式为：

$$定基动态比率=\frac{分析期数额}{固定基期数额}\times 100\%$$

2.环比动态比率

环比动态比率是以每一分析期的前期数额为基期数额，用分析期数额同其比较而计算出来的动态比率。其计算公式为：

$$环比动态比率=\frac{分析期数额}{前期数额}\times 100\%$$

（二）会计报表的比较

会计报表的比较是将连续数期会计报表的金额并列起来，比较其相同指标的增减变动金额和幅度，据以判断企业财务状况和经营成果发展变化的一种方法。会计报表的比较，具体包括资产负债表比较、利润表比较和现金流量表比较等。在比较时，既要计算出表中有关项目增减变动的绝对额，又要计算出其增减变动的相对百分比。

（三）会计报表项目构成的比较

会计报表项目构成的比较是在会计报表比较的基础上发展而来的。它是以会计报表中的某个总体指标作为100%，再计算出其各组成指标占该总体指标的百分比，从而比较各个项目百分比的增减变动，以此来判断有关财务活动的变化趋势。这种方法比前述两种方法更能准确地分析企业财务活动的发展趋势。它既可用于同一企业不同时期财务状况的纵向比较，又可用于不同企业之间的横向比较。同时，这种方法能消除不同时期（不同企业）之间业务规模差异的影响，有利于分析企业的资源耗费水平和实际盈利水平。

但在采用趋势分析法时，必须注意以下问题：第一，用来进行对比的各个时期的指标，在计算口径上必须保持一致；第二，一般需要运用例外原则，通过对某项有显著变动的指标重点分析，来研究其产生变动的原因，以便采取对策，趋利避害；第三，必须剔除偶发性项目的影响，使作为分析的数据能反映正常的经营状况。

二、比率分析法

比率分析法是通过计算各种比率指标来确定经济活动变动程度的一种分析方法。比率是相对数,采用这种方法,能够把某些条件下的不可比指标变为可比的指标,以利于进行分析。

比率指标主要有三种类型:一是构成比率;二是效率比率;三是相关比率。

(一)构成比率

构成比率又称结构比率,是指某项财务指标的各组成部分数值占总体数值的百分比,反映部分与总体的关系。其计算公式为:

$$构成比率 = \frac{某个组成部分数值}{总体数值} \times 100\%$$

比如,企业资产中流动资产、固定资产和无形资产占资产总额的百分比(资产构成比率),企业负债中流动负债和长期负债占负债总额的百分比(负债构成比率)等。利用构成比率,企业可以考察总体中某个部分的构成和安排是否合理,以便协调各项财务活动。

(二)效率比率

效率比率是某项财务活动中所费与所得的比例,反映投入与产出的关系。利用效率指标,可以进行得失比较、考察经营成果、评价经济效益。比如,将利润项目与销售成本、销售收入、资本金等项目加以对比,可计算出成本利润率、销售利润率,以及资本金利润率等指标,可以从不同角度观察比较企业获利能力的高低及其增减变化的情况。

(三)相关比率

相关比率是通过某个项目和与其有关但又不同的项目加以对比所得的比率,以反映有关经济活动的相互关系。利用相关比率指标,可以考察与企业有联系的相关业务安排是否合理,以保障运营活动顺畅进行。比如,将流动资产与流动负债加以对比,计算出流动比率,据以判断企业的短期偿债能力等。

比率分析法的优点是计算简便，计算结果也比较容易判断，而且可以使某些指标在不同规模的企业之间进行比较，甚至也能在一定程度上超越行业间的差别进行比较。但在采用这一方法时应该注意以下几点。

1.对比项目具有相关性

计算比率的子项和母项必须具有相关性，把不相关的项目进行对比是没有意义的。在构成比率指标中，部分指标必须是总体指标这个大系统中的一个小系统；在效率比率指标中，投入与产出必须有因果关系；在相关比率指标中，两个对比指标也要有内在联系，才能评价有关经济活动之间是否协调均衡、安排是否合理。

2.对比口径符合一致性原则

计算比率的子项和母项必须在计算时间、范围等方面保持口径一致。

3.衡量标准设置的科学性

运用比率分析需要选用一定的标准与之对比，以便对企业的财务状况做出评价。一般来说，科学合理的对比标准有：其一，预定目标，一般有预算指标、设计指标、定额指标、理论指标等；其二，历史标准，一般包括上期实际、上年同期实际、历史先进水平，以及有典型意义时期的实际水平等；其三，行业标准，一般包括主管部门或行业协会颁布的技术标准、国内外同类企业的先进水平、国内外同类企业的平均水平等；其四，公认标准，指在历史实践过程中形成的某项指标的公认数值。

三、因素分析法

因素分析法是依据分析指标与其影响因素的关系，从数量上确定各因素对分析指标影响方向和影响程度的一种方法。采用这种方法的出发点在于，当有若干因素对分析指标发生影响作用时，假定其他各个因素都无变化，按顺序确定每一个因素单独变化所产生的影响。[1]

因素分析法具体有两种：一是连环替代法；二是差额分析法。

---

[1]张先治，陈友邦.财务分析[M].大连：东北财经大学出版社，2017：75-82.

（一）连环替代法

连环替代法是将分析指标分解为各个可以计量的因素，并根据各个因素之间的依存关系，顺次用各因素的比较值（通常指实际值）替代基准值（通常指标准值或计划值），据以测定各因素对分析指标的影响。

（二）差额分析法

差额分析法是连环替代法的一种简化形式，它利用各个因素的比较值与基准值之间的差额，来计算各因素对分析指标的影响。

因素分析法既可全面分析因素对某一经济指标的影响，又可单独分析某个因素对某一经济指标的影响，这在财务分析中应用得十分广泛。但在应用该方法时必须注意以下几个方面。

第一，分解因素的关联性。即确定构成经济指标用以分解的各因素，必须在客观上存在因果关系，能够反映形成该项指标差异的内在构成原因，否则就失去了其存在的价值。

第二，因素替代的顺序性。替代因素时，必须按照各因素的依存关系，排列成一定的顺序并依次替代，不可随意加以颠倒，否则就会得出不同的计算结果。一般而言，确定正确排列因素替代程序的原则是：按分析对象的性质，从诸因素相互依存的关系出发，并使分析结果有助于分清责任。

第三，顺序替代的连环性。因素分析法在计算每一个因素变动的影响时，都是在前一次计算的基础上进行的，并采用连环比较的方法确定因素变化影响结果。只有保持计算程序上的连环性，才能使各步骤因素影响之和等于分析指标变动的差异，以全面说明分析指标变动的原因。

第四，计算结果的假定性。由于用因素分析法计算的各因素变动影响数，会因替代计算顺序的不同而有差别，所以计算结果不免带有假定性，即它不可能使每个因素计算的结果，都达到绝对的准确。它只是在某种假定前提下的影响结果，如果离开了这种假定前提条件，就是另外一种影响结果了。为此，分析时应力求使这种假定是合乎逻辑的，是具有实际经济意义的，这样计算结果的假定性，才不至于妨碍分析的有效性。

第三节 财务指标分析与综合指标分析

一、财务指标分析

总结和评价企业财务状况与经营成果的分析指标包括偿债能力指标、运营能力指标、获利能力指标和发展能力指标。[①]

（一）偿债能力指标

偿债能力是指企业偿还到期债务（包括本息）的能力。偿债能力指标包括短期偿债能力指标和长期偿债能力指标。

1.短期偿债能力指标

短期偿债能力指企业用流动资产偿还流动负债的能力。流动负债一般是由流动资产偿付的，所以短期偿债能力的评价特别重视企业的流动资产在近期内的变现能力。评价企业短期偿债能力的指标主要有流动比率、速动比率和现金比率。

（1）流动比率

流动比率是流动资产与流动负债的比率。其含义为，每一元流动负债中有多少元的流动资产作为偿还债务的保证。其计算公式为：

$$流动比率 = \frac{流动资产}{流动负债} \times 100\%$$

一般情况下，指标数值越大，反映企业短期偿债能力越强，财务风险也相对越小。

在应用流动比率指标进行分析时应注意以下几个问题。

一是流动比率越高，只能说明企业偿还短期债务的流动资产保证程度越强，但不一定说明企业有足够的现金或存款来偿债，如流动资产可能是存货积

---

①王磊，刘悦男，王娜.财务分析[M].北京：中国金融出版社，2017：24-42.

压、应收账款增多等原因形成的。所以，企业在分析流动比率的基础上，需进一步对现金流量加以分析。

二是从短期债权人角度看，自然希望流动比率越高越好。但从经营者角度看，流动比率并不是越高越好，因为过高的流动比率表明流动资产占用资金过多，使资金利用率下降，降低了企业资产的盈利能力。

三是从有效利用资金的角度讲，各企业应根据自身特点、行业特点制定一个合理的流动比率。一般认为，流动比达到2∶1，企业财务状况比较稳妥可靠。但在存货周转较快或结算资产较好的企业，流动比率也可以小一些。

（2）速动比率

速动比率又称酸性测试比率，是企业速动资产与流动负债之间的比率。其中，速动资产是指企业流动资产减去存货等变现能力较弱且不稳定资产之后的余额，主要包括货币资金、交易性金融资产、应收账款、应收票据、应收利息、应收股利和其他应收款等。通俗地说，该指标主要衡量一家公司在无须出售库存的情况下，是否拥有足够的流动资产以偿还其短期负债。其计算公式为：

$$速动比率 = \frac{速动资产}{流动负债} \times 100\%$$

$$= \frac{流动资产 - 存货}{流动负债} \times 100\%$$

在计算速动资产时，把存货从流动资产中剔除的主要原因：一是存货变现时需要销售和收款，在流动资产中的变现性最差；二是存货可能出现损失报废、滞销或被抵押的情况；三是存货的历史成本与可变现净值之间往往存在较大的差距，使其无法反映实际的变现价值。由此可知，将存货从流动资产中减去后计算的速动比率，其反映的短期偿债能力更加令人信服。

通常认为正常的速动比率为1，低于1的速动比率被认为短期偿债能力偏低，表明企业需要以出售存货或举借新债来偿还到期债务。

（3）现金比率

现金比率是速动比率的进一步分析，它是指现金类流动资产与流动负债的比率。其计算公式为：

$$现金比率 = \frac{现金 + 现金等价物}{流动负债} \times 100\%$$

式中：现金及现金等价物是指货币资金和期限在3个月之内流动性强，易于转化为已知金额的现金且价值变动风险小的短期债券投资，即现金流量表中的"现金"。显然，现金及现金等价物将存货与应收款项排除在外，因为对于债权人来说，只有企业的现金资产才最具现实意义。现金比率反映了企业立即偿还到期债务的能力，是对偿债能力要求最高的指标。

现金比率越高，表示企业可用于偿付流动负债的现金越多，可变现损失的风险也就越小，而且变现的时间也越短。但是，该指标过高必然增加企业持有现金的机会成本，这也是不经济的。一般认为，现金比率以适度为好，经验数值为0.25。

2.长期偿债能力指标

长期偿债能力指企业偿还长期债务的能力。长期偿债能力的衡量指标主要有资产负债率、产权比率和已获利息倍数等。

（1）资产负债率

资产负债率是负债总额与资产总额的比例关系，也称债务比率。其计算公式为：

$$资产负债率 = \frac{负债总额}{资产总额} \times 100\%$$

该指标反映了在资产总额中有多大比例是通过借债筹集的，同时它也是衡量企业负债水平及风险程度的重要指标。对资产负债率指标的分析，各利益主体往往因不同的利益驱动而从不同的角度来进行评价。

①从债权人角度看。该比率越小，说明所有者权益比重越大、企业财力越雄厚、偿债能力越强、债务的保障程度越高，债权风险越小；反之，债权风险越大。企业债权人认为资产负债率越低越好，因为他们最关心的是所提供的信贷资金的安全性，希望能于约定时间收回本金。当然，若每一元债务能有更多的资产作保障，其贷款的安全性越高。

②从投资者角度看。由于企业通过举债所筹措的资金与投资者提供的资本在经营活动中发挥相同的作用，因此，投资者关心的是全部资本盈利率是否超过借

入资金的利息率。第一，负债筹资成本低于权益资本，且负债利息在税前支付，企业可以通过负债筹资获得节税收益，从这一点来看，股东希望保持较高的资产负债率；第二，增加负债不会改变股权结构，不会分散原有股东对企业的控制权，从这一点来看，股东也希望有较高的资产负债率；第三，站在股东立场上，在全部资本利润率高于借款利息率时，股东希望资产负债率越高越好，反之，资产负债率越低越好。

该指标比较保守的比率是不高于50%，国际上一般公认较好的比率是60%。在实际工作中，不能简单地以该指标的高低来评价企业的负债水平和偿债能力。因为，资产负债率较高：一方面，可能说明企业负债程度高，经营风险大；另一方面，可能说明企业较好地利用了财务杠杆，以较低的成本进行生产经营。所以，该指标的评价应当结合企业的实际生产经营情况、投资回报率、所处的竞争环境、行业发展趋势和国家的宏观经济环境等诸多因素进行。

（2）产权比率

产权比率是负债总额与股东权益之间的比率，也称债务股权比率。该指标反映了企业所有者权益对债权人权益的保障程度。其计算公式为：

$$产权比率 = \frac{负债总额}{所有者权益总额} \times 100\%$$

该指标反映了由债权人提供的资本与股东提供的资本以相对关系，反映企业基本财务结构是否稳定。一般来说，该指标为100%最佳，但也不能一概而论。

①从债权人角度看。该指标反映企业财务结构的风险性大小，以及所有者权益对偿债风险的承受能力大小。产权比率越大，表明企业的长期偿债能力越弱，债权人承担的风险越大。

②从投资者角度看。在通货膨胀加剧时期，企业多借债可以把损失和风险转嫁给债权人；在经济萎缩时期，少借债可以减少利息负担和财务风险；在经济繁荣时期，多借债可以获得额外的利润。产权比率低，反映低风险、低回报的财务结构；产权比率高，反映高风险、高回报的财务结构。

资产负债率与产权比率具有共同的经济意义，两个指标可以相互补充。其中，资产负债率侧重分析债务偿付安全性的物质保障程度，产权比率侧重分析自有资金对偿债风险的承受能力。

（3）已获利息倍数

已获利息倍数是指企业一定时期息税前利润与利息支出的比率，反映了获利能力对债务偿付的保证程度。其中，息税前利润总额指利润总额与利息支出的合计数额，利息支出指实际支出的借款利息、债券利息等。其计算公式为：

$$已获利息倍数 = \frac{息税前利润}{利息支出} \times 100\%$$

其中：

息税前利润=利润总额+利息支出=净利润+所得税+利息

已获利息倍数反映企业收益为所需支付利息的多少倍，借以衡量企业对长期债务的保证程度、衡量债权人的风险大小、评价企业举债规模是否适当。一般情况下，已获利息倍数越高，表明企业长期偿债能力越强。国际上通常认为，该指标至少应大于3。如果已获利息倍数过小，企业将面临亏损及偿债的安全性与稳定性下降的风险。

（二）运营能力指标

运营能力是指企业对其有限资源配置和利用的能力。通俗地讲，运营能力就是指资产运用效率，考察企业利用资产的有效性和充分性。运营能力指标包括流动资产周转率、存货周转率、应收账款周转率、固定资产周转率和总资产周转率。

1.流动资产周转率

流动资产周转率是企业一定时期内营业收入与平均流动资产总额的比率，反映了企业对流动资产的使用效率。其计算公式为：

$$流动资产周转率（次数） = \frac{营业收入}{平均流动资产总额} \times 100\%$$

其中：

$$平均流动资产 = \frac{年初流动资产总额 + 年末流动资产总额}{2} \times 100\%$$

$$流动资产周转天数=\frac{平均流动资产总额\times360}{营业收入}$$

一般情况下,流动资产周转率越大,企业流动资产的周转速度越快,资产运用效率越高。

流动资产周转天数指标表明流动资产每周转一次所用的时间。流动资产周转天数越短,流动资产的周转速度越快,资产的运用效率越高。

2.存货周转率

存货周转率是企业一定时期内营业成本与平均存货余额的比率,存货周转率是可以反映企业销售能力和存货资产流动性的指标。其计算公式为:

$$存货周转率(次数)=\frac{营业成本}{平均存货余额}$$

其中:

$$平均存货余额=\frac{年初存货余额+年末存货余额}{2}$$

$$存货周转天数=\frac{平均存货余额\times360}{营业收入}$$

一般来讲,存货周转率较高越好。存货周转率越高,表明存货变现的速度越快、周转额越大、资金占用水平越低。需要指出的是,存货周转过快,可能因为存货储备不足,造成生产中断或销售紧张。

3.应收账款周转率

应收账款周转率指企业一定时期内赊销收入净额与平均应收账款余额的比率,是反映应收账款周转速度的指标。其计算公式为:

$$应收账款周转率(次数)=\frac{赊销收入}{平均应收账款余额}$$

其中:

$$平均应收账款余额=\frac{年初应收账款余额+年末应收账款余额}{2}$$

$$应收账款周转天数 = \frac{平均应收账款余额 \times 360}{赊账收入}$$

其中：

$$赊销收入 = 营业收入 - 现销收入$$

分子使用赊销收入净额，而不使用"营业收入"，是因为只有赊销才会形成应收账款。营业收入分为现销和赊销两部分，现销收入部分与应收账款无关，应当予以扣除，保持分子和分母的一致性。赊销收入数据内部人员可以取得，但是对于报表的外部使用者来说很难取得。所以，对于外部使用者，只能使用营业收入计算应收账款周转率。分母应收账款是指没有扣除坏账准备的应收账款金额。该指标反映了企业应收账款在一定时期内周转的次数，即年度内应收账款平均变现的次数。应收账款回收速度越快，造成坏账损失的风险越小，流动资产流动性越好，企业的管理效率越高。应收账款周转天数反映企业应收账款周转一次所用的时间。时间越短，应收账款回收速度越快，企业资产的流动性就越好，企业资产使用效率越高。

4.固定资产周转率

固定资产周转率是指企业一定时期内营业收入与固定资产平均净值的比率，是衡量固定资产利用效率的一项指标。其计算公式为：

$$固定资产周转率（周转次数） = \frac{营业收入}{固定资产平均净值}$$

$$平均固定资产净值 = \frac{年初固定资产净值 + 年末固定资产净值}{2}$$

$$固定资产周转天数 = \frac{平均固定资产净值 \times 360}{营业收入}$$

利用固定资产周转率指标时应考虑计提折旧导致的固定资产净值减少或更新重置导致的固定资产净值增加的影响，也应考虑折旧方法不同导致指标不可比的因素。

一般情况下，固定资产周转率越高，表明企业对固定资产的使用效率越高，说明企业固定资产投资得当、固定资产结构合理，能充分发挥固定资产的使用效率；反之，如果固定资产周转率不高，表明企业对固定资产的使用效率不高，产生的生产成果不多，运营能力不强。

5.总资产周转率

总资产周转率是指企业一定时期内营业收入与平均资产总额的比率，反映企业全部资产的利用效率，说明企业的总资产在一定时期内（通常为1年）周转的次数。其计算公式为：

$$总资产周转率（周转次数）=\frac{营业收入}{平均资产总额}$$

其中：

$$平均资产总额=\frac{年初资产总额+年末资产总额}{2}$$

$$总资产周期天数=\frac{平均资产总额\times 360}{营业收入}$$

总资产周转率越高，说明企业全部资产的周转速度越快，资产的运用效率越高，其结果必然会给企业带来更多的收益，使企业的盈利能力、偿债能力都得到提高。而总资产周转天数反映的是总资产每周转一次需要的时间（天数），指标数值越小，说明总资产的周转速度越快，资产运用的效率越高。

从指标的计算公式可知，要想提高总资产的运用效率有两条途径：一是增加销售收入；二是处理多余资产，即减少不需要的、闲置的、质量差的资产。

（三）获利能力指标

获利能力又称盈利能力，是指企业赚取利润的能力，是企业重要的财务能力之一。无论投资者、债权人和经营者，都非常重视和关心企业的盈利能力。利润的源头是收入，利润取得的基础是资产，资产的取得首先要融资。因此，下面从收入、资产、融资三个方面介绍有关的获利能力指标，并在此基础上对企业的获利能力进行评价。

1.与收入相关的获利能力指标

与收入相关的获利能力指标主要是以营业收入为基础计算的，它通过把利润表中各项目与营业收入进行比较,求得单位营业收入的获利水平。

(1)营业利润率

营业利润率是企业一定时期内营业利润与营业收入的比例,体现每一元的营业收入能够带来多少营业利润。其计算公式为:

$$营业利润率=\frac{营业利润}{营业收入}\times 100\%$$

营业利润是企业利润的主要来源,决定了企业的获利水平、获利稳定性和持久性。营业利润率越高,表明企业市场竞争力越强,获利能力越强。

(2)销售净利率

销售净利率是净利润与销售收入的比例,该指标衡量销售收入的盈利能力,即在每一元的销售收入中所获取的净利润。其计算公式为:

$$销售净利率=\frac{净利润}{销售收入}\times 100\%$$

2.与资产相关的获利能力指标

通过销售利润率指标反映企业的获利能力是常用的方法,但销售利润率指标只反映了产出的情况,没有考虑投入的情况。所以,为了综合地考察企业的获利能力,需要将投入和产出这两个方面结合起来进行分析。利润作为资产运用的结果是由全部资产带来的。所以,在论及资产的运用效果时,是以各种资产协调整体运转为基础的,这种运转会形成不同的利润形态,进而形成不同的资产获利能力指标。与资产相关获利能力指标的常用指标是总资产报酬率。

总资产报酬率也称总资产收益率,是企业一定期限内实现的息税前利润与该时期企业平均资产总额的比率。该指标反映了企业资产的综合利用效果,是衡量企业总资产获利能力的重要指标。其计算公式为:

$$总资产报酬率=\frac{息税前利润}{平均资产总额}=\frac{净利润+所得税+利息}{平均资产总额}\times 100\%$$

总资产报酬率是一个综合性较强的指标,指标反映的内容与企业经营管理的各方面都有联系。因此,一个企业的总资产报酬率越高,表明其资产管理的效益越好,企业的财务管理水平越高,企业的获利能力也越强。从总资产报酬率的计算公式可知，影响总资产报酬率的直接因素有两类：息税前利润额和平均资产总额。对息税前利润额而言，企业应尽可能获取各种收益，增加收益总额。而平均资产总额与总资产报酬率是反比的关系，所以企业应加强资产管理，提高资产利用效率。

3.与融资相关的获利能力指标

企业的获利能力除了从收入和资产方面考察以外，还可以从融资角度，即从所有者投入资金的角度评价企业盈利水平的高低。与融资相关的获利能力指标反映投资者投资的获利能力，主要有净资产收益率、每股收益和市盈率等指标。

（1）净资产收益率

净资产收益率是净利润与平均净资产的百分比，也叫净值报酬率或权益报酬率。其计算公式为：

$$净资产收益率 = \frac{净利润}{平均净资产} \times 100\%$$

在进行净资产收益率分析时，应注意以下几个方面。

其一，净资产收益率反映所有者投资的获利能力，该比率越高，说明股东的回报越高。

其二，净资产收益率是从所有者权益角度考察企业盈利水平的高低，而资产报酬率是从所有者和债权人两方面共同考察整个企业盈利水平。在相同的总资产收益率水平下，由于企业采用不同的资本结构形式，会造成净资产收益率的不同。

其三，净资产收益率是衡量企业盈利能力的重要指标，也是杜邦分析体系（dupont system）的核心指标。

（2）每股收益

每股收益又称每股税后利润、每股盈余，它是公司某一时期内净收益与股份数的比率。它是测定股票投资价值的重要指标之一，是分析每股价值的一个基础性指标，是综合反映公司获利能力的重要指标。该比率反映了每股创造的税后利润，比率越高，表明所创造的利润越多。其计算公式为：

$$每股收益 = \frac{净利润 - 优先股股利}{对外发行的普通股股数} \times 100\%$$

如果不考虑优先股，那么公式简化为：

$$每股收益 = \frac{净利润}{对外发行的普通股股数} \times 100\%$$

（3）市盈率

市盈率又称本益比，是指在一个考察期（通常为12个月）内，股票的价格和每股收益的比例。其计算公式为：

$$市盈率 = \frac{普通股每股市价}{普通股每股收益}$$

例如，某股票的市价为24元，而过去12个月内每股盈利为3元，则市盈率为24/3=8。该股票被视为有8倍的市盈率，即每付出8元可分享1元的盈利。

市盈率是反映上市公司获利能力的一个重要财务比率，也是投资者做出投资决策的重要参考因素之一。

（四）发展能力指标

发展能力是企业在生存基础上扩大规模、壮大实力的潜在能力。发展在于可持续，可持续发展是指长久的发展才是真正的发展。

分析发展能力主要考察以下指标：营业收入增长率、净利润增长率、总资产增长率和资本积累率。

1.营业收入增长率

营业收入增长率是企业本年营业收入增长额与上年营业收入总额的比率。它反映企业营业收入的增减变动情况，是评价企业成长状况和发展能力的重要指标。其计算公式为：

$$营业收入增长率 = \frac{本年营业收入增长额}{上年营业收入总额} \times 100\%$$

营业收入增长率是衡量企业经营状况和市场占有能力，预测企业经营业务拓展趋势的重要指标。该指标若大于0，表示企业本年营业收入增长，指标值越高，表明增长速度越快，企业市场前景越好；反之，说明企业产品不适销对路，产品销售不出去，市场份额萎缩。运用该比率分析时，应结合企业历年的销售水平、企业市场占有情况、行业未来发展，以及其他影响企业发展的潜在因素，进行前瞻性预测，结合企业前三年的营业收入增长率做出趋势性分析判断。

2.净利润增长率

净利润增长率是本年净利的增长额与上年净利额之比，反映企业净利润的变化。该比率越大，说明企业获得净利润的能力越强，企业自身发展的能力也越强。其计算公式为：

$$净利润增长率 = \frac{本年净利增长额}{上年净利额} \times 100\%$$

3.总资产增长率

总资产增长率是本年总资产的增长额同年初资产总额的比率，反映企业本期资产规模的增长情况。其计算公式为：

$$总资产增长率 = \frac{本年总资产增长额}{年初资产总额} \times 100\%$$

总资产增长率从资产总量扩张方面衡量企业的发展能力，表明企业规模增长水平对企业发展后劲的影响。该指标越高，表明企业资产经营规模扩张的速度越快。但在实际分析时，应注意考虑资产规模扩张中质和量的关系，以及企业可持续发展的能力，切忌盲目扩张。

4.资本积累率

资本积累率是本年所有者权益增长额与年初所有者权益的比率。它反映企业当年资本的积累能力，是评价企业发展潜力的重要指标。其计算公式为：

$$资本积累率 = \frac{本年所有者权益增长额}{年初所有者权益} \times 100\%$$

资本积累率反映了投资者投入企业资本的保全性和增长性，该指标越高，表明企业的资本积累越多，企业资本保全性越强，应付风险、持续发展的能力越大。该指标为负值，表明企业资本受到侵蚀，所有者利益受到损害，应予以充分重视。应注意的是，期末所有者权益、期初所有者权益增加，未必都是盈利的结果；增发股本带来的增量，计算时应予以剔除。

二、综合指标分析

前面有关章节介绍了企业偿债能力指标、获利能力指标、运营能力指标、发展能力指标的计算和分析,每个单项指标本身只能说明问题的某一方面。而企业的实际情况,各有各的特点,各有优势和劣势。例如,一些企业获利水平较高但财务风险较大,一些企业盈利水平偏低但资金流量充足,也有一些企业资金紧张但资产周转速度很快,等等。所以,必须将一系列的财务指标有机联系起来,作为一套完整的指标分析体系,全面、客观、准确地评价企业的总体财务状况和经营成果。财务报表的综合分析方法就由此产生了。

财务报表综合分析就是将偿债能力指标、获利能力指标、运营能力指标、发展能力指标等方面纳入一个有机的整体,全面地对企业经营状况、财务状况进行揭示与披露,从而对企业经济效益的优劣做出准确的评价与判断。[1]

财务报表综合分析的方法很多,常见的有沃尔评分法和杜邦财务分析法等。

(一)沃尔评分法

1928年,亚历山大·沃尔(Alexander Wole)在出版的《信用晴雨表研究》和《财务报表比率分析》中提出了信用能力指数的概念。他选择了七个财务比率即流动比率、产权比率、固定资产比率、存货周转率、应收账款周转率、固定资产周转率和自有资金周转率,分别给定各指标的比重,总和为100分。然后确定标准比率(以行业平均数为基础),将实际比率与标准比率相比,得出相对比率,将此相对比率与各指标比重相乘,得出总评分,从而对企业的信用水平进行评价。沃尔评分法有如下几个基本步骤。

1.选择具有代表性的财务指标

在选择代表性的财务指标时,应注意以下几点。

第一,类别全面。偿债能力指标、获利能力指标、营运能力指标和发展能力指标等类别都应选到,而不能集中在某类指标的选择上。

第二,尽量选用正指标,即指标值越高,经营业绩越好,得分也越高的指标。若加入指标值越低,经营业绩越好的指标后,分析将难以进行。

---

[1] 肖泽干,朱会芳.财务分析[M].北京:中国传媒大学出版社,2015:209-212.

第三，在考虑财务指标的同时，还应选用一些非财务指标，如市场占有率、客户满意度等。

2.确定各项指标的标准值与标准评分值

财务指标的标准值一般是以行业平均数或企业上年数为基准加以确定的；标准评分值是根据指标的重要程度来确定的，越重要的指标分值越高，但所有指标的分数合计应等于100。

综合分数是由各指标的实际得分汇总而成的，而各指标实际得分的计算公式如下：

$$实际得分=指标的标准评分值\times\frac{指标的实际值}{指标的标准值}$$

如果综合分数大于100，那么说明企业的财务状况超过该行业的平均水平或历史相关水平，表明企业财务状况较好；反之，表明企业财务状况较差。

（二）杜邦财务分析法

杜邦财务分析法最早由美国杜邦公司创立并成功运用而得名。1919年，美国杜邦公司经理人员通过深入研究公司各种财务比率之间的关系，揭示出报表与报表、财务比率与财务比率之间的内在联系，建立起综合评价体系，对企业的财务状况和经营成果进行综合的分析和评价。杜邦财务分析法以净资产收益率为核心，分析各分解指标的变动对净资产收益率的影响，从而揭示企业活动能力及其变动原因。

1.杜邦财务分析法计算方法

在杜邦财务分析体系中，净资产收益率处于最高层次，然后进一步将其分解如下：

$$净资产收益率=\frac{净利润}{销售收入}\times\frac{销售收入}{总资产}\times\frac{总资产}{所有者权益}$$

$$=总资产净利率\times权益乘数$$

$$=销售净利率\times资产周转率\times权益乘数$$

其中：

$$权益乘数=\frac{总资产}{所有者权益}=\frac{1}{1-资产负债率}$$

2.杜邦财务分析体系中主要指标之间的关系

（1）净资产收益率

净资产收益率是一个综合性最强的财务比率，是杜邦财务分析体系的核心。净资产收益率反映企业所有者投入资本的获利能力，说明企业筹资、投资和资产营运等活动的效率。企业获利能力的驱动器有三个发动机：销售净利率、资产周转率和权益乘数。销售净利率是获利能力指标，取决于企业的经营管理；资产周转率是营运能力指标，取决于投资（资产）管理；权益乘数取决于资产负债率的大小（与资产负债率成正比），而资产负债率是偿债能力指标，取决于筹资政策。通过对这三个比率的分析，就可以将净资产收益率这一综合指标升降变化的原因具体化，比只用一项综合指标更能说明问题。

（2）总资产净利率

总资产净利率也是一个重要的财务比率，综合性亦较强。它是销售净利率和资产周转率的乘积，一家公司的总资产净利率不仅取决于销售净利率，也取决于资产周转率，可以反映企业的销售和资产管理情况。对总资产净利率进行分析，须从获利能力和资产运营两方面着手。例如，经常打折的公司指望通过较高的资产周转率来弥补打折降低而导致的低销售净利率，从而提高总资产净利率。

（3）销售净利率

销售净利率反映企业利润与销售收入的关系，其数值的高低能敏感地反映企业经营管理水平的高低。影响销售净利率的主要因素为销售收入与成本费用，因此，提高销售净利率有两个主要途径：一是扩大销售收入；二是降低成本费用，即所谓的"开源节流"。

（4）权益乘数

权益乘数反映企业筹资情况，即企业资金来源结构如何。它主要是受资产负债率指标的影响。负债比率越大，权益乘数就越高，说明企业的负债程度比较高。因此，企业既要合理使用全部资产，又要妥善安排资本结构。

通过杜邦财务分析体系自上而下或自下而上的分析，可以看到净资产收益率与企业的资金来源结构、销售状况、成本费用控制和资产管理密切相关，各种因素相互制约、相互影响,构成一个有机系统。杜邦财务分析体系提供的上述财务信息,较好地解释了指标变动的原因和趋势,这为企业进一步采取具体措施指明了方向,还为决策者优化经营结构和理财结构、提高企业偿债能力和经营效益提供了基本思路。

第八章 财务控制研究

第一节 财务控制概论

一、财务控制的定义

从管理的角度理解，财务控制的本质就是从财务管理的角度实施管理控制。这是因为内部控制所设计的企业活动都是与企业的财务资源相关的，而且在内部控制的过程中，计划的制订、控制标准的设定以及对控制效果的评价等都离不开财务活动。所以，财务控制是内部控制的重要组成部分。

按照COSO报告，内部控制整体框架是由控制环境、风险评估、控制活动、信息与沟通、监督五个要素组成的。作为内部控制重要组成部分的财务控制，其理论发展经历了一个漫长的时期。随着控制理论在财务管理中的运用，企业对财务控制的需求不断增加，财务控制概念在企业经营管理理论和实践中已被经常使用，许多权威词典都对财务控制进行了阐述，对财务控制的解释也逐渐趋同。

按照《会计辞海》的解释，财务控制是指以政策、制度、计划（或目标）为依据，对财务活动进行约束、指导和干预，使之符合原定要求的管理过程。

根据《新会计大辞典》的解释，财务控制一般是指对企业、事业、行政单位各项财务活动，按照财务计划的要求进行严格的监督，把财务活动限制在计划规定的范围之内；发现偏差，及时进行纠正；不断总结经验，改进工作，从而保证财务计划的实现。

根据《现代会计百科全书》的解释，财务控制是利用财务反馈信息影响与调节财务活动，使之按照预定目标运行的过程。

从以上对财务控制概念的解释可以看出，财务控制主要是对财务活动的一项控制过程。但这些解释都侧重于对财务控制过程和现象的描述，并没有提及财务控制的本质，即财务控制是内部控制的重要组成部分、财务管理的重要环节这一特征。

综上所述，财务控制可定义为：财务控制是指财务控制主体以法律、法规、制度、财务目标为依据，通过对财务活动进行约束、指导和干预，使之按既定的计划进行，确保企业战略目标实现的过程。它是内部控制的重要组成部分，是财务管理的重要环节，并与财务预测、财务决策、财务分析等一起构成财务管理系统。

从以上定义可以看出，财务控制是内部控制的重要组成部分，也是财务管理体系的重要环节。可以说，财务控制是内部控制的核心，是财务管理的重要环节。从财务管理的环节上看，财务管理主要分为财务预测、财务决策、财务计划、财务控制与财务分析，而财务控制在整个财务管理环节中起到了承前启后的作用。以财务预测和决策为基础的财务计划最终需要通过执行来完成，而要使实际执行情况能达到预期的计划或目标，必须有相应的财务控制作为保障；对于财务分析，其分析的对象就是财务活动的实际执行情况，是对财务控制效果好坏的评价，并为下一轮财务控制反馈相关信息。

因此，健全和完善财务控制是提高企业财务管理水平的关键。首先，财务控制是一种价值控制，它主要是借助价值手段进行的控制。各项财务控制方法，不论是责任预算、责任报告、业绩考核、风险管理，还是企业内部各机构和人员之间的相互制约关系，都需要借助价值指标和价值手段。其次，财务控制是一种综合控制。由于财务控制以价值为手段，将各种性质不同的业务综合在一起，因而财务控制并不是针对某一具体业务活动的分散控制，它不仅可以将各种性质不同的业务综合起来进行控制，也可以将不同岗位、不同部门、不同层次的业务活动综合起来进行控制。财务控制的综合性最终表现为其控制内容都归结到各种综合价值指标上。因此，财务控制较内部控制的其他方面而言，具有涉及面广、综合性强、灵敏度高的特点，从而成为内部控制的核心和切入点。

二、财务控制的特征

财务控制具有以下几个方面的特征：

（1）财务控制的范围主要限于单位中那些能够用价值形式（即货币）计量的经济活动，不能用货币计量的经济活动一般属于管理控制的范畴。

（2）财务控制的基本手段是会计处理程序及其他会计控制标准，而管理控制主要通过制度和方针政策来实施。因此，要求财务控制必须谨慎、认真，容不得半点马虎。

（3）财务控制的主要目的是保证经济业务的执行符合管理者的要求，保证单位的资产安全、完整，并向有关方面保证单位的工作目标或经营目标的实现。

（4）从财务控制与审计的关系看，财务审计所要评审的主要对象是会计控制制度，而在经营审计、经济效益审计中，除了评审会计控制制度外，还必须更多地评审管理控制制度。

（5）财务控制具有动态性特点。财务控制要求准确，但不是说企业的经营活动必须严格与战略或预算保持一致，而是应该随着企业环境、经营重心的变化而变化，这样才能提高财务控制的适应性和有效性。

（6）财务控制具有系统性特点。财务控制不是某个或某种状况，而是散布在企业经营中的一系列行动，并且与企业经营过程结合在一起，促使经营过程正常运转和持续进行。

三、财务控制的分类

财务控制可以按控制的内容、控制权的集中程度、控制主体的层次以及控制的时间进行分类。

（1）按控制的内容分，财务控制包括货币资金控制、应收款项控制、存货控制、投资控制、固定资产控制、无形资产及其他资产控制、负债控制、所有者权益控制、收入控制、成本费用控制、利润控制以及财务风险控制等[①]。

（2）按控制权的集中程度分，财务控制分为集中控制、分散控制和分级控制三种。集中控制是指由一个控制中心对所有子系统的信息进行集中加工处理，集中做出指令，操纵所有子系统的财务活动的一种控制方式。分散控制是指由多

---

① 刘胜军.企业财务管理[M].哈尔滨：哈尔滨工程大学出版社，2015：267.

个控制中心分别控制一定数量子系统的一种控制方式。分级控制则是在一个最高控制中心的领导下，按照整个系统内在结构层次设立若干不同级别的控制中心，层层控制。

（3）按控制主体的层次划分，可分为高层控制、中层控制和基层控制。高层控制是由公司管理高层（如董事会、总经理等）通过审议决定公司的财务发展规划及重大财务方案，制定和分解财务预算指标，拟定和颁布财务管理制度，决定重大财务偏差的调整等形式对公司财务实施的控制。中层控制是由受公司管理高层领导的中层管理人员，根据高层控制的目标和指令，进行分解落实与执行控制。基层控制则是由基层业务人员在日常的工作活动中，根据上级分解下来的财务控制目标和指令，执行具体的预算、分析、考核等控制活动。上述三个层次的控制之间相互联系、相辅相成，上层控制为下层控制提供目标和依据，下层控制则是上层控制的深化和具体化。

（4）按控制的时间划分，可分为事前控制、事中控制和事后控制。事前控制是在实际财务活动发生之前实施的控制。这种控制的目的在于防止问题的发生。其控制的职能作用在于通过制订和分解财务计划、预算，拟定和颁布控制制度等为后期的财务活动提供约束标准和行为规范。事中控制是在实际财务活动过程中实施的控制。这种控制在问题发生时能及时予以纠正，以免发生重大的损失。事后控制是在财务活动结束后采取的控制。这种控制虽无法弥补前一过程已经产生的损失，但可以向管理当局提供关于计划和预算实施效果的信息，同时也可以通过业绩评价、风险评价等为财务管理提供信息。

第二节　货币资金控制

货币资金是企业资产的重要组成部分，包括现金、银行存款、其他货币资金。任何企业开展经营活动都离不开货币资金，持有货币资金是一个企业进行经济活动的基础；同时，货币资金又是流动性最强、控制风险最高的资产，极易发生贪污、诈骗、挪用公款等舞弊行为。因此，企业必须加强对货币资金的管理与控制，建立、健全货币资金财务控制制度，以保证货币资金的安全与完整，使企业的生产经营活动合法、有效地进行。

一、货币资金控制的内容

（一）现金控制

现金是指企业的库存现金，包括库存的人民币和外币。现金是企业流动性最强的资产项目。虽然其占资产总额的比重不大，但企业发生的违法乱纪事件大都与现金有关。因此，应建立健全现金的财务控制制度，加强现金管理。这对于保证企业资产的安全完整、维护社会经济秩序具有重要意义。

1.控制现金收入

企业现金收入的来源主要有以下几项：一是零星销售收到的现金；二是从银行提取的备用现金；三是职工零星采购或出差报销退回的现金。企业的现金收入应当及时存入银行，不得用于直接支付单位自身的支出；因特殊情况需坐支现金的，应事先报经开户银行审查批准。现金销售业务应由两人以上共同办理，由开票员负责开票并负责交货，收款员负责收款并在发票上加盖现金收讫图章；开出的发票至少一式三联，一联交客户，一联由开票员留底，一联交收款部门。收取现金都应有收据、发票或支票等原始凭证，加盖"收讫"章后，应及时编制记账凭证、登记入账。当日销售收到的现金，当日应全部存入银行。对职工零星采购或出差预借的现金，企业应催促职工及时办理报销手续，把多余的现金收回来。

2.控制现金支出

企业必须严格控制现金支出范围和支出标准，严禁超范围和超标准开支现金。根据国务院颁发的《现金管理暂行条例》规定，开户企业可在以下范围使用现金：（1）职工工资、津贴。（2）个人劳务报酬。（3）根据国家规定颁发给个人的科技、文艺、体育等各种资金。（4）各种劳保、福利费用以及国家规定的对个人的其他支出。（5）向个人收购农副产品和其他物资的价款。（6）出差人员必须随身携带的差旅费。（7）结算起点（1000元）以下的零星支出。（8）中国人民银行确定需要支付现金的其他支出。现金的支付应经过审核批准，出纳人员不得私自支付现金。现金支付都要有发票或支票等付款凭证，加盖付讫章后，应及时编制记账凭证，并登记入账。企业超出上述现金使用范围的开支应该通过银行办理转账结算。

（二）控制现金余额

现金的一收一支，每天都会有余额。对现金余额的控制必须严格执行开户银行核准的库存现金限额。当现金余额超过库存限额时，应当及时将多余的现金送存银行；当现金余额低于库存限额、不足以满足零星开支的需要时，应当及时到银行提取现金以补充现金余额。对现金余额的控制还应当定期、及时地盘点库存现金，并将库存现金余额同现金日记账余额进行核对，保证做到账款相符。

（三）控制现金舞弊行为

现金是一种现实货币，对人有极强的诱惑力，加强对现金舞弊行为的控制是保证现金安全的重要手段。常见的现金舞弊行为主要有以下几种：

1.现金收入不入账

现金收入不入账，即开设企业小金库，这是现金舞弊行为最常见的形式之一，具体表现为：（1）截留各种生产经营收入和其他收入，如将销售收入中的现金部分不入账，存入小金库。（2）非法侵占出售国家和其他单位资产的收入，如对出售次品、边角余料、废旧物资的现金收入直接存入小金库。（3）虚列支出，虚报冒领。（4）私自或有意将投资、联营的所得转移、存放于外单位或境外。（5）隐匿回扣、佣金和好处费。（6）截留企业的各项罚没收入。

企业开设小金库的目的是用于发放职工的各种资金，支付回扣和其他非常规活动，逃避国家税收，侵蚀国有资产或者化国有为私有。因此，必须对这类违法行为严加控制，关键的控制措施主要是加强企业内部审计的作用，通过内部审计部门对有关账目进行经常性审计及分析核对有关合同等文件来发现问题。

2.挪用库存现金

挪用库存现金是指当事人利用职务之便或经单位批准在一定时间内将公款私用的一种行为。一般表现为三种形式：一是出纳人员打白条抵顶库存现金，即出纳人员不遵守现金的管理制度，将企业或个人开具的不符合会计手续的便条或单据抵充库存现金的一种行为，如出纳擅自将库存现金借给个别职工，而将借条抵充库存现金或出纳以收据抵库，挪用现金。二是循环挪用，即企业会计人员或出纳收到第一笔应收账款后不入账,而是将其挪作他用,待收到第二笔应收账款的现金时,用其来抵补第一笔应收账款,从而继续挪用第二笔应收账款收取的现金,以此循环往复,达到对现金的循环挪用。三是企业出纳人员利用现金日记账来挪用现金,即出纳人员不遵守有关规定,对现金日记账没有做到日清月结,或故意延迟登记总账,致使进行现金日记账和总账核对时,出纳人员利用尚未登记总账的机会,少计现金日记账收入合计数,或多计现金日记账支出合计数,以达到挪用现金的目的。

企业有关人员挪用现金实质上是利用企业资产为个人服务,将给企业带来利息损失,甚至影响企业正常的业务经营活动。因此,企业要建立完善的财务控制制度,采用有效的措施对挪用现金的行为进行控制。

3.贪污现金

贪污现金是指出纳或其他人员利用职务之便将企业现金窃为己有,并在会计账簿或会计凭证上做虚假处理的一种舞弊行为。贪污现金实质上是侵占国有资产或集体财产,属于严重的违法行为。贪污现金的具体形式表现为:

(1)涂改凭证。即会计人员利用原始凭证上的漏洞或业务上的便利条件,将凭证上的收入金额改小,或将支出金额改大,或将不可报账的凭证上的日期改为可报账日期,从而贪污现金。针对这种情况,企业的会计主管或其他指定人员应审查现金收入及支出原始凭证的数量、单价、金额、合计等有无漏洞、大小写是否相符、签发日期有无疑点,出纳根据审核后的原始凭证登记现金日记账。

(2)无证无账或无证记账。无证无账是指出纳或收款员利用职务上的便利条件或经手现金收入的机会,在收入现金时既不给付款方开具收据或发票,也不报账和记账,直接将现金据为己有。无证记账是指出纳利用职务上的便利条件,在没有现金付出的情况下,私自编制付款凭证登记现金账簿,从而达到贪污现金的目的。针对这些情况,企业应将填制收款原始凭证和收款的职责分开,由两个经手人员分工办理,从而形成开票人与收款人之间相互牵制。

(3)结总增列或结总减列。结总增列是指出纳或收款员故意将现金日记账的支出合计数多计,导致企业现金日记账账面余额减少,从而将多余的库存现金占为己有的一种手段。结总减列是指出纳或收款员故意将现金日记账的收入合计数少计,导致企业现金日记账账面余额减少,从而将多余的库存现金占为己有。针对这些情况,企业应实施分工登记现金账簿。出纳人员根据现金收付款记账凭证登记现金日记账，有关会计人员根据收付款凭证登记现金对应科目的相关明细账，总账会计登记总分类账。分工登记可以保证现金收支业务有据可查，并保证各账户之间相互制约，及时提供准确的现金核算会计信息。

（4）重复报账。会计人员或出纳人员利用工作上的便利条件和机会，把已报销的凭证重复入账，再次报销，从而贪污现金。针对这种情况，企业应规定所有的现金支出都应取得合法单据，出纳在付款时，一定要在已报销的单据上加盖现金付讫章。

（5）头大尾小。经办人员在收入款项时，故意将发票存根联、记账联的数字写小，而将收款联、正联按实际收到的数额填写，叫付款人收执，从而贪污现金差额。针对这种情况，企业应将填制原始凭证与收款的职责分开，由两个经手人分工办理，其目的是使开票人和收款人之间相互牵制。

（6）撕毁收据或盗用凭证。撕毁收据是指会计人员或出纳人员撕毁收入现金的收据，再利用其工作上的便利条件，将收入的现金据为己有。盗用凭证是指会计人员或出纳人员利用内部控制上的漏洞和工作上的便利条件，用窃取的空白发票或收据向客户开票，从而将收取的现金私自藏匿并占为己有。针对这一情况，企业应完善内部控制制度，控制收据和发票的数量和编号，建立收据销号制度，并监督收入款项入账，这样可以有效防止企业现金的实际收入与账面收入不一致，从而防止有关人员贪污现金。

（7）虚报冒领。会计人员伪造单据或利用捡来的发票、作废的凭证，虚报费用，从而达到贪污现金的目的。针对这种情况，企业应严格规定所有现金支出都应取得合法凭证，并且规定出纳人员在付款时，要在已报销的凭证上加盖现金付讫章。

二、备用金控制

备用金是企业财会部门拨付给所属部门用于收购商品、开支费用和支付其他业务款项的备用现金。虽然备用金不属于企业的库存现金，但它是存放在企业内部各部门的现金，具有同库存现金一样的性质，应加强管理，防止会计舞弊、错账的发生。

（一）控制备用金的使用部门和使用业务

在企业的各个职能部门中，有的部门或业务适合使用备用金，有的部门或业务没有必要使用备用金。究竟哪些部门或业务适合采用备用金制度，企业应根据各个部门或各种业务的实际情况加以确定，并建立一个备用金申请、审批制度，规定凡是需要使用备用金的部门或业务必须提交申请，并经审批同意后才能使用。

（二）控制备用金的拨付额度或领用金额、开支范围和使用标准

备用金管理一般有定额管理和非定额管理两种模式。定额管理是根据需要核定备用金定额；非定额管理是按实际发生的开支金额核销事前领用的备用金。不同的部门或业务对备用金的需求额度或需求金额是不完全相同的，企业应该根据各个部门或各种业务的实际需求核定其所需备用金的拨付额度或领用金额，并严格规定备用金的开支范围和使用标准，严禁超范围、超标准使用备用金。

（三）控制备用金的日常管理

备用金的日常管理应当明确保管人员、使用过程的审批人员、报账人员等责任人员的职责权限，明确责任人员必须执行现金管理制度，按规定的使用范围、使用标准和审批权限使用备用金，并及时到财务部门办理报账手续，自觉接受财务部门的管理和监督。财务部门对备用金使用部门报销的所有票据，都要像其他原始凭证一样，进行严格的审核后方能付款记账。财务部门还必须对备用金建立定期与不定期相结合的清查盘点制度，防止各个部门或有关人员挪用和滥用备用金，保证备用金的安全、完整。

（四）控制备用金的舞弊行为

备用金是存放在企业内部各个部门或有关人员手中的现金，如果不加强控制，也可能引发一些舞弊行为。备用金常见的舞弊行为主要有：（1）将不属于备用金的内容列作备用金。例如，个人借款用于个人生活需求或投资等其他活动，其性质属于挪用企业现金。（2）不按备用金用途使用。例如，用备用金购

买商品或者用于个人消费，虚报虚领。（3）挪用备用金。例如，专职备用金保管人员利用职务之便，将本部门的备用金为个人服务。（4）贪污备用金。贪污备用金的主要形式与贪污现金基本相同，主要有涂改发票金额、利用假发票假收据、私人购物公款报销等。企业必须对上述备用金的舞弊行为加强防范，防止其发生。

三、银行存款控制

银行存款是企业存放在银行或其他金融机构的货币资产。按照国家的有关规定，凡是独立核算的企业都必须在当地银行开设基本结算账户，除按核定的限额保留库存现金外，超过限额的现金必须存入银行；除了在规定的范围内可以直接支付的款项外，在经营过程中所发生的一切货币收支业务，都必须通过银行存款基本结算账户进行结算。银行存款控制是货币资金控制的一出重头戏，加强银行存款控制对加强货币资金控制具有举足轻重的作用。

（一）控制银行存款账户的开设

企业应当按照国家《支付结算办法》的规定，在银行开立账户，办理存款、取款和转账结算业务。企业在银行开立的账户可分为基本存款账户、一般存款账户、临时存款账户和专用存款账户四种。基本存款账户是企业办理日常转账结算和现金收付的账户，它是实行独立经济核算的企业在银行开立的主要账户，企业员工的工资、奖金等现金支取只能通过该账户办理。一般存款账户是企业在基本存款账户以外的银行借款转存、与基本存款账户的企业不在同一地点的附属非独立核算单位开立的账户，企业可以通过该账户办理转账结算和现金缴存，但不能办理现金支取。临时存款账户是企业因临时经营活动需要开立的账户，企业可以通过该账户办理转账结算和根据国家现金管理的规定办理现金收付。专用存款账户是企业因特定用途需要开立的账户。

一个企业只能选择一家银行的一个营业机构开立一个基本存款账户，不得在多家银行机构开立基本存款账户，也不得在同一银行的几个分支机构开立一般存款账户。企业除了按规定留存库存现金以外，所有货币资金都必须存入银行，企业一切收付款项，除制度规定可用现金支付的部分外，都必须通过银行办理转账结算。

（二）控制银行存款收入

企业银行存款收入的来源主要有以下几项：一是股权融资筹集的货币资金存入银行；二是负债融资筹集的货币资金存入银行；三是销售商品、提供劳务等收到的货款或劳务款存在银行；四是零星的现金收入送存银行等。银行存款收入的关键是控制收入的及时到账和及时记账，采取必要的加速收款措施保证应该收取的款项能够及时甚至快速到账，并及时做好记账工作。具体地说，银行存款收入的控制主要应该做好以下几项工作：（1）企业收到的外来支票与其他银行票据，应由专人登记并办理验收手续。（2）企业销售取得的银行票据应及时全部送存银行，并根据送款单回单，登记银行存款日记账。（3）收款凭证的制单、复核、审批、付款均应经有关人员签章[①]。（4）出纳人员办妥收款后，应在收款凭证及其附件上加盖收讫章，收款凭证应按顺序装订保管。

（三）控制银行存款支出

企业银行存款支出的渠道主要有以下几种：一是采购支付；二是偿债支付；三是投资支付；四是工资支付；五是零星提现支付等。银行存款支出关键是要控制支出凭证的真实性、合法性和合理性，只有依据真实、合法、合理的支出凭证，企业才能支付银行存款。具体地说，银行存款支出的控制主要应该做好以下几项工作：

（1）银行存款支付凭证应由专人保管，领用支付凭证应在领用登记簿上登记，签发支付凭证应经授权，由两人或两人以上共同办理，并实行凭证和印章分管制度，空白支付凭证和有关印章应分别由不同的人员保管。

（2）签发支付凭证均应附有核准的发票或其他合法的支付依据。

（3）支付凭证的制单、复核、审批、付款均应经有关人员签章。

（4）办妥付款后，应在支付凭证及其附件上加盖付讫章，作废的支付凭证应加盖作废章，并与存根一并保存，支付凭证应按顺序装订保管。

（5）严格遵守银行结算纪律，不准签发没有资金保证的票据或远期支票，

---

① 杨全文，孔琳.财务报表一看就懂[M].上海：立信会计出版社，2018：19.

套取银行信用;不准签发、取得和转让没有真实交易和债权债务的票据,套取银行和他人资金;不准无理由拒绝付款,任意占用他人资金;不准违反规定开立和使用银行账户。

(6)不能将空白的支付凭证交由业务人员外出办理业务,自行填制各项栏目。若确因需要,财务人员也应在结算凭证上填明收款人名称、用途、控制金额、日期等栏目,防止支付凭证的滥用和遗失,给企业带来经济损失。

(7)建立支付凭证销号制度,将业务人员使用后交回的有关原始凭证与支付凭证的存根,按编号、金额逐张核对注销,确保记账金额的正确。对未使用的支付凭证应及时办理退回手续,作废的支付凭证应予以及时处理。

(8)财务人员应及时依据办好支付手续的支付凭证登记银行存款日记账。

(四)控制银行存款余额

企业应当及时核对银行存款账户,确保银行存款账面余额与银行对账单余额相符。对核对过程中发现的未达账项,应查明原因,及时处理。具体地说,银行存款余额的控制主要应该做好以下几项工作:

(1)账证核对,是指银行存款日记账与银行存款原始凭证和收付款凭证相互核对。账证核对要按照业务发生的先后顺序一笔笔进行核对。检查的项目主要有:核对凭证的编号;检查记账凭证和原始凭证是否完全相符;查对银行日记账与凭证的金额和方向是否一致。

(2)账账核对,是指银行存款日记账和银行存款总账要相互核对,做到账账相符。由于两种账是由不同的会计人员分别进行登记的,如果银行存款收付业务发生的次数很频繁,银行存款日记账的登记人员难免不发生差错。而银行存款总账一般是汇总登记的,在汇总和登记过程中也有可能发生差错。因此,平时企业应经常核对银行存款日记账和银行存款总账的余额,每月终了时,还要对发生额及余额进行核对,以保证账账相符。

(3)银行存款日记账和银行存款对账单要相互核对,以便准确掌握企业可运用的银行存款实有数。为了及时了解银行的收支情况,企业要经常与银行核对账目,将银行存款日记账的记录同银行对账单进行逐笔核对。核对时如发现双方余额不一致要及时查找原因,属于记账差错的,应立即更正,并且编制银行存款余额调节表。

（4）企业内部审计人员应定期对银行存款账目进行检查，将其与银行对账单核对，确保各笔收支款项完全相符，防止资金被挪用与侵占。

（五）控制银行存款的舞弊行为

银行存款是企业主要的货币资金，如果控制不严，舞弊行为就会经常发生。因此，加强对舞弊行为的控制是银行存款控制的一项重要内容。常见的银行存款舞弊行为主要有以下几种：

1.转账套现

转账套现是指财务人员或有关人员通过本企业的银行账号为外单位套取现金的一种手段。一般地，收到外单位的转账支票存入银行时作分录借记"银行存款"账户，贷记"应付账款"账户；提取现金给外单位时，作分录借记"现金"账户，贷记"银行存款"账户，同时借记"应付账款"账户，贷记"现金"账户。针对这种情况，企业应规定：负责登记应付账款的人员不能同时负责银行存款支出的工作；负责登记应收账款的人员不能同时负责银行存款的收入工作。

2.公款私存

公款私存是指出纳人员或有关业务人员利用经管银行存款业务的便利条件，将公款转入自己个人的银行户头，从而达到侵吞利息或长期占用单位资金的目的。针对这种情况，企业应规定分工登记账簿，出纳人员根据银行存款的收付款记账凭证登记银行存款日记账，财务人员根据收付款凭证登记相关明细账，总账会计登记总分类账，这样可保证银行存款收支业务有据可查，并保证各账之间相互制约，防止舞弊。

3.制造余额漏洞

制造余额漏洞是指财务人员利用工作上的便利条件和机会及银行结算业务的漏洞，故意制造银行存款日记账余额上的漏洞，来掩饰利用转账支票套购商品或擅自提现等行为；或在月末结算银行存款日记账试算不平时，乘机制造余额漏洞，为日后的贪污做准备。针对这种情况，企业应严格稽核制度，月末由稽核员或其他记账人员核对银行存款日记账和有关明细账、总分类账，从而及时发现核算错误，保证账账相符和记录正确。

4.套取利息

套取利息是指财务人员利用账户余额平衡原理采取支取存款利息不记账的手法将其占为己有。对于企业贷款利息，按规定应抵减存款利息后列入财务费用，月终结算利息时，若只记贷款利息而不记存款利息，银行存款日记账余额就会小于实有额，然后把支出利息部分款项不入日记账，余额就自动平衡，该项利息也就被贪污了。针对这种情况，企业应严格与银行的对账制度，由非出纳人员核对银行存款日记账和银行对账单，并编制银行存款余额调节表，可及时发现记账差错，防止银行存款的非法业务发生。

5.私自提现

私自提现是指财务人员或出纳利用工作上的便利条件，私自签发现金支票后，提取现金，不留存根，不记账。针对这种情况，企业应严格授权制度及职责分工制度，规定具有权力的签署支票的人员不能保管空白支票。

6.出借转账支票

出借转账支票是指财务人员利用工作上的便利条件，非法将转账支票借给他人，用于私人营利性业务的结算；或将空白转账支票为他人做买卖充当抵押。针对这种情况，企业应严格支票的保管制度，规定所有支票必须预先连续编号，空白支票应存放在安全处，严格控制，妥善保管。

7.支票套物

支票套物是指财务人员利用工作之便擅自签发转账支票套购商品或物资，不留存根，不记账，将所购商品或物资据为己有。针对这种情况，企业应严格支票的使用制度，规定每项支票支出都必须经过指定的支票签署者的审批并签发，都必须有经核准的发票或其他必要的凭证作为书面凭证。

8.入银隐现

入银隐现是指财务人员利用工作上的便利条件，以支票提现时，只登记银行存款日记账，不登记现金日记账，从而将提出的现金据为己有。针对这种情况，企业应严格账账核对制度，规定应定期或不定期地对照审核现金日记账和银行存款日记账。

第三节　应收款项控制

应收款项是企业的主要流动资产之一，其管理和控制状况直接影响到企业的资产质量和资产营运能力。当前，企业存在应收款项数量较大、变现能力较差、周转速度较慢等问题，隐含着大量的坏账损失，影响了企业整体资产质量，导致企业虚盈实亏。为了加强内部控制，提高财务管理水平，企业应当切实加强应收款项的财务控制。

应收款项控制主要包括应收账款控制、应收票据控制和其他应收款控制。

一、应收账款控制的内容

（一）应收账款信用控制

应收账款信用控制是指对应收账款的信用风险进行控制，即对其发生进行控制，主要包括以下控制内容：

1.应收账款信用标准的控制

信用标准是指企业可接受的客户最低财务实力，是企业用来衡量客户是否有资格享受商业信用所具备的基本条件。制定信用标准的关键在于评估客户拖延付款或拒付而给企业带来坏账损失的可能性，通常用预期坏账损失率表示。例如，某企业只对预期坏账损失率低于3%的客户提供商业信用，则这个3%即为信用标准。若企业制定较严格的信用标准，即只对信誉好、预计坏账损失率低的客户给予赊销，会减少应收账款成本，但不利于扩大销售；反之，如果信用标准制定得过宽，虽然能增加销售，但应收账款的成本也会增加。因此，企业应当根据客户的信用状况，比较不同信用标准的收益与成本，选择较为合理的信用标准。

2.应收账款信用额度的控制

信用额度是指企业某一时间内提供的信用销售总额，即一定时间内应收账款总额，是企业愿意对某一客户承担的最大赊销风险额，它取决于信用销售的数量与收账期限。企业应根据客户的信用等级及有关资料,为每一客户设定一个信用额度。在日常业务中,企业可以连续地接受某一客户的订单,只要对该客户的赊销额不超过其信用额度,就可以对其办理赊销业务;一旦超过信用额度,除非经企业有关部门批准,否则不能再对该客户提供赊销。同时,随着市场销售情况、客户信用情况和企业愿意承担的赊销风险的变化,企业应定期对客户的信用额度重新核定,使信用额度保持在企业所能承担的信用风险范围之内。

3.应收账款信用期限的控制

信用期限是指企业允许客户从购货到付款的时间间隔,或者说是企业给予客户的付款时间。例如,某企业允许客户在购货后的50天内付款,则信用期为50天。信用期过短,不足以吸引客户,在竞争中会使销售额下降;信用期过长,虽然可以扩大销售额,但同时会引起应收账款占用资金的机会成本增加,增加收账费用和坏账损失。因此,企业必须控制信用期限在一个合适的范围内。此外,企业应适时修改和调整信用期限,尽量协调三个相互矛盾的目标:(1)把销售额提高到最大。(2)把应收账款的机会成本降到最低。(3)把坏账损失降到最小。

4.应收账款现金折扣政策的控制

现金折扣是指企业对客户在商品价格上所做的扣减。向客户提供现金折扣的主要目的在于吸引客户为享受优惠而提前付款,缩短企业的平均收款期。另外,现金折扣也能招揽一些视折扣为减价出售的客户前来购货,借此扩大销售量。折扣的表示常采用5/10、3/20、n/30这样一些符号形式,这三种符号的含义为:5/10表示10天内付款,可享受5%的价格优惠;3/20表示20天内付款,可享受3%的价格优惠;n/30表示付款的最后期限为30天,此时付款无优惠。企业采用什么程度的现金折扣,要与信用期限结合起来考虑,不论是信用期限还是现金折扣,都可以给企业带来收益,但也会增加成本。

5.应收账款信用对象的控制

应收账款信用对象是指对何种客户给予信用。信用对象的选择和控制要考虑多方面的因素,要进行客户的信用调查、资信分析、信用评估等,综合得到不同客户的具体情况,最后决定是否给予该客户信用。

6.客户管理控制

客户管理控制就是要搞清楚客户到底包括哪些、如何分类,其对应收款项的控制有着重要的作用。客户管理控制的内容主要有客户基础资料、客户特征、业务状况、交易现状等。

（二）应收账款的会计核算控制

应收账款的会计核算控制是指对应收账款的核算过程进行控制，控制内容主要包括应收账款的确认、计量、记录和报告等环节。应收款项的核算控制包括许多内容和注意事项，不仅要遵循《企业会计制度》等国家法律、法规的要求，还要根据企业自身的特点采用合适的会计政策和计价方法等。

（三）应收账款余额控制

应收账款余额控制是指对应收账款的余额进行控制，即应收账款的余额应该控制在什么范围内才是对企业比较有利的。应收账款的余额，即每年赊销的总金额。企业每年赊销的总金额应根据企业当年的生产计划、销售计划和销售策略等因素来确定，每年确定一次，并根据具体情况和环境变化进行修订和调整。例如，企业每年计划产值1000万元，当年销售1000万元，其中赊销50%，则当年赊销的总金额不应超过500万元。具体到各个赊销客户的最大赊销金额，可根据其信用等级、经营能力和产品类型来确定。

（四）应收账款坏账损失控制

1.应收账款坏账准备计提控制

应收账款坏账准备计提控制包括坏账准备计提的范围、提取方法、账龄的划分和提取比例的控制。按《企业会计制度》的规定，企业应当在期末分析各项应收账款的可收回性，并预计可能产生的坏账损失，对预计可能发生的坏账损失计提坏账准备。企业应根据以往的经验、债务单位的实际财务状况和现金流量的情况，以及其他相关信息制定坏账准备政策，明确计提坏账准备的范围、计提方法、账龄的划分和提取比例，按法律、法规规定报有关各方备案。坏账准备计提方法一经确定，不得随意变更；如需变更，应当在会计报表附注中予以说明。

2.应收账款坏账确认控制

应收账款坏账确认控制是指对无法收回的应收账款即坏账损失进行控制。企业在清查核实的基础上，对确实不能收回的应收账款应当作为坏账损失，并及时进行处理。属于生产经营期间的坏账，作为本期损益；属于清算期间的坏账，应当作为清算损益。坏账损失处理后，企业应当依据税法的有关规定向主管税务机关申报，并按照会计制度规定的方法进行核算。

（五）应收款项催收、清理控制

应收账款控制的目标就是尽量减少应收账款、及时收回应收账款。实际可能会发生应收账款难以收回、长期拖欠的情况，所以对应收账款的催收、清理控制也不能忽视。

1.应收款项责任部门控制

在各企业中，销售部门和财务部门都知道企业有大量的应收款项对不上或收不回，但具体该由谁来督办、谁来清查管理并不是十分清楚。因此，企业应认真组织专门的应收款项机构负责应收账款管理和控制。

2.应收款项的收账策略控制

应收款项的收账策略是指当企业提供的应收款项信用条件被对方违反时所采取的策略。收账策略的制定直接影响到收账数量、收账期与坏账损失的比率。企业采取积极的收账策略，收账费用增加，坏账成本相对减少；反之，企业采取消极的收账策略，收账费用减少，但坏账成本可能增加。收账费用与坏账成本之间存在着反比例变动的非线性关系。企业应当权衡不同收账策略下的成本和收益后确定合理的收账策略。各种不同过期账款的收账政策应该是不同的。

3.应收款项收账程序与催讨控制

应收款项收账的一般程序是：信函通知—电话催收—面谈—法律行动。当客户拖欠账款时，应分析原因，确定合理的讨债方法。一般来说，客户拖欠账款的原因有两类：一是无力偿付。无力偿付即客户因经营管理不善出现财务困难，没有资金支付到期债务。对这种情况应具体分析，如果客户所出现的无力支付是暂时的，企业应帮助其渡过难关，以便收回更多的账款；如果客户所出现的无力支付是严重的财务危机，已达到破产界限，则应及时向法院起诉，以期在破产清算时得到债权的部分清偿。二是故意拖欠。故意拖欠即客户具有正常的支付能力，但为了自身利益，想方设法不付款。针对这种情况，则需要确定合理的讨债方法。

二、应收票据控制的内容

随着银行体系的完善，企业之间的业务往来开始使用商业汇票结算。票据结算只在银行开立账户的法人之间根据购销合同进行交易的情况下才可以使用。企业销售商品，接受对方开具的商业汇票后，增加了应收票据，应收票据可以贴现、抵押和转让，提高了企业资金使用的灵活性。应收票据控制应包括从票据接收到处置各个环节的内容。

（一）应收票据确认控制

应收票据确认控制是指对票据的接收过程进行控制。企业接收客户的票据，须经责任主管部门的审批。票据的接收是与销售业务连在一起的，所以应收票据应以合法的商品交易为基础，承兑期限要符合法律、法规的规定。

（二）应收票据贴现控制

应收票据贴现控制是指对应收票据贴现的各个方面进行控制，包括手续、核算、登记等。票据贴现是比较容易出问题的环节，尤其是附息票据，在贴现时利息容易被挪用，财务上应加强这一环节的控制和监督。企业资金短缺时，可将未到期的应收票据经过背书，向银行申请融资。银行同意后，按一定的利率从面值中扣除自借款日至到期日止的利息，而付给余额，这种从银行取得现款的融资方式称为应收票据贴现。企业以应收票据向银行贴现时，因背书转让而在法律上负有连带偿还责任，如果该票据到期不获兑付，企业有责任代出票人或承兑人向银行兑付。会计上把这种可能发生、但还不是确凿的债务，称为或有负债。企业应记录或有负债。

（三）应收票据抵押控制

应收票据抵押控制是指对应收票据抵押的各个方面进行控制。企业在需要资金或为获得借款时，也可以将应收票据进行抵押[①]。应收票据抵押控制的主要内容包括票据抵押的审批、资格、形式、数量等。

---

① 熊楚熊，刘传兴，赵晋琳.公司理财学原理（第2版）[M].上海：立信会计出版社，2018：68.

（四）应收票据转让控制

应收票据转让控制是指对应收票据转让的各个方面进行控制。企业在资金短缺时，也可以转让应收票据。应收票据转让控制的主要内容包括票据转让的合法性、票据转让的审批、交接等。

（五）应收票据保管登记控制

应收票据保管登记控制是指对应收票据取得后的保管的各环节进行控制。企业应设立应收票据登记簿，详细登记库存的每种票据的种类、号数、出票人、出票日期、票面金额、到期日和利率等。当企业接收商业汇票时，对应收票据要进行备查登记，详细登记票据的有关内容，如出票人、到期日、利率、贴现情况等。当某张应收票据到期收到本息或提前向银行贴现或经背书后转让，均应在登记簿上做详细的说明。对已贴现的票据，企业也要进行备查登记，因为有些票据是带追索权的，这种票据贴现后，还存在或有负债，对于或有负债要在企业会计报表附注中进行披露。

（六）应收票据注销控制

应收票据注销控制是指对应收票据获得付款后，注销票据时进行控制。应收票据要定期与出票人进行询证，尤其要对逾期未承兑票据的出票人或背书人直接催收。对承兑人违约拒绝偿还的到期票据，应将其转作应收账款管理。对收回票面金额无望的票据，经审批后予以注销，转作坏账损失，并对已注销的票据实行追踪控制，防止将来某一天债务人清偿时，款项被不法分子侵吞。企业持有的未到期应收票据，如有确凿证据证明其不能收回或收回的可能性较小时，应将其账面余额转入应收账款，并计提相应的坏账准备。

三、其他应收款控制的内容

其他应收款是指除应收账款、应收票据、预付账款以外的各种应收及暂付款项，包括备用金，各种应收赔款或罚款，为企业内部职能部门、车间和职工个人垫付的各种应收及暂付款项，出租包装物的租金，存入保证金，购买债券后的应计利息，以及购买股票后应计的已宣告发放的股利等。"其他应收款"账户常常被企业用来反映和记载一些业务性质不明确的经济业务，甚至被当作"防空洞"来调节费用和收入。其他应收款金额不大，但内容繁多，并且多用现金结算，容易产生舞弊或违法乱纪行为。因此，对其进行控制很有必要。

（一）其他应收款余额对象控制

其他应收款余额对象控制是指对其他应收款的余额及对象进行控制。其他应收款的明细账一般按单位和个人的名义开设，其他应收款明细账的内容通常会变得比较繁杂，应控制其余额的对象和会计事项的性质。

（二）其他应收款增减变动控制

其他应收款增减变动控制的主要内容有：其他应收款增减变动的合法性；其他应收款中有无转移收入、隐匿应收罚金、赔款、虚列成本费用；重复报销备用金及贪污存出保证金等问题。

（三）其他应收款坏账损失控制

其他应收款坏账损失控制的主要内容有：坏账损失的合法性；对于转作坏账损失的项目，是否符合规定并按规定的程序办理审批；对于长期未能收回的项目，要查明原因。

（四）存出保证金控制

存出保证金是企业为租用、借用包装物而支付的押金。存出保证金控制的主要内容有：是否有专人保管和登记包装物；是否坚持钱进物出、物出钱进的原则；存出保证金是否全部及时入账、有无虚列其他账户；退出包装物时存出保证金是否按时收回。

（五）个人借支款项的控制

个人借支款项的控制是指对单位借支给个人的一些款项进行控制。其控制的主要内容有：个人借支款项是否经过批准，借支原因是否合理；有关人员有无利用职权长期借款不还或虚报费用问题；个人借款的归还是否及时，有无利用个人借款或公款从事非法营私活动。

第四节　存货控制

存货是企业在日常生产经营过程中持有以备出售，或者仍然处在生产过程，或者在生产或提供劳务过程中将消耗的材料或物资，包括各类材料、商品、在产品、半成品及产成品等。存货具有在流动资产中金额比重大、其计价是否正确对企业财务状况影响大、种类数量及计价方法较多、其计价对净收益影响较大等特点。因此，加强存货控制极为必要。

一、存货采购的控制

对于生产企业来说，物资采购是生产的准备阶段，为了生产适销对路的盈利产品，必须采购生产适用、价格合理、质量合格的原材料。

（一）请购的控制

购买商品材料的申请通常源于仓库存货的储备要求，或各个部门的需求。为了更有效、更经济地进行下一阶段的生产，防止材料的不足或多余浪费，各个部门都需要编制材料需求的计划。由物资的使用部门（如制造企业的生产部门、流通企业的销售部门等）根据未来一定期间的需求量编制"物资需求单"提交物资保管部门。由物资保管部门编制"请购单"，对物资采购的数量、品种、批次等进行控制。

（二）订货的控制

1.对供应商的控制

不同供应商的货物的价格、质量标准、可享受的折扣、付款的条件、交货的时间以及供应商的信誉是不同的。企业为了能购买到物美价廉的材料，选择合适的供应商是很必要的。所以应对不同的供应商发出询价单了解相关情况，采取竞价的方式来确定供应商，以保证供货的质量、时间和成本。

2.发出购货订单的控制

发出购货订单的控制是指通过控制购货订单的发出来控制存货的采购时间和数量，其目的主要是防止正常的生产过程被推迟，或现金被搁置在存货资产上。这种控制主要由存货管理部门运用经济批量法和分析最低存货点来进行。

3.对订货合同的控制

存货购进合同是根据存货采购计划和生产需求而签订的，全面完成进货合同是完成存货采购计划的重要保证。审查合同的合法性和可行性，检查合同履行情况是存货会计控制的一项重要的内容。比如：合同的恰当性——是否符合计划要求和生产部门的需求；合法性——是否根据《中华人民共和国经济合同法》签订；订购的品名、规格、质量、价格、数量、包装等是否明确具体。

（三）验收的控制

当商品运到企业后，商品与订购单上的要求是否相符，如商品的品名、说明、数量、到货时间、有无损坏等，要对商品进行验收。在商品质量检验过程中，对于特殊商品需要具有较高的专业知识或者必须经过仪器或实验才能进行的情况下，验收部门还应将部分样品送交专家和实验室。对于数量溢缺或质量有问题的存货，还应该单独存放，妥善保管，等待处理。同时，为了达到控制的目的，防止舞弊现象产生，验收工作还必须由独立于请购、采购和会计部门的人员担任。货物验收控制制度的核心是保证所购货物符合预定的品名、数量和质量标准，明确保管部门和有关人员的经济责任。

（四）退货和折让的控制

购货部门在收到收货报告单后，如发现货物的数量和质量不符合购货订单要求，可要求供应商补足数量、退货或者要求供应商给予适当的折让，这些过程也需要控制，防止货物的缺失，产生扯皮推诿现象。

（五）付款的控制

由采购请购单、订货单和验收单共同构成的收货业务完成后，会计部门就取得了供货方的发票和验收单等表示货物已经验收入库并应支付货款或应付账款已经发生的原始凭证。对这些原始凭证经过审核无误后才能付款，如现金支付交易时，供应商的发票是否有付讫戳记，防止二次付款；应付的款项付款凭证是否经授权人批准等。

（六）入库的控制

验收的商品应进行恰当的储存，在商品入库时对商品的数量、品种、类别、规格、批次等要进行明确记录，便于管理控制。存货的保管卡片，即料卡完整填写并由专人管理。对存货入库业务全过程中的有关证件要整理核对，并建立资料档案，为存货的保管、生产业务活动创立良好的条件。存放存货的仓储区应相对独立，限制无关人员进出。

二、存货生产的控制

产品制造企业用以销售的产品来源于生产环节，销售部门销售什么产品、这些产品能否销售出去并为企业获利，都取决于企业生产环节生产的产品种类、质量和价格[①]。企业生产产品需要耗用原材料等存货，因此在生产中对存货进行控制，对于降低成本、提高产品质量、增加产销量、提高企业竞争力具有重要的意义。

（一）存货领用的控制

存货领用业务主要由物资保管部门负责；同时，还涉及会计及材料使用部门。生产产品都是有计划的，根据计划进行生产才能节约能源、提高效益。

1.对需用存货的控制

对用料部门领用材料的名称、数量、规格及用途是否符合生产或经营活动的需求、是否超过用料计划或限额都要进行控制，以防止用料部门随意领用材料，

---

① 蒋玉洁.普通高等教育"十三五"规划教材货币金融学[M].北京：中国轻工业出版社，2018：47.

造成企业生产浪费和企业资产流失。

2.对存货出库的控制

发出存货时,对发票和领料单的品种、规格及数量是否相符,有无部门负责人的核准签字,有无超越批准权限等要进行核对控制,保证发出的材料数量、品种及规格等准确无误,而且存货发出真实、有效。

3.对领料凭证的控制

在领用存货的过程中,会产生很多的凭证,如领料单、材料出库单、会计人员填制的转账凭证等,这些凭证要注意保管控制,保证领料业务过程基本内容的完整、处理手续的完备、经济内容的合规和合法,以便于以后查证。

(二)存货生产中的控制

存货在生产过程中被消耗,并转变为在产品、产成品、次品,以及产生一些必要的损耗。在生产过程中对存货的规范使用、合理保管,能够减少存货的损耗、提高存货的使用效率、降低产品成本、提高产品竞争力。

1.存货用量的控制

生产每件产品需要多少材料,每个生产工人一定时间内能生产多少产品、分配多少材料都应该进行控制。这对于减少材料的损耗、提高材料使用效率和防止工人随意使用材料有很大作用。

2.生产制造的控制

由于生产制造对库存存货数量的正确性和存货的可销售性能提供某些证据,因此企业管理当局和审计人员对生产制造的计量和产品的监督控制都极感兴趣。例如:生产通知单在执行过程中会产生许多生产经营性控制数据和会计信息,应该在一项文件上记录;生产中未耗用的原材料,应督促领用部门将它们归还材料仓库。

3.在产品的控制

对在产品的控制包括在产品数量、完工程度以及已耗费的材料、工时的控制。对在产品的控制有时是有困难的,如对实物进行计点时在许多不同的完工阶段有许多不同的项目必须确认,在有些工艺流程下,实物往往很分散,或者在料斗、管道之中,这些地方的进入、观察、计量是困难的。然而,良好的控制制度，仍要求由懂得每一项在产品的放置地点和完工情况的人去对其计量。

4.产成品的控制

产成品的控制包括对产成品数量的计量和对产成品的质量是否合格的检验。当数量很大，实地计数有困难或不经济，如何对数量进行有效的控制；产品质量是否合格，是通过技术人员检验控制还是专门设备检验控制等。

（三）存货入库的控制

存货入库的控制包括：产成品入库是否经过质量检验部门，经检验合格后方能入库；有无以次充好，或先入库，下月返修，以完成产量、产值指标的情况；有无已完工仍不交库，以调节上下期的产量报告数的情况；入库数与车间发生数是否一致；入库数与财会部门的产品的收入记录是否一致；有无不入库直接售出、不入账的情况。

第五节　投资控制

投资控制是指为了保证投资信息的准确可靠而采取的一系列相互制约与相互协调的方法、措施与程序的总称。从狭义的角度来看，投资控制是指比较投资计划与实际实施状况，并对出现的偏差分析原因，提出修正措施。从广义的角度来看，投资控制是指对投资活动的投资建议、投资规划、投资决策、具体实施以及投资处置后的财务处理的整个过程的参与和控制。通过投资控制，旨在发现和解决企业投资活动中存在的因投资决策、执行、管理或监督等环节的失误而造成重大的损失浪费、超预算、挪用资金等问题，促进投资的有效管理，提高投资效益和安全。企业的投资业务按照投资目的不同，可分为短期投资和长期投资。企业在对投资业务进行控制和管理时，要区分短期投资与长期投资，并分别进行控制。

一、短期投资控制的内容

短期投资是指各种能够随时变现、持有时间不超过1年的有价证券和其他投资。短期投资按其投资对象不同,可划分为股权投资、债权投资以及不属于以上两类的其他投资。短期投资的特点是计价复杂、流动性大,而且收益变化无常。如果管理不严,容易产生非法投机和经营混乱。短期投资控制主要包括以下内容:

(一)投资分析的控制

短期投资分析主要是对投资收益和投资风险进行分析。短期投资的收益主要来自两个方面:股利或利息和资本收益。影响短期投资收益的因素很多,大致可以概括为被投资企业的因素和企业自身的因素。短期投资的风险主要来自三个方面:企业自身、投资环境和国家的经济状况。对短期投资分析的控制主要是通过授权具有相关专业知识的人员或聘请专家,在投资前进行周密的投资分析,并将分析结果形成书面文件,即投资计划书。在计划书中列明投资资金来源、投资意向、投资后对企业收益的影响、投资组合是否合理等,这是保证短期投资科学、合理的关键。短期股权投资分析的方法主要有:总量分析法、收益率分析法、投资风险分析法等。

1.总量分析法

较高的短期投资比例,可以表明企业拥有的现金已经超过经营活动的需要,从而转向投资活动以提高资金的利用率。但分析时需要注意,如果短期投资占用资金过多,可能会导致挤占正常经营用现金,对企业的经营活动造成不利影响。通过对总量的分析,可以把投资的资金总额控制在合理的范围。

2.收益率分析法

短期投资是以股票、债券、基金等资产形态存在的,所以投资收益率受到资产市场价值波动的直接作用。通过对历史收益率的分析和对企业现有投资资产存量的测度,可以大致估计企业预期的短期投资收益。

3.投资风险分析法

短期投资的主要风险来自两个方面:一是投资品种价格波动的风险;二是因为委托投资等方式将资金交由其他机构甚至个人操作而产生的信用风险。不管是哪种风险，只要其有可能转化为现实的损失，就应当计提短期投资减值准备。所以，可以用短期投资风险系数，即短期投资减值准备与还原的短期投资账面价值的比值，来评价企业所持有短期投资头寸的风险程度。

（二）投资决策的控制

短期投资决策是对短期投资进行信息收集、分析和处理的过程。对决策的控制主要是对决策的过程进行控制。首先，企业应当建立短期投资决策及实施的责任制度，明确相关部门及人员的责任，并定期或不定期地进行检查；其次，确定短期投资策略，测定投资的金额和投资的目标，以确定投资的范围和对投资的风险及收益的态度，把投资决策建立在收益和风险相结合的基础上；最后，要对投资的环境进行分析和比较，如对证券市场的趋势分析、对发行单位的资金实力及偿债能力的分析和对不同证券的历年收益率的比较等，以确定企业的投资组合。对短期投资进行决策时，既要重视货币时间价值的计量，又要重视投资风险价值的计量，还要随着市场的变化，不断修正投资组合，并对经营成果进行评价，更新投资前景。短期投资决策的方法有期望值法、风险调整贴现率法、肯定当量法、决策树法等。

（三）投资审批的控制

企业应当建立严格的短期投资业务授权审批制度，明确审批人的授权批准方式、权限、程序、责任和相关控制措施，规定经办人的职责范围和工作要求。一般情况下，企业根据投资金额建立短期投资审批制度，审批的主要内容包括：投资的理由是否恰当，投资的资金来源是否合法，投资的方案是否科学合理，投资收益的估算是否合理无误，影响投资的其他因素是否充分考虑，对投资的风险是否采取有效的规避措施等。审批人根据企业制定的短期投资授权批准制度的规定，在授权范围内对短期投资进行审批，不得超越审批权限。如果是企业外的经纪人或交易商为企业进行证券交易，必须取得财会部门经授权的主管人员签署的投资指令，才能进行交易。任何超出投资指令允许范围的交易活动，经纪人或交易商必须事先向投资企业提交建议书或采取其他征求意见的方式，在得到投资企业的同意后才能进行交易。

（四）投资取得的控制

企业一般是通过委托证券经纪人买卖有价证券来进行短期投资的。因此，短期投资取得的控制主要是对证券经纪人或交易商的审核和控制。首先，应选择从事证券交易的证券经纪人或交易商，并对其进行适当的审查。审查的内容包括：核查其营业执照，从事证券交易的经历，有无利用其他委托人的资本谋取自己投资利益的情况等。证券经纪人或交易商的最后选定，应由财务部门负责人或董事会批准。经纪人或交易商为企业购置证券时，必须取得企业经授权人员签署的投资指令，该投资指令通常应规定购置证券的最高价格和最低投资报酬率及指令的有效期限。其次，投资交易的结果应记录于成交通知书上。该通知书一般由经纪人或交易商填写，内容包括：投资指令号，最高价格和最低投资报酬率，经纪人建议书或其他文件的主要内容，证券名称、数量、编号、面值和购买价格等。成交通知书应由财务部门负责人或其授权的其他职员进行审核，以证实收入证券的数量和价格及投资报酬率是否符合投资指令或经同意的经纪人建议书。最后，企业应根据成交通知书的内容，详细核查经纪人交来的证券实物。在证实无误后，填制一式多份的收据交予经纪人，同时作为保管和记账的依据。

二、长期投资控制的内容

长期投资是指除短期投资以外的投资，包括持有时间超过1年（不含1年）的各种股权性质的投资、不能变现或不准备随时变现的债券、其他债权投资和其他长期投资。长期投资按照投资性质可分为股权投资和债权投资。长期投资业务处理的流程与其投资目的有关；长期债权投资的业务处理流程与短期投资的业务处理流程较为类似，而长期股权投资业务处理流程则有其自身的特点。所以，企业的长期投资控制应区分股权投资控制和长期债券投资控制两个部分。

（一）长期股权投资控制的内容

长期股权投资通常为长期持有，不准备随时出售，投资企业作为被投资单位的股东，按所持股份比例享有权益并承担责任。对其的控制内容主要包括：

1.投资建议的控制

企业可授权具体部门或人员（如企业规划部门等）提出某一长期股权投资的

建议，或设立专门的投资管理部负责收集投资建议，然后由提出建议的部门进行投资的初步论证并提交可行性分析报告。初步可行性论证应对拟订投资项目的技术、经济、市场、环境、产业政策以及被投资单位内部的资信状况、利润分配形式、经营方式等方面进行调查研究、分析、比较，应把握企业整体发展大局并符合国家大的方针政策和相关法律法规，应充分考虑投资回收的可能性和收益实现的风险性等因素，并根据分析的结果，编写投资建议书。

2.可行性论证的控制

企业的项目投资建议书必须经过分管投资建议的领导审查通过后，才能报有关部门进行更进一步的可行性论证并组织实地考察和调研。对长期股权投资可行性论证，一般由相关业务部门（如技术、财务、基建、法律等部门）联合进行。为此，企业应设立由相关业务部门的主管领导和外聘专家等组成的专门的联审机构，如投资审查委员会或投资评审小组。联合论证最主要的内容是测算投资项目的预期收益，其应论证的主要事项包括：（1）投资方案的预期现金流量。（2）预期现金流量的风险。（3）投资项目成本的一般水平。（4）投资方案的预计收入现值。（5）投资的安全性等。论证的其他方面的内容应针对企业的性质及投资所涉及的行业特点而有所侧重。联合论证由联审机构组织工作，并提出可行性分析论证报告及向董事会提供最终决策的建议，因为论证过程都必须由各相关业务部门的主管领导参加，其论证责任是多元的。联合审议是保证对外投资正确决策的关键环节。可行性研究应当全面、客观、及时、可靠。

3.投资决策的控制

长期股权投资决策是对长期股权投资项目进行分析和抉择的过程。对决策的控制主要是对分析和抉择的过程进行控制。首先，决策者在决策时要充分考虑货币的时间价值、风险收益均衡、风险收益匹配等问题。其次，要运用科学的方法进行分析和决策。长期股权投资决策的方法主要有两类：一类是不考虑货币时间价值因素，只对投资方案的可行性作出初步分析、判断的静态分析方法，具体包括静态回收期和报酬率两种方法；另一类是在考虑货币时间价值和现金流量的基础上，对投资方案的可行性作出分析、评价的动态分析方法，具体包括动态回收期法、净现值法、获利能力指数法、内含报酬率法等。企业应结合投资项目的特点和影响因素选择合理、恰当的决策方法。最后，从多个可行方案中选出最满意的方案。

4.投资审批的控制

企业应当建立严格的长期股权投资业务授权审批制度，明确审批人的授权批准方式、权限、程序、责任和相关控制措施，规定经办人的职责范围和工作要求。对长期股权投资审核的内容主要包括投资项目的必要性、投资项目的可能性、投资项目的经济性和投资项目的合理性等。由于长期股权投资的金额较大，投资期限较长，必须经过企业董事会或经理（厂长）会议集体决策审批并实行联签制度。对于重大股权投资项目（包括兼并收购企业），应由董事会集体决策，并由股东会审议批准，董事会或经理（厂长）会议必须将所作出的决定做成会议记录，并由出席会议的人员签名确认，对于违反法律、国家产业政策致使企业遭受严重损失的决策，必须追究有关人员的责任。

（二）长期债权投资控制的内容

长期债权投资是企业购买的各种1年期以上的债券，包括其他企业的债券、金融债券和国债等。债权投资不是为了获取被投资单位的所有者权益，债权投资只能获取投资单位的债权，债权投资自投资之日起即成为债务单位的债权人，并按约定的利率收取利息，到期收回本金。对其控制的内容主要包括：

1.投资分析的控制

对长期债券的分析主要是对投资收益和投资持有风险等进行分析，同时还要考虑到货币的时间价值。债权的投资收益包括利息、价差和利息再投资所得的利息收入。持有风险主要有利率风险、信用风险、通货膨胀风险、变现能力风险等。企业在对长期债权投资进行分析时，应采取经济有效的方法，取得对投资分析和决策相关的所有信息，并运用科学的分析方法，对投资的收益和风险进行评估。必要时，还可以聘请专门的信用评级机构对发行单位的信用等级进行评估。

2.投资决策的控制

长期债券投资决策的要求和程序与长期股权投资决策控制大致相同，不同的是长期债券投资更注重风险管理、追求稳定收益[1]。一般采取自上而下的投资决策与自下而上的债券选择相结合的投资管理程序，其包括三个层次：对市场利率的分析和预测、债券资产配置及相应的技术手段、债券的选择。

---

[1] 游丽.金融学[M].北京：北京理工大学出版社，2017：203.

3.投资审批的控制

对长期债券投资的审批程序和要求与长期股权投资的审批大致相同，不同的只是审核的内容。长期债权投资审核的内容主要有：投资理由是否恰当；债券发行单位的长期偿债能力和信用状况；债券市场的估价是否合理；投资收益的估算是否合理无误；影响投资的其他因素是否充分考虑；对投资的风险是否采取有效的规避措施等。

4.投资取得的控制

长期债券投资取得的控制也主要是对债券经纪人或交易商的控制，其程序和方法与短期投资取得的控制过程基本相同。

第六节　固定资产控制

固定资产是企业从事生产经营活动所必不可少的物质条件，体现企业的生产能力、规模、科技含量及先进程度。它在生产活动中较长时期发挥作用，属企业的一项长期资产，在企业资产总额中占有很大比重，是企业的一项内部投资，属于企业的资本性支出，不适量的购进会影响企业的现金流量。固定资产的折旧、维修是影响企业损益大小的重要因素。固定资产一旦失控，其所造成的损失远超过其他实物资产给企业带来的影响。因此，对固定资产的控制和管理，发挥设备的利用率，提高劳动生产率，确保固定资产的真实、完整、安全，充分发挥设备的生产能力，对提高企业的经济效益具有十分重要的意义。

一、固定资产增加环节的控制

（一）外购固定资产的控制

为了保证固定资产取得的合理性，以及固定资产计价的正确性，在固定资产购置业务中应设置以下一些控制点，并采取相应的控制措施，对其进行有效的控制。

1.预算控制

企业应对是否取得以及如何取得某项固定资产编制预算。购置固定资产支出的预算制度是固定资产控制制度的重要一环，健全有效的固定资产支出预算制度能保证企业将有限的投资资本分配到最有效的投资上。对固定资产购置的预算控制的内容主要包括以下几个方面：

（1）检查购置固定资产的支出是否先由使用部门提出申请，再通过固定资产支出预算分析该项申请是否经济合理，应该以何种方式取得该项固定资产。

（2）检查固定资产支出预算的编制是否对投资预算额、投资机会成本、投资资本成本、投资现金净增加额等因素加以充分考虑。

（3）检查对一项固定资产的投资，预算部门是否会同采购、生产、销售、资金管理、计划、工程技术等人员共同参与预算的编制，是否提供了多套投资预算方案进行比较和选择。

2.审批控制

对固定资产的审批控制主要体现在以下方面：

（1）企业主管人员检查固定资产购置计划是否符合国家有关规定，资金来源渠道是否合理、有无保障，计划购置的固定资产是否能够满足生产发展的需求。

（2）检查固定资产支出预算的审批制度是否严格。主要包括：对固定资产支出预算是否有独立人员进行复核，尤其是对重大的固定资产投资项目是否聘请了独立第三方进行研究和评价；固定资产支出预算金额与预算审批人的级别是否相适应。一般预算金额越大，对审批预算人的级别要求越高。同时，还应检查预算的审批情况是否形成书面文件，并编号归档。

3.签约控制

固定资产的签约控制主要是指采购人员在授权范围内，按照采购通知书的要求与供货单位签订供货合同，并明确规定固定资产的型号、性能、质量要求、价格、结算方式、到货期限及违约责任等合同条款，以合理控制固定资产购置的风险。

4.验收控制

固定资产检查验收部门应按照供货合同对新购置的固定资产的数量、规格、质量、出厂和建成日期、零配件、原始价值、性能等进行逐项检查验收，并确定其使用年限、大修周期和折旧率等，同时填制"固定资产验收清单"对上述事项签字确认，之后交由财务部门进行入账。此外，对验收环节的控制还应注意确定新增固定资产是否确实归企业所有，对此应核查固定资产所有权的证明文件。例如：对于汽车等运输设备，应核查有关的运营证件；对外购的机器设备等固定资产，应审核其采购发票、购货合同等；对于房地产类的固定资产，应核查有关的合同、产权证明、财产税单、保险单、抵押贷款的还款凭据等书面文件；对于融资租入的固定资产，应核查有关的融资租赁合同，确认企业是否将经营性租赁混同于融资租赁。

5.移交控制

严格执行移交手续，是明确固定资产保管责任、保证固定资产实物安全有效的控制环节，也是正确计算固定资产折旧的前提条件。固定资产验收合格后，固定资产管理部门将购入的固定资产移交使用部门投入生产使用。同时，固定资产管理部门开具固定资产转置凭证，详细填写交接固定资产的名称、规格、技术特征、价值、附属物以及预计的使用年限等项目，由固定资产管理部门和使用部门在转置凭证上签章，在企业内部办理移交手续。对于需要进行安装调试的固定资产，由使用部门对安装调试完毕的固定资产进行检查。

（二）自行建造固定资产的控制

企业生产经营所需的固定资产，除了外购等方式取得外，还经常根据生产经营的特殊需求利用自有的人力、物力条件自行建造。自制、自建固定资产，也成为在建工程。

1.预算控制

在建工程的预算由固定资产管理部门根据企业发展战略及生产经营的实际情况编制，在建工程预算同样是固定资产预算控制制度的重要一环，健全有效的支出预算制度能保证企业将有限的投资资本分配到最有效的投资上。在建工程预算同固定资产的购置预算相似，但对于大型在建工程项目应编制更为详尽的预算计划。

2.审批控制

使用部门根据在建工程项目投资预算提出在建工程支出申请，交固定资产管理部门、财务部门审核同意。固定资产管理部门将该申请与工程预算进行比较核对。如果属于预算内项目，在其权限范围内直接批准；如果属于预算外支出项目，交财务部门及公司管理当局审批同意。

固定资产管理部门向工程建造商发出询价，对各家报价及其他条件进行比较、挑选，编写询价报告，并交由财务部门审核批准；固定资产管理部门还应编制工程项目施工计划及造价预算，并报财务部门审核批准；由固定资产管理部门签订在建工程施工合同。对金额较大的项目，工程合同应报经企业管理当局审批同意。重要的合同或协议书经有关专业人员（如公司律师）审核。

3.付款控制

固定资产管理部门提出付款申请，财务部门逐笔核对工程合同、施工计划及造价预算，审核是否同意其付款申请。对于与合同或预算内容不相符的支出，根据相应的审批权限进行审批。

4.监督控制

在建工程开工以后，固定资产管理部门要随时监督工程进度和施工质量。工程所用物资的领用，由专人填写领用单，经有关部门或人员签字核准后进行。对工程物资视同企业存货一样进行控制，每年至少盘点一次，盘盈或盘亏应查明原因，经批准后及时处理。企业定期对在建工程逐一进行清理，核实是否有已完工而未办理竣工结算的工程、是否有已投入使用而未转作固定资产的工程、是否有实际进度大大低于计划进度的工程、是否有建造成本大大超过预算的工程。

（三）投资转入、接受捐赠的固定资产控制

企业固定资产的增加除了外购和自行建造以外，还包括其他企业和单位投资转入或者接受其他单位和企业的捐赠等形式，对于这两种形式的固定资产增加同样要进行相应合理、有效的控制，以实现对固定资产增加环节的全面控制。

1.评估控制

对拟投资转入或接受捐赠的固定资产实施合理的评估是对投资转入和接受捐赠固定资产进行控制的首要环节。评估主要是针对拟投资转入和接受捐赠的固定资产的合理价值、现有生产能力、先进程度、产权状况等相关的情况做出合理公正的评价，并对现行市场中相同或类似的此类固定资产的市场价值、技术水平等

情况进行充分了解，为拟进行的此项固定资产投资转入方案或接受捐赠方案的后续审批和签订合同工作做好基础性准备。

2.审批控制

审批控制是对投资转入和接受捐赠固定资产进行控制的关键环节。对是否投资转入或接受捐赠此项固定资产实施审批的相关部门和人员，要在评估控制的基础之上，充分了解此项固定资产的现有价值和生产能力，审核该项固定资产的估价是否合理，并结合本企业的实际生产经营情况，做出合理正确的审批，绝对不要盲目地接受固定资产的投资和固定资产捐赠。

3.签约控制

在企业通过对拟进行的此项固定资产投资转入方案或接受捐赠方案的审批之后，签约控制是对投资转入和接受捐赠固定资产进行控制的下一个有效环节。不论是接受投资的固定资产还是无偿捐赠的固定资产，投资与被投资方、捐赠与受赠双方均应签订书面的合同，以明确规定此项固定资产的名称、型号、性能、原始价值、新旧程度、现有评估价值、运输方式、到达期限及违约责任等合同条款。

4.验收控制

固定资产检查验收部门应按照上述投资或捐赠合同对新增加的固定资产的数量、规格、质量、原始价值、性能等进行逐项检查验收，并确定其使用年限、大修周期和折旧率等，同时填制"固定资产验收清单"对上述事项签字确认，之后交由财务部门进行入账。

二、固定资产使用环节的控制

（一）固定资产安全控制

在固定资产使用过程中的固定资产控制，首先要保证固定资产的安全完整，这是固定资产实物控制的首要体现。由于固定资产价值相对较大、使用地点分散、涉及部门和人员较广的特点，使得固定资产安全控制的难度较大。为了保证固定资产的安全，企业必须建立严密的固定资产安全控制制度，进行相应的保管控制和盘点清查控制。

固定资产应在企业财务部门和固定资产管理部门的统一管理和控制下，由固定资产的具体使用部门负责固定资产的保管控制，并进一步落实到班组和个人，实行设备定号、管理定户及保管定人，做到层层有控制、物物有人管的控制局面，使固定资产的安全保管和有效利用得到可靠的保证。

另外，企业应建立并严格执行固定资产的定期盘点制度，注意查询盘盈、盘亏固定资产的处理情况。对固定资产的定期盘点，是验证账列各项资产真实存在、了解资产放置地点和使用状况以及发现是否存在未入账固定资产的必要手段。固定资产同存货相比，遗失或被盗的可能性较小，但它们长期存在，物质实体同账面记录不一致，或者物质实体已处于不正常使用的状态，或者被遗忘的可能性也较大。所以，定期盘查固定资产是保护财产的必要控制手段。企业应定期组织盘点固定资产的实存情况。盘点工作应由负责保管、记账等不同职能的人员以及与厂房设备无关的其他局外人共同担任。盘查过程中，应深入现场逐项清查，核对盘点结果与固定资产账、卡是否相符，并做好盘点的原始记录，盘点结果记录在盘点清单上，清单内容包括：固定资产的名称、类别、编号、存放地点、目前使用状况和所处状态等。盘点人员（一般要求两人以上）应在盘点清单上签字。实地盘点结束后，如发现差异或固定资产已处于不能正常使用的状态，应由固定资产保管部门负责审查其原因，分清责任，经过一定的批准程序，才能进行账面调整。

对盘盈、盘亏、损毁的固定资产，应当查明原因，写出书面报告，并根据企业的管理权限，经股东大会或董事会或经理会议或类似机构批准后，在期末结账前处理完毕。对于盘盈的固定资产，计入当期营业外收入；对于盘亏或损毁的固定资产，在减去过失人或者保险公司等应收款项和残料价值之后，计入当期营业外支出。如盘盈、盘亏或损毁的固定资产，在期末结账前未经批准的，对外提供财务会计报告时应按上述规定进行处理，并在会计报表附注中作出说明；如果其后批准处理的金额与已处理的金额不一致，应当按其差额调整会计报表相关项目的年初数。另外，每次盘点的清点单也应归档保存。

（二）固定资产折旧控制

固定资产折旧控制的主要作用在于保证固定资产使用年限及残值估计的合理正确。为此，企业应广泛征求有经验的工程技术人员和会计人员的意见；搜集类似设备的各种历史资料，参照税务部门规定、标准予以确定。折旧方法一经选定，应一贯沿用。对于折旧方法的改变，事先应由税务部门审核批准并在财务报表上说明其理由。

对于企业的固定资产有的应计提折旧，有的则不计提折旧，我国现行《企业会计准则》规定：除以下情况外，企业应对所有固定资产计提折旧：（1）已提足折旧继续使用的固定资产。（2）按规定单独估价作为固定资产入账的土地。达到预定可使用状态应当计提折旧的固定资产，在年度内办理竣工结算手续的，按照实际成本调整原来的暂估价值，并调整已计提的折旧额，作为调整当月的成本、费用处理。如果在当年内尚未办理竣工结算的，应当按照估计的价值暂行入账，并计提折旧；待办理了竣工决算手续后，再按照实际成本调整原来的暂估价值，调整原已计提的折旧额，同时调整年初留存收益的各个项目。

企业应当根据固定资产的性质和消耗方式，合理地确定固定资产的预计使用年限和预计的净残值，并根据科技发展、环境及其他因素，选择合适的固定资产折旧方法，按照管理权限，经股东大会或董事会或经理会议或类似的机构批准，作为计提折旧的依据。同时，按照法律、行政法规的规定报送有关各方备案，并置于企业所在地，以供投资者等有关各方查阅。固定资产预计使用年限和预计净残值、折旧方法等，一经确定不得随意变更，如需变更，仍然应当按照上述程序，经批准后报送有关各方备案，并在会计报表附注中予以说明。

固定资产折旧方法可以采用平均年限法、工作量法、年数总和法、双倍余额递减法等。折旧方法一经确定，也不得随意变更。如需变更，应当在会计报表附注中予以说明。企业一般应按月计提折旧，当月增加的固定资产，当月不计提折旧，从下月起计提；当月减少的固定资产，当月照常计提折旧，从下月起不再计提折旧。固定资产提足折旧后，不论能否继续使用，均不再计提折旧；提前报废的固定资产，也不再计提折旧。所谓提足折旧，是指已经提足该项固定资产原价减去净残值加上预计清理费用后的数额。

企业因更新改造等原因而调整固定资产价值的，应当根据调整后的价值，预计尚可使用年限和净残值，按选用的折旧方法计提折旧[①]。融资租入的固定资产，应当采用与自有应计提折旧资产相一致的折旧政策。能够合理确定租赁期届满时将会取得租赁资产所有权的，应当在租赁资产尚可使用年限内计提折旧；无

---

① 王毅，王宏宝.财务管理项目化教程[M].北京：北京理工大学出版社，2015：2.

法合理确定租赁期满时能够取得固定资产所有权的,应当在租赁期与租赁资产尚可使用年限中较短的期间内计提折旧。对于接受捐赠旧的固定资产,企业应当按照确定的固定资产入账价值、预计尚可使用年限、预计净残值,按选用的折旧方法计提折旧。

(三)固定资产维修控制

为了实现最大限度地对固定资产的合理利用,企业在固定资产的使用过程中还应当建立严密的固定资产日常维修保养制度,以防止其因各种自然和人为的因素而遭受损失,并应逐个建立固定资产日常维护和定期检修制度,从而消除安全隐患,降低固定资产故障率和使用风险,保证固定资产的正常运行,以有效延长固定资产的使用寿命,控制固定资产的维修费用,提高固定资产的使用效率。对于固定资产维修、保养发生的费用应当列入当期或分期列入各期的成本费用中,不得予以资本化;同时,应防止必须予以资本化的费用作为维修、保养费用来列支。此外,会计部门应逐月编制维修、保养费用表,以便分析维修、保养费用在各个期间是否存在重大的波动情况,加强对固定资产维修、保养费用的控制。固定资产维修控制包括制定固定资产年度修理计划及费用预算,建立修理费用的审查制度,规定大修理间隔期以及落实责任部门等。对修理费用发生不均衡、数额较大的,应明确其具体核算办法。

企业应设置专门管理固定资产的机构,加强固定资产的维修和保养工作。该机构的职责包括:每年制订出各类房屋设备等的维修计划与实施维修计划或根据使用中出现的应急情况采取的修理措施;监督使用部门的使用情况;对使用、维修和保养的结果进行记录等。固定资产管理部门应对各种房屋和设备分别设置表单来记录使用、维修和保养情况,或者直接在替代房屋设备明细账的卡片或者表单上记录这些情况。记录应当定期检查。

企业应当定期对固定资产进行大修理,大修理费用可以采用预提或待摊的方式核算。大修理费用采用预提方式的,应当在两次大修理间隔期内各期均匀地预提预计发生的大修理费用,并计入有关的成本、费用;大修理费用采用待摊方式的,应当将发生的大修理费用在下一次大修理前平均摊销,计入有关的成本、费用,并且需要由非记录房屋设备明细账的其他人员来监督。此外,由财会部门逐日编制维修和保养费用表，以分析各月之间费用重大波动的原因。

第七节　成本费用控制

成本费用是企业利润的抵减项目，在收入确定的情况下，成本费用越多，利润就会越少；反之，利润就会越多。成本费用控制重在控制成本费用发生的合法性、合理性和有效性。合法性是指成本费用的发生必须符合国家会计制度、会计准则和其他有关法规的要求。合理性是指成本费用的发生应该与企业的生产经营活动相协调，符合企业生产经营活动的需求。有效性是指成本费用的发生应该有利于促进经济利益更多地流入企业，使企业的经济效益得到不断的提高。成本费用控制是财务控制的一项重要内容，加强成本费用控制对实现企业的利润目标有着十分重要的意义。

一、成本控制的内容

（一）生产成本控制

生产成本是指企业为生产产品而发生的费用，主要包括直接材料、直接人工和制造费用。

1.直接材料控制

直接材料包括企业生产经营过程中实际消耗的原材料、辅助材料、备品备件、外购半成品、燃料、动力、包装物以及其他直接材料。控制主要是通过制定消耗定额和严格有关制度、手续实施控制。要对材料出入库严格实行计量检验，大力推广新工艺、新技术，开展材料代用和综合利用；要及时发现和解决采购不合理、用料不经济、领发不严格、回收无制度以及废品多、单耗高等问题，从而使产品单位直接材料成本有所下降。

2.直接人工控制

直接人工包括企业直接从事产品生产人员的工资、奖金、津贴和补贴以及职工福利费等。直接人工控制主要是通过人员定岗定编、制定工资基金限额和工时消耗定额等实施控制。企业应根据生产任务合理安排使用劳动力，实行定员定额，控制各种产品的实际工时消耗。采用计件工资制的企业，应制定先进合理的产品计件单价，确保劳动生产率增长大于工资水平的增长，从而降低产品的直接人工成本。

3.制造费用控制

制造费用包括企业各个生产单位（分厂、车间）为组织和管理生产所发生的生产单位管理人员工资，生产单位房屋、建筑物、机器设备等的折旧费，租赁费（不包括融资租赁费），修理费，机物料消耗，低值易耗品摊销，取暖费，水电费，办公费，差旅费，运输费，保险费，设计制图费，试验检验费，劳动保护费，职工福利费，在产品和毁损（含盘盈），季节性和修理期间的停工损失以及其他制造费用。制造费用控制主要是通过编制制造费用预算和有关的费用开支标准实施控制。制造费用开支不仅在绝对数额上不得突破预算指标，而且在内容上要符合财务制度规定，严格遵守开支范围和开支标准。

（二）特定成本控制

成本控制除了对生产成本进行控制外，还应该对某一方面的特定成本进行控制，如产品设计成本控制、产品寿命周期成本控制、设备维护成本控制、质量成本的控制。

1.产品设计成本控制

构成产品成本的费用主要发生在生产过程中，而对成本控制却不能仅限于产品生产阶段，产品设计成本控制就是在生产设计阶段，通过对产品的价值工程分析，选择最佳方案以控制投产后的产品成本。产品成本的高低在一定情况下主要是由该产品在设计、研制阶段的工作质量所决定的，所以在新产品设计研制阶段开展价值工程，效果最为显著。在这一阶段进行价值分析可以提高产品及其零件的标准；利用价值工程的分析方法，可以去掉无用的或不必要的零部件，采用先进的生产工艺和生产流程；通过价值工程，可以节约能源和材料的使用从而使产品的功能与成本控制保持在最佳状态，降低产品成本，改进产品质量，最终提高企业的经济效益。

2.产品寿命周期成本控制

产品寿命周期成本就是用户为获得某种功能而耗费的成本。在这里，用户购买某种产品的目的是某种功能。产品寿命周期成本包括产品的购买成本和运行维护成本（使用成本）两部分，产品寿命周期成本中的购买成本和使用成本因商品的不同而不同。对于耐用产品来说，购买成本与使用成本有着密切关系，购买成本低的，往往使用成本高；购买成本高的，往往使用成本低。对产品寿命周期成本进行控制要求全面的成本管理，扩大成本控制范围，将成本控制延伸至产品的整个寿命期限。对降低产品成本的考虑不能只局限于生产成本，而应考虑成本与质量之间的关系，以及质量与销售、利润的关系。产品寿命周期成本控制还要求维护成本的节约必须大于购买成本的提高，或维护成本的提高必须小于购买成本的降低，即维护成本和购买成本的变动应以降低总的产品寿命周期成本为目标。

3.设备维护成本控制

作为产品成本的一个组成部分，设备维护成本更应得到足够的控制。特别是随着现代科技的进步，设备的运行、维护成本在产品所占的份额也越来越大，对设备维护成本的控制也越来越受到重视。设备成本控制是通过制定合理的设备维护计划来实现的。

设备维护成本控制的目的并不仅限于降低设备维护成本。如果只注重于降低设备维护成本，可能会造成为了节约维护成本而让设备带病运行，不仅会缩短设备的使用寿命、影响产品的质量水平，还有可能造成停工事故，给企业造成严重的损失。所以，设备维护成本预算要和设备定期维护制度相结合，在设备运行状态良好的前提下努力降低设备维护成本。

4.质量成本的控制

在新技术环境下，质量、时间、成本是企业获得并保持竞争优势的重要法宝，产品或服务的质量在一定程度上决定了企业能否确保并扩展市场份额。质量成本是企业为了保证和提高产品质量而支出的一切费用以及因未达到质量标准而产生的一切损失。如何加强成本管理，提高产品的质量，让企业在产品竞争中靠质量、信誉取胜，是企业在市场竞争中立于不败之地的重要保证。质量成本包括预防成本、鉴定成本、损失成本。

（1）预防成本。预防成本是指为防止产品质量达不到预定标准而发生的成本，一般发生于研究开发阶段。例如，质量工程、质量培训、质量报告等方面发生的成本。

（2）鉴定成本。鉴定成本是指为保证产品质量达到预定标准而对产品进行检测所发生的成本，一般发生在生产阶段。例如，原辅材料检验与测试、包装检验、鉴定作业的监督、产品验收、过程验收等方面发生的成本。

（3）损失成本。损失成本分为内部损失成本和外部损失成本。内部损失成本是指由于产品达不到预定标准而发生的故障成本，一般发生在生产阶段，指产品进入市场之前由于产品存在缺陷而发生的成本，如废料、返工、修复、停工、重新检验、重新测试以及改变设计等方面发生的成本等；外部损失成本是指产品进入市场之后由于产品存在缺陷而发生的成本，一般发生于营销阶段，如由于产品未达到应有的质量水平而失去销售机会、质量低劣造成的退货与折扣、保修费、修理费，因顾客不满意进行投诉而发生的成本，以及由此而失去的市场份额形成的损失。

通常把预防成本与鉴定成本称为质量保证成本，两者是企业为了减少故障成本而自愿发生的；把内部差错成本与外部差错成本称为质量损失成本（也称故障成本）。由于预防和鉴定成本通常来说是预先可以控制的，也称为可控质量成本；而质量损失成本则往往是事先难以控制的，称为不可控质量成本。质量损失成本会随着产品质量的提高而下降，质量保证成本却会随着产品质量的提高而提高。在低质量水平下，质量保证成本上升速度较慢，在高质量水平下，质量保证成本上升速度却加快了许多，即使产品质量有一个较小的提高，也必须花费较大的质量保证费用。因此，企业在实施成本控制的过程中，要寻找一个合适的质量水平，使质量成本最低。

二、费用控制的内容

（一）管理费用控制

管理费用是指为生产经营活动的正常进行而发生的各项费用，包括公司经费、工会经费、职工教育经费、劳动保险费、待业保险费、董事会会费、咨询费、聘请中介机构费、诉讼费、排污费、绿化费、税金、土地使用费、土地损失补偿费、技术转让费、研究开发费、业务招待费、计提的坏账准备和存货跌价准备、存货盘盈及盘亏、矿产资源补偿费、其他管理费用，以及专利权、商标权、著作权、土地使用权等无形资产的摊销。它与产品成本有很大的不同,其大部分属于固定费用性质;从成本责任来看,管理费用属于不可控成本[①]。管理费用的高低大都由企业规模和管理水平决定,职工个人对其无太多的约束力,是企业整体的一次费用支出,而不像制造成本中的直接材料、直接人工和变动制造费用那样可以通过"价格差异"和"数量差异"的分析来控制其发生。管理费用的固定性主要体现在企业高层领导管理人员作出的决策,不易被人们所意识而失去控制。

(二)营业费用控制

营业费用是企业为销售产品而支出的各种费用,包括企业销售商品过程中发生的运输费、装卸费、包装费、保险费、展览费和广告费,为销售本企业商品而专设销售机构(含销售网点、售后服务网点等)的职工工资及福利费、类似工资性质的费用、业务费等经营费用,以及商业企业在购买商品过程中发生的运输费、装卸费、包装费、保险费、运输途中的合理损耗和入库前的整理挑选费等。它与产品成本有着很大的差别。与管理费用相比,营业费用中具有更多的变动费用性质。如营业费用中的运输费、委托代销手续费、包装费、装卸费、支付中介入的佣金等。这些费用随着产品销售量的增减而增减。从成本控制分析的角度来看,变动费用一般是通过控制单位变动成本支出和结合销售量来控制的,因此营业费用更易控制。企业在对营业费用的预算控制时,其中的部分营业费用采用弹性预算法进行预算,并相应地采用弹性控制。由于营业费用是销售产品(或商品)而发生的费用,且一般常发生于企业的销售业务部门,作用于销售业务。因此,将营业费用的支出与取得的销售效绩联系起来,以销售效绩来衡量营业费用支出的合理性和有效性,借以激励销售人员降低费用、节约开支,是基本的控制措施。

(三)财务费用控制

企业发生的财务费用指企业为筹集生产经营所需资金等而发生的各项费用(不包括为购建固定资产而发生的,于固定资产达到可使用状态前按规定应予资

---

① 朱颖.工程经济与财务管理[M].北京:北京理工大学出版社,2016:110.

本化、计入固定资产价值的筹资费用）。财务费用的控制是与借款筹集资金的经济活动控制分不开的，对其控制在很大程度上归属于筹资控制。财务费用的控制要点有：一是控制借款数额，从而控制借款费用；二是控制借款种类，不能借超过企业承担能力的高利息款项；三是控制因签发带息票据和票据贴现而产生的财务费用；四是控制借款费用资本化范围，正确计量资本化金额；五是做好考核工作，通过考核控制财务费用。

第九章 财务核算研究

第一节 货币资金的核算

货币资金是指在生产经营过程中以货币形态存在的、流动性较强的一种资产，它是企业资产的重要组成部分。根据货币资金的存放地点及其用途不同，货币资金可分为现金、银行存款及其他货币资金。

一、现金管理制度

现金是企业中流动性最强的一项资产，是通用的支付手段，也是货币资金的重要组成部分。现金有广义和狭义之分。广义的现金包括纸币、硬币、银行活期存款、银行本票、银行汇票、旅行支票等内容。狭义的现金仅指企业的库存现金。本章现金的概念是指狭义的现金，即库存现金，包括人民币现金和外币现金。

（一）现金的使用范围

1.现金收入范围

（1）剩余差旅费和归还备用金等个人剩余交款。

（2）对个人或不能转账的集体单位的销售收入。

（3）不足转账起点的小额收款。

2.现金支出的范围

（1）支付职工工资、津贴。

（2）支付个人劳务报酬。

（3）根据国家规定支付给个人的科学技术、文化艺术、体育等各种奖金。

（4）支付的各种劳保福利费及按国家规定对个人的其他支出。

（5）支付向个人收购农副产品及其他物资的价款。

（6）支付出差人员必须随身携带的差旅费。

（7）各单位现金支付限额以下的零星开支。

（8）经中国人民银行确定需要支付现金的其他支出。

（二）库存现金限额

库存现金限额是指为了保证企业日常零星开支的需要，经开户银行审核批准而保留的库存现金最高额度。一般企业按3~5天的日常零星开支需要量确定，边远地区和交通不便的地区可多于5天，但最多不得超过15天。超过部分于当日业务终了前存入银行。

（三）现金管理内部控制制度

1.不相容岗位分离制度

针对现金最易被贪污或被挪用，要求单位按照不相容岗位相互分离的原则，合理设置会计及相关工作岗位，明确职责权限，相互制约，形成相互制衡机制。

2.授权批准制度

单位应当对现金业务建立严格的授权批准制度，明确审批人对现金业务的授权批准方式、权限、程序、责任和相关控制措施，规定经办人办理现金业务的职责范围和工作要求。

3.现金收支控制制度

会计主管人员或指定人员审查现金收支原始凭证。审查时，应当注意凭证的数量、单价、金额、合计等方面有无漏洞，大小写是否相符，票面上是否有污损等。如果有问题，及时查明原因，追究责任，加以处理[1]。

4.现金使用禁止性规定

按规定企业不准坐支现金；不准以白条抵库；不准谎报用途套取现金；不准

---

[1] 万希宁，郭炜.会计信息化[M].武汉：华中科技大学出版社，2009：34.

单位之间互相借用现金；不准保留账外公款（即私设小金库）；不准公款私存；不准为其他单位或个人存入或支取现金；不准在经济活动中只收现金拒收银行支票、本票、汇票。

二、银行存款的管理

银行存款是指企业存放在银行或其他金融机构的货币资金，包括人民币存款和外币存款。

按照银行开户办法规定，申请开设结算账户企业发生的各项结算款项，除允许用现金结算方式直接用现金收付的款项外，都必须通过银行存款账户办理转账结算。

企业现金收入应及时存入开户银行，当日送存有困难的，由开户银行确定送存时间。企业从银行提取现金，应当写明用途，由单位部门负责人签字盖章，经开户银行审核后支付现金。单位在银行办理结算时，必须遵守《支付结算办法》中规定的银行结算纪律：不准签发空头票据和远期票据；不准签发空白支票；不准签发、取得和转让没有真实交易和债权债务关系的票据，以防止套取银行和他人资金；不准无理由拒绝付款、任意占用他人资金；不准违反规定开立和使用账户；不得公款私存。

第二节　应收和预付款项的核算

一、应收账款核算的内容

应收账款是指企业在正常经营活动中，由于销售商品、产品、材料或提供劳务等原因，应向购货客户或接受劳务的客户收取的款项或代垫的运杂费等[1]。

应收账款应于收入实现时予以确认，或者在代垫款项实际发生时予以确

---

[1] 田建军.现代财务管理基础[M].北京：对外经济贸易大学出版社，2008：16.

认。入账价值通常按实际发生额确认，入账价值包括销售货物或提供劳务的价款、增值税以及代购货方垫付的包装费、运杂费等。

为了反映应收账款的增减变动及其结存情况，企业应设置"应收账款"科目。"应收账款"科目借方登记应收账款的增加，贷方登记应收账款的收回及确认的坏账损失，期末余额一般在借方，反映企业尚未收回的应收账款。

二、预付账款的核算

（一）预付账款核算的内容

预付账款是指企业按照购货合同或劳务合同规定，预先支付给供货方或提供给劳务方的账款。

为了反映和监督企业预付账款的增减变动情况，企业应设置"预付账款"科目，借方登记预付的款项和补付的款项，贷方登记收到采购货物时按发票金额冲销的预付账款数和因预付货款多余而退回的款项，期末余额一般在借方，反映企业实际预付款项的余额。

预付款项不多的企业，可以不设置"预付账款"科目，而直接在"应付账款"科目的借方核算，但在编制"资产负债表"时，应当将"预付账款"和"应付账款"的金额分别反映。

（二）预付账款的账务处理

预付账款的核算包括预付账款、收回货物、补付货款、收回多余预付款四个方面的核算。

1.预付账款

根据购货合同的规定向供应单位预付款项时，借记"预付账款"科目，贷记"银行存款"科目。

2.收到货物

企业收到所购货物时，根据有关发票账单金额，借记"原材料""应交税金——应交增值税（进项税额）"等科目，贷记"预付账款"科目。

3.补付货款

当补付货款小于采购货物所需支付的款项时，应将不足部分补付，借记

"预付账款"科目，贷记"银行存款"科目。

4.收回多余预付款

当预付货款大于采购货物所需支付的款项时，对收回的多余款项，借记"银行存款"科目，贷记"预付账款"科目。

第三节　存货的核算

一、存货的概念

存货是指企业在正常生产经营过程中持有以备出售的产成品或商品，或者为了出售仍然处在生产过程中的在产品，或者将在生产过程或提供劳务过程中耗用的材料、物料等。

存货包括各类原材料、在产品、半成品、产成品、商品以及包装物，低值易耗品等。

存货作为资产，具有和企业其他资产共有的特征：即被企业拥有或控制，能以货币计量，并为企业将来的经营带来经济利益。与企业的其他资产相比，存货也具有其本身的特征：

第一，存货具有一定的实物形态。它不同于其他许多无物质实体的资产，如无形资产。

第二，存货具有较大的流动性。其变现速度在一年或一个经营周期以内。

第三，存货的种类繁多，收发频繁，并且每次取得的成本可能不相等。因而，存货具有自己的盘存制度和计价形式。

第四，存货储存的目的在于准备按正常的经营方式予以出售或耗用，以赚取收入。

确认一项货物是否属于企业的存货，标准是看企业对其是否具有法定产权[①]。凡在盘存日期，法定产权属于企业的物品，不论其存放在何处或处于何种状态，都应确认为企业的存货。反之，凡是法定产权不属于企业的物品，即使存放于企业，也不应确认为企业的存货。

二、存货的分类

由于存货种类繁多。为了加强对存货的实物管理，正确进行有关存货业务的核算，提供真实的会计信息，必须对存货进行合理的分类。存货按不同的分类标准具有不同的分类方法，最常用的分类方法有按经济用途分类、按存放的地点分类。

（一）按存货的经济用途，可分为以下三类

（1）在正常经营过程中储存的以备出售的存货。例如，工业企业的库存产成品、商品流通企业的库存商品等。

（2）为最终出售正处于生产过程中的存货。例如，工业企业的在产品和自制半成品。

（3）为产品生产或提供服务过程中耗用而储备的存货。例如，为生产产品耗用而储存的原材料、包装物、低值易耗品等。

（二）按存货的存放地点，可分为以下四类

（1）库存存货。库存存货指已经运到企业并已验收入库的各种材料、商品以及已验收入库的自制半成品和产成品等。

（2）在途存货。在途存货指已经支付货款、正在运输途中或尚未验收入库的各种存货。

（3）加工中的存货。加工中的存货指本企业正在加工中的存货和委托其他单位加工的存货。

（4）委托代销的存货。委托代销的存货指本企业委托其他单位代销的存货。

---

① 乔世震，王满.财务管理基础[M].沈阳：东北财经大学出版社，2005：13.

三、委托加工物资的核算

（一）科目设置

为核算企业委托外单位加工的各种物资的实际成本，设置"委托加工物资"科目，属资产类科目，借方登记发出加工物资的实际成本、支付的加工费、应负担的运杂费和应计入委托加工物资成本的税金等；贷方登记加工完成收回物资和退回剩余物资的实际成本；期末借方余额反映企业委托外单位加工但尚未加工完成的物资实际成本和发出加工物资的运杂费等。

（二）委托加工物资的账务处理

1.发出委托加工物资

企业发出委托加工物资时，按物资的实际成本，借记"委托加工物资"科目，贷记"原材料""库存商品"等科目。如果发出物资采用计划成本核算的，应同时结转成本差异。

2.支付加工费和应负担的运杂费

企业支付加工费和应负担的运杂费时，借记"委托加工物资""应交税金——应交增值税（进项税额）"等科目，贷记"银行存款"等科目。

3.交纳的消费税

如果委托加工物资属于应纳消费税的应税消费品，应由受托方在向委托方交货时代收代交消费税。委托方交纳消费税时，应分别根据不同情况处理：

（1）凡属加工物资收回后直接用于销售的，应将受托方代收代交的消费税计入委托加工物资的成本，借记"委托加工物资"科目，贷记"银行存款"等科目。

（2）凡属加工物资收回后，用于继续生产应税消费品的，所纳税款按规定准予抵扣以后销售环节应交纳的消费税，借记"应交税金——应交消费税"科目，贷记"银行存款"等科目。

第四节 投资的核算

短期投资的核算包括短期投资取得的核算、短期投资收益的核算、短期投资处置的核算及期末价值的确定。

一、短期投资取得的核算

（一）短期投资取得的形式及初始投资成本的确定

企业的短期投资应在取得时，按照取得时的投资成本入账。投资成本是指企业取得各种股票、债券、基金时实际支付的价款，或者放弃非现金资产的账面价值等。企业购入的各种股票、债券、基金等，实际支付的价款中包含已宣告、但尚未领取的现金股利或已到付息期、但尚未领取的债券利息，应单独核算，不构成投资成本。

（二）以现金购入短期投资的账务处理

企业购入的各种股票、债券、基金等作为短期投资的，按照实际支付的价款，借记"短期投资"科目（××股票、债券、基金），贷记"银行存款""其他货币资金"等科目。

如果实际支付的价款中包含已宣告但尚未领取的现金股利，或已到付息期但尚未领取的债券利息，应单独核算。企业应当按照实际支付的价款减去已宣告但尚未领取的现金股利，或已到付息期但尚未领取的债券利息后的金额，借记"短期投资"科目（××股票、债券、基金）；按应领取的现金股利、利息等，借记"应收股利""应收利息"科目；按实际支付的价款，贷记"银行存款""其他货币资金"等科目。

（三）投资者投入短期投资的账务处理

投资者投入的短期投资，按照投资各方确认的价值，借记"短期投资"科目（××股票、债券、基金），贷记"实收资本"等科目。

二、长期股权投资的核算

长期股权投资，是指企业投出的期限在1年以上（不含1年）各种股权性质的投资，包括购入的股票和其他股权投资等。

（一）股权投资的分类及其核算方法的选择

股权投资可以按不同的标准进行分类。股权投资按其投资对象，可分为股票投资和其他股权投资。股权投资按对被投资企业产生的影响，可分为控制型股权投资、共同控制型股权投资、重大影响型股权投资和其他类型股权投资。其中，控制型股权投资既包括直接拥有被投资单位50%以上表决权资本，又包括拥有被投资单位50%以下表决权资本但有实质控制权的投资[①]。

企业对外进行股权投资，应当根据不同情况，采用成本法或权益法核算。企业对被投资单位无控制、无共同控制且无重大影响的，长期股权投资应当采用成本法核算；企业对被投资单位具有控制、共同控制或重大影响的，长期股权投资应当采用权益法核算。通常情况下，企业对其他单位的投资占该单位有表决权资本总额20%或20%以上，或虽投资不足20%但具有重大影响的，应当采用权益法核算。企业对其他单位的投资占该单位有表决权资本总额20%以下，或对其他单位的投资虽占该单位有表决权资本总额20%或20%以上、但不具有重大影响的，应当采用成本法核算。

（二）长期股权投资初始投资成本的确定

长期股权投资在取得时，应当按初始投资成本入账。初始投资成本按以下方法确定：

（1）以现金购入的长期股权投资，按实际支付的全部价款，（包括支付的税金、手续费等相关费用）作为初始投资成本；实际支付的价款中包含已宣告但

---

① 陈杰，张凯.会计电算化教程[M].广州：华南理工大学出版社，2006：10.

尚未领取的现金股利，按实际支付的价款减去已宣告但尚未领取的现金股利后的差额，作为初始投资成本。

（2）企业接受的债务人以非现金资产抵偿债务方式取得的长期股权投资，或以应收债权换入长期股权投资的，按应收债权的账面价值加上应支付的相关税费，作为初始投资成本。

（3）通过行政划拨方式取得的长期股权投资，按划出单位的账面价值，作为初始成本投资。

第五节　固定资产的核算

一、固定资产的计价标准

固定资产计价，是指用货币计量单位表示固定资产的价值。在我国的会计实务中，一般采用以下三种计价标准对固定资产进行计价：

（一）按历史成本计价

历史成本，也称为原始购置成本或原始价值，是指企业购置、建造某项固定资产达到预定可使用状态前所发生的一切合理、必要的支出。采用这种计价标准，是以实际发生并有支付凭证的支出为依据，具有客观性和可验证性。正是基于此，这种计价标准才成为我国会计实务中固定资产的基本计价标准。

（二）按重置完全价值计价

重置完全价值，也称为现时重置成本，是指在当前的生产技术和市场条件下，重新构建同样的固定资产所需要的全部支出。当企业发现盘盈的固定资产以及接受捐赠的固定资产无法确定其原始价值时，可以按照重置完全价值计价。采用这种计价标准，虽然可以比较真实地反映固定资产的现时价值，但实务操作比较复杂。因此，仅在财产清查中确定盘盈固定资产的价值，或在对报表进行补充、附注说明时采用。

（三）按净值计价

固定资产净值，也称为折余价值，是指固定资产的原始价值或重置完全价值减去已提折旧后的余额。它可以反映固定资产尚未损耗的价值和企业实际占用在固定资产上的资金数额和固定资产的新旧程度。这种计价标准主要用于计算盘盈、盘亏、损毁固定资产的溢余或损失等。

二、固定资产的入账价值

固定资产的取得方式即来源渠道不同，其入账价值的具体内容也有所差异。现行会计制度对固定资产的价值构成做了明确的规定：

（1）购入的固定资产，按实际支付的买价，加上支付的包装费、运输费、安装成本、缴纳的有关税金等作为入账价值[1]。企业用一笔款项购入多项没有标价的固定资产时，应按各项固定资产市场价格的比例进行分配，以确定各项固定资产的入账价值。

（2）自行建造的固定资产，按建造过程中实际发生的全部支出作为入账价值。若企业为一般纳税人，当在建工程领用原材料时，应将这部分原材料的增值税进项税额转入在建工程；当领用产成品时，应视同产成品对外销售，将相应的增值税销项税额计入在建工程。

（3）投资者投入的固定资产，按投资各方确认的价值入账。

（4）融资租入的固定资产，按租赁开始日租赁资产的原账面价值与最低租赁付款额的现值两者中的较低者入账。

（5）在原有固定资产的基础上进行改建、扩建的，按原固定资产的账面价值，加上由于改建、扩建而发生的支出，减去改建、扩建过程中发生的变价收入，确定其入账价值。

（6）企业接受的债务人以非现金资产抵偿债务方式取得的固定资产，或以应收债权换入固定资产的，按应收债权的账面价值加上应支付的相关税费入账。

---

[1] 龙敏.财务管理信息化研究[M].长春：吉林大学出版社，2016：14.

涉及补价的，还应将补价金额计入。

（7）以非货币性交易换入的固定资产，按换出资产的账面价值加上应支付的相关税费入账。涉及补价的，还应将补价金额计入。

（8）接受捐赠的固定资产，按捐赠方所提供的有关凭据记账。如无捐赠方提供的凭据，则按以下顺序确定入账价值：

1）同类资产的市场价格。

2）预计未来现金流量现值。

（9）盘盈的固定资产，按同类或类似固定资产的市场价格减去按该项资产的新旧程度估计的价值损耗后的余额，作为入账价值。

（10）无偿调入的固定资产，按调出单位的账面价值加上发生的相关费用入账。

不管固定资产来源于何种渠道，企业为取得固定资产而缴纳的契税、耕地占用税、车辆购置税等，也应计入固定资产价值。固定资产购建发生的借款费用，在固定资产交付使用前，计入所购建固定资产的成本。如果固定资产的购建发生非正常中断时间较长的，其中断期间发生的借款费用不计入所购建固定资产的成本，而应将其计入当期损益，直到购建重新开始；但如果中断是使购建的固定资产达到可使用状态所必需的程序，则中断期间所发生的借款费用，仍应计入所购建固定资产的成本。

已投入使用尚未办理移交手续的固定资产，可先按估计价值记账并计提折旧；待确定实际价值后，再进行调整。

第十章 财务预算与内部控制研究

财务预算管理具有重要的作用，财务预算的编制会影响企业投资、融资和更新改造等各个方面，相应的成本等方面也会影响财务预算的准确性。为了企业能够获得最大的经济利益，必须对企业的经营活动进行调节和控制，这样才能对财务预算和内部控制工作规避风险，提高收益。本章重点围绕财务预算的作用与分类、财务预算的编制步骤与方法、财务内部控制及管理制度展开论述。

第一节 财务预算

一、财务预算的作用

财务预算在企业经营管理和实现目标利润中发挥着重大作用，概括而言主要有以下四点：

（1）财务预算是企业各级各部门工作的奋斗目标。财务预算是以各项业务预算和专门决策预算为基础编制的综合性预算，整个预算体系全面、系统地规划了企业主要技术经济指标和财务指标的预算数。因此，通过编制财务预算，不但可以确定企业整体的总体目标，而且可以明确企业内部各级各部门的具体目标，如销售目标、生产目标、成本目标、费用目标、收入目标和利润目标等。各级各部门根据自身的具体目标安排各自的经济活动，设想达到各目标拟采取的方法和措施，为实现具体目标而努力奋斗。①

（2）财务预算是企业各级各部门工作协调的工具。企业内部各级各部门因其职责的不同，对各自经济活动的考虑可能会带有片面性，甚至会出现相互冲突的现象。例如，销售部门根据市场预测提出一个庞大的销售计划，生产部门可能没有那么大的生产能力；生产部门可以编制一个充分发挥生产能力的计划，但销售部门却可能无法将这些产品推销出去。克服片面、避免冲突的最佳办法是进行经济活动的综合平衡。

（3）财务预算是企业各级各部门工作控制的标准。财务预算在使企业各级各部门明确奋斗目标的同时，也为其工作提供了控制依据。预算进入实施阶段以后，各级各部门管理工作的重心转入控制，即设法使经济活动按预算进行。各级各部门应以各项预算为标准，通过计量对比，及时提供实际偏离预算的差异数额，并分析原因，以便采取有效措施，挖掘潜力，巩固成绩，纠正缺点，保证预定目标的完成。

（4）财务预算是企业各级各部门工作考核的依据。现代化企业管理必须建立健全各级各部门的责任制度，而有效的责任制度离不开工作业绩的考核。预算实施过程中，实际偏离预算的差异，不仅是控制企业日常经济活动的主要标准，还是考核、评定各级各部门和全体职工工作业绩的主要依据。通过考核，对各级各部门和全体职工进行评价，并据此实行奖惩、安排人事任免等，促使职工更好地工作，完成奋斗目标。为了让有关部门和职工及时了解自己的业绩，财务预算经起草、修改、定稿以后，必须发给各级各部门和全体职工。

二、财务预算的分类

（1）按预算期的长短分类。按预算期的长短可以分为长期预算和短期预算。长期预算是指预算期超过1年的预算，如资本预算和长期销售预算等。短期预算指预算期在1年以内的预算，如业务预算等。企业的长期预算对短期预算有着很重要的影响。

（2）按预算的内容分类。按预算的内容可分为财务预算、业务预算和专门预算。财务预算是指企业在一定时期内货币资金的收支及财务状况的预算，包括

---

①李宁.财务管理[M].北京：中国金融出版社，2015.

短期现金收支预算和信贷预算，以及长期的费用支出预算与长期资金筹措预算。业务预算用于计划企业的基本经济业务，包括销售预算和生产预算等。专门预算是主要对企业某专项投资而编制的预算，如企业购置较大的固定资产预算等。三种预算在编制时各有侧重点，相互之间又密不可分，业务预算和专门预算是财务预算的基础，财务预算是业务预算和专门预算的汇总。

（3）按预算的编制方法分类。按预算的编制方法可以分为固定预算、弹性预算、零基预算、增量预算、定期预算、滚动预算等。在企业进行的财务预算中，经常运用固定预算与弹性预算编制混合预算，以便能满足企业经营管理的客观需求。

财务预算在全面预算体系中占有重要地位与作用。财务预算作为全面预算体系中的最后环节，可以从价值方面总括地反映经营期决策预算与业务预算的结果，亦称为总预算，其余预算则相应地称为辅助预算或分预算。因此，它在全面预算体系中占有举足轻重的地位。

第二节　财务预算的编制

一、财务预算的编制步骤

企业预算以利润为最终目标，并把确定下来的目标利润作为编制预算的前提条件。根据已确定的目标利润，通过市场调查，进行销售预测，编制销售预算。在销售预算的基础上，做出不同层次、不同项目的预算，最后汇总为综合性的现金预算和预计财务报表。财务预算编制的过程可以归结为以下主要步骤：

（1）根据销售预测编制销售预算。

（2）根据销售预算确定的预计销售量，结合产成品的期初结存量和预计期末结存量编制生产预算。

（3）根据生产预算确定的预计生产量，先分别编制直接材料消耗及采购预算、直接人工预算和制造费用预算，然后汇总编制产品生产成本预算。

（4）根据销售预算编制销售及管理费用预算。

（5）根据销售预算和生产预算估计所需要的固定资产投资，编制资本支出预算。

（6）根据执行以上各项预算所产生和必需的现金流量，编制现金预算。

（7）综合以上各项预算，进行试算平衡，编制预计财务报表。

二、财务预算的编制方法

财务预算是一系列专门反映企业未来一定预算期内预计财务状况和经营成果，以及现金收支等价值指标的各种预算的总称。以下探讨预算编制的主要方法。

（1）固定预算。固定预算也称静态预算，是指企业根据未来既定的业务量水平作为唯一基础来编制预算的方法。预算编制后具有相对的稳定性，没有特殊情况不需要对预算进行修订，所以该方法适用于经济状况比较稳定的企业或部门。

（2）弹性预算。弹性预算又称变动预算，是指企业在不能准确预测业务量的情况下，根据本、量、利之间有规律的数量关系编制的能够适应不同生产经营水平需要的预算方法。

弹性预算能适应多种业务量水平。与固定预算比较来看，弹性预算适应的范围较广，可与多种业务量水平相对应，从而得到不同的预算额。弹性预算的业务量范围一般限定在正常业务量能力的70%~110%，因此弹性预算并不是只适应一个业务量水平的一个预算，而是能够随业务量水平变动而变动的一组预算。弹性预算一般在制造费用、管理费用等间接费用上应用频率较高。弹性预算易于与实际业务量进行对比。由于企业的生产经营活动总是处于不断变化之中，实际业务量与计划业务量往往并不一致，这样利用弹性预算，就可以将实际指标与实际业务量相对应的预算金额进行比较，使分析更具有客观性，从而更好地发挥预算在实际生产经营活动中的控制作用。

（3）零基预算。零基预算是指不受过去实际收支情况的限制，一切都从零开始编制预算的方法。它不受过去实际发生数据的影响，从实际出发，逐项进行分析，从根本上评价各项活动。它充分调动了单位全体员工的工作积极性，挖掘了内在潜力，增强了预算的实用性。零基预算是以零为起点，把原业务量和新增业务量看作一个整体，根据预算年度预测的业务量来确定有关数据；并且要求对所有的业务活动都进行成本效益分析后，才能编制新的预算。

（4）增量预算。增量预算是指以基期成本费用水平为基础，结合预算期业务量水平及有关降低成本的措施，通过调整有关原有费用项目而编制预算的方法。

第三节　财务内部控制及其管理制度

一、财务内部控制

（一）财务控制

财务控制是指按照一定的程序与方法，确保企业及其内部机构和人员全面落实与实现财务预算的过程。

财务控制的特征有：以价值形式为控制手段；以不同岗位、部门和层次的不同经济业务为综合控制对象；以控制日常现金流量为主要内容。

财务控制是内部控制的一个重要组成部分，是内部控制的核心，是内部控制在资金和价值方面的体现。

1.财务控制的原则

财务控制的原则包括以下几个方面：[①]

（1）目的性原则。财务控制作为一种财务管理职能，必须具有明确的目的性，为企业理财目标服务。

（2）充分性原则。财务控制的手段对于目标而言，应当是充分的，应当足以保证目标的实现。

[①] 李宁.财务管理[M].北京：中国金融出版社，2015.

（3）及时性原则。财务控制的及时性要求及时发现偏差，并能及时采取措施加以纠正。

（4）认同性原则。财务控制的目标、标准和措施必须为相关人士所认同。

（5）经济性原则。财务控制的手段应当是必要的，没有多余，财务控制所获得的价值应大于所需费用。

（6）客观性原则。管理者对绩效的评价应当客观公正，防止主观片面。

（7）灵活性原则。财务控制应当含有足够灵活的要素，以便在出现任何失常情况下，都能保持对运行过程的控制，不受环境变化、计划疏忽、计划变更的影响。

（8）适应性原则。财务控制的目标、内容和方法应与组织结构中的职位相适应。

（9）协调性原则。财务控制的各种手段在功能、作用、方法和范围方面不能相互制约，而应相互配合，在单位内部形成合力，产生协同效应。

（10）简明性原则。控制目标应当明确，控制措施与规章制度应当简明易懂，易为执行者所理解和接受。

2.财务控制的分类

（1）按照财务控制的内容，可分为一般控制和应用控制两类。一般控制是指对企业财务活动赖以进行的内部环境所实施的总体控制，包括组织控制、人员控制、财务预算、业绩评价、财务记录等内容。应用控制是指作用于企业财务活动的具体控制，包括业务处理程序中的批准与授权、审核与复核以及为保证资产安全而采取限制措施等控制。

（2）按照财务控制的功能，可分为预防性控制、侦查性控制、纠正性控制、指导性控制和补偿性控制。预防性控制是指为防范风险、错弊和非法行为的发生，或减少其发生机会所进行的控制。侦查性控制是指为了及时识别已经存在的风险、已发生的错弊和非法行为，或增强识别能力所进行的控制。纠正性控制是对那些通过侦查性控制查出来的问题所进行的调整和纠正。指导性控制是为了实现有利结果而进行的控制。补偿性控制是针对某些环节的不足或缺陷而采取的控制措施。

（3）按照财务控制的时序，可分为事前控制、事中控制和事后控制三类。事前控制是指企业为防止财务资源在质和量上发生偏差，而在行为发生之前所实施的控制。事中控制是指财务活动发生过程中所进行的控制。事后控制是指对财务活动的结果所进行的分析、评价。

3.财务控制的方法

财务控制是内部控制的一个重要环节，财务控制要以消除隐患、防范风险、规范经营、提高效率为宗旨，建立全方位的财务控制体系，实行多元化的财务监控措施。

全方位的财务控制是指财务控制必须渗透到企业的法人治理结构与组织管理的各个层次、生产业务的全过程、各个经营环节，覆盖企业所有的部门、岗位和员工。

多元化的财务监控措施是指既有事后的监控措施，又有事前、事中的监控手段、策略；既有约束手段，又有激励的安排；既有财务上资金流量和存量预算指标的设定、会计报告反馈信息的跟踪，又有人事委派、生产经营一体化、转移价格、资金融通的策略。

4.财务控制的内容

（1）责任中心财务控制。建立责任中心、编制和执行责任预算、考核和监控责任预算的执行情况是企业实行财务控制的一种有效手段，又称为责任中心财务控制。

1）责任中心的特征分析。责任中心就是承担一定经济责任，并享有一定权力和利益的企业内部（责任）单位。企业为了实行有效的内部协调与控制，通常都按照统一领导、分级管理的原则，在其内部合理规划责任单位，明确各责任单位应承担的经济责任、应有的权利，促使各责任单位尽其责任协同配合实现企业预算总目标。同时，为了保证预算的贯彻落实和最终实现，必须把总预算中确定的目标和任务，按照责任中心逐层进行指标分解，形成责任预算，使各个责任中心据以明确目标和任务。

责任预算执行情况的揭示和考评可以通过责任会计来进行。责任会计围绕各个责任中心，把衡量工作成果的会计同企业生产经营的责任制紧密结合起来，成为企业内部控制体系的重要组成部分。由此可见，建立责任中心是实行责任预算和责任会计的基础。责任中心通常具有以下特征：

第一，责任中心是一个责、权、利相结合的实体。它意味着每个责任中心都要对一定的财务指标承担完成的责任；同时，赋予责任中心与其所承担责任的范围和大小相适应的权力,并规定出相应的业绩考核标准和利益分配标准。

第二,责任中心具有承担经济责任的条件。它有两个方面的含义:一是责任中心要有履行经济责任中各条款的行为能力;二是责任中心一旦不能履行经济责任,能对其后果承担责任。

第三,责任中心所承担的责任和行使的权力都应是可控的。每个责任中心只能对其责权范围内可控的成本、收入、利润和投资负责,在责任预算和业绩考评中也只应包括他们能控制的项目。可控是相对于不可控而言的,不同的责任层次,其可控的范围并不一样。一般而言,责任层次越高,其可控范围也就越大。

第四,责任中心具有相对独立的经营业务和财务收支活动。它是确定经济责任的客观对象,是责任中心得以存在的前提条件。

第五,责任中心便于进行责任会计核算或单独核算。责任中心不仅要划清责任而且要单独核算,划清责任是前提,单独核算是保证。只有既划清责任又能进行单独核算的企业内部单位,才能作为一个责任中心。

2)责任中心的类型与考核指标。根据企业内部责任中心的权责范围及业务活动的特点不同,责任中心可以分为以下三大类型:

第一,成本中心。成本中心是对成本或费用承担责任的责任中心,它不会形成可以用货币计量的收入,因而不对收入、利润或投资负责。成本中心一般包括负责产品生产的生产部门、劳务提供部门以及给予一定费用指标的管理部门。

第二,利润中心。利润中心往往处于企业内部的较高层次,如分公司、分厂、分店。一般具有独立的收入来源或能视同为一个有独立收入的部门,并具有独立的经营权。利润中心与成本中心相比,其权力和责任都相对较大,其不仅要降低成本,更要寻求收入的增长,并使之超过成本的增长。换言之,利润中心对成本的控制是联系着收入进行的,它强调相对成本的节约。

第三,投资中心。投资中心是指既对成本、收入和利润负责,又对投资效果负责的责任中心。投资中心同时也是利润中心。它与利润中心的区别主要有两个:一是权力不同。利润中心没有投资决策权,它是指在企业投资形成后进行具体的经营;而投资中心则不但在产品生产和销售上享有较大的自主权,而且能够相对独立地运用所掌握的资产,有权构建或处理固定资产,扩大或缩减现有生产能力。二是考核办法不同。考核利润中心业绩时,不管投资多少或占用资产多少,都不进行投入、产出的比较;相反,考核投资中心业绩时,必须将所获得的利润与所占用的资产进行比较。

投资中心是最高层次的责任中心,它具有最大的决策权,也承担最大的责任。投资中心的管理特征是较高程度的分权管理。一般而言,大型集团所属的子公司、分公司、事业部往往都是投资中心。在组织形式上,成本中心一般不是独立的法人,利润中心可以是也可以不是独立法人,而投资中心一般是独立法人。

由于投资中心独立性较高,它一般应向公司的总经理或董事会直接负责。对于投资中心不应干预过多,应使其享有投资权和较为充分的经营权;投资中心在资产和权益方面应与其他责任中心划分清楚。如果对投资中心干预过多,或者其资产和权益与其他责任中心划分不清楚,出现互相扯皮的现象,则无法对其进行准确的考核。

(2)责任预算。责任预算是指以责任中心为主体,以可控成本、收入、利润和投资等为对象编制的预算。它是企业总预算的补充和具体化。责任预算由各种责任指标组成。责任指标包括:①主要指标,上述责任中心所涉及的考核指标,也是必须保证实现的指标。②其他指标,为保证主要指标的完成而设定的指标,或是根据企业其他总目标分解的指标,通常有劳动生产率、设备完好率、出勤率、材料消耗率和职工培训等指标。

责任预算的编制程序有两种:一种是以责任中心为主体,将企业总预算在各责任中心之间层层分解而形成各责任中心的预算。它实质是自上而下地实现企业总预算的目标。这种自上而下、层层分解指标的方式是一种常用的预算编制程序。其优点是使整个企业浑然一体,便于统一指挥和调度;不足之处是可能会遏制责任中心的积极性和创造性。另一种是各责任中心自行列示各自的预算指标,层层汇总,最后由企业专门机构或人员进行汇总和调整,确定企业总预算。这是一种由下而上,层层汇总、协调的预算编制程序。其优点是有利于发挥各责任中心的积极性,但往往各责任中心只注重本中心的具体情况或多从自身利益角度考虑,容易造成彼此协调困难、互相支持少,以致冲击企业的总体目标。而且,层层汇总、协调,工作量大,协调难度大,影响预算质量和编制时效。

责任预算的编制程序与企业组织机构设置和经营管理方式有着密切联系。因此在集权组织结构形式下,公司最高层管理机构对企业的所有成本、收入、利润和投资负责,既是利润中心,又是投资中心。而公司下属各部门、各工厂、各车间、各工段、各地区都是成本中心,它们只对其权责范围内控制的成本负责。因此，在集权组织结构形式下，首先要按照责任中心的层次，从上至下把公司总预算（全面预算）逐层向下分解，形成各责任中心的责任预算；其次建立责任预算执行情况的跟踪系统，记录预算执行的实际情况，并定期由下至上把责任预算的实际执行数据逐层汇总，直到最高层的投资中心。

在分权组织结构形式下，经营管理权分散在各责任中心，公司下属各部门、各工厂、各地区等与公司自身一样，可以都是利润中心或投资中心，它们既要控制成本、提高收入和利润，又要对所占用的全部资产负责。而在它们之下，还有许多对各自所控制的成本负责的成本中心。在分权组织结构形式下，首先应该按照责任中心的层次，将公司总体预算从最高层向最低层逐级分解，形成各责任中心的责任预算。然后建立责任预算跟踪系统，记录预算执行情况，并定期从最基层责任中心把责任成本和收入的实际情况，通过编制业绩报告逐级向上汇总。

（3）责任报告。责任报告是对各个责任中心执行责任预算情况的系统概括和总结，又称业绩报告、绩效报告。它是根据责任会计记录编制的反映责任预算实际执行情况，揭示责任预算与实际执行差异的内部会计报告。责任会计以责任预算为基础，对责任预算的执行情况进行系统的反映，用实际完成情况同预算目标对比，可以评价和考核各个责任中心的工作成果。责任中心的业绩评价和考核应通过编制责任报告来完成。

责任报告的形式主要有报表、数据分析和文字说明等。将责任预算、实际执行结果及其差异用报表予以列示是责任报告的基本形式。在揭示差异时，还必须对重大差异予以定量分析和定性分析。定量分析旨在确定差异的发生程度；定性分析旨在分析差异产生的原因，并根据这些原因提出改进建议。

在企业的不同管理层次上，责任报告的侧重点应有所不同。最低层次的责任中心的责任报告应当最详细，随着层次的升高，责任报告的内容应以更为概括的形式来表现。这一点与责任预算的自上而下分解过程不同，责任预算是由总括到具体，责任报告则是由具体到总括。责任报告应能突出产生差异的重要影响因素。为此，应突出重点，使报告的使用者能把注意力集中到少数严重脱离预算的因素或项目上来。

根据责任报告，可进一步对责任预算执行差异的原因和责任进行具体分析，以充分发挥反馈作用，以使上层责任中心和本责任中心对有关生产经营的活动实行有效的控制与调节，促使各个责任中心根据自身特点，卓有成效地开展有关活动以实现责任预算。

为了编制各责任中心的责任报告，必须进行责任会计核算，即要以责任中心为对象组织会计核算工作，具体做法有两种。一种做法是由各责任中心指定专人把各中心日常发生的成本、收入以及各中心相互间的结算和转账业务记入单独设置的责任会计的编号账户内，然后根据管理需要，定期计算盈亏。因其与财务会计分开核算，故称为双轨制。另一种做法是简化日常核算，不另设专门的责任会计账户，而是在传统财务会计的各明细账户内，为各责任中心分别设置账户进行登记、核算，故称为单轨制。

（4）责任业绩考核。责任业绩考核是指以责任报告为依据，分析、评价各责任中心责任预算的实际执行情况，找出差距，查明原因，借以考核各责任中心工作成果，实施奖罚，促使各责任中心积极纠正行为偏差，完成责任预算的过程。

责任中心的业绩考核有广义与狭义之分。广义的业绩考核除价值指标外，还包括对各责任中心的非价值责任指标的完成情况进行考核。狭义的业绩考核仅指对各责任中心的价值指标，如成本、收入、利润以及资产占用等责任指标的完成情况进行考评。

1）成本中心业绩考核。成本中心没有收入来源，只对成本负责，因而也只考核其责任成本。由于不同层次成本费用控制的范围不同，计算和考核的成本费用指标也不尽相同，越往上一层次计算和考核的指标越多，考核内容也越多。成本中心业绩考核是以责任报告为依据，将实际成本与预算成本或责任成本进行比较，确定两者差异的性质、数额以及形成的原因，并根据差异分析的结果，对各成本中心进行奖罚，以督促成本中心努力降低成本。

2）利润中心业绩考核。利润中心既对成本负责，又对收入和利润负责，在进行考核时，应以销售收入、边际贡献和利息税前利润为重点进行分析、评价。特别是应通过一定期间实际利润与预算利润进行对比，分析差异及其形成原因，明确责任，借以对责任中心的经营得失和有关人员的功过做出正确评价和奖罚。在考核利润中心业绩时，也只是计算和考核本利润中心权责范围内的收入和成本。凡不属于本利润中心权责范围内的收入和成本，尽管已由本利润中心实际收入或支付，仍应予以剔除，不能作为本利润中心的考核依据。

3）投资中心业绩考核。投资中心不仅要对成本、收入和利润负责，还要对投资效果负责。因此，投资中心业绩考核，除收入、成本和利润指标外，考核重点应放在投资利润率和剩余收益两项指标上。

从管理层次看，投资中心是最高一级的责任中心，业绩考核的内容或指标涉及各个方面，是一种较为全面的考核。考核时通过将实际数与预算数进行比较，找出差异，进行差异分析，查明差异的成因和性质，并据以进行奖罚。由于投资中心层次高，涉及的管理控制范围广、内容复杂，考核时应力求原因分析深入、依据确凿、责任落实具体，这样才可以达到考核的效果。

（5）责任结算与核算。

1）内部转移价格。内部转移价格是指企业内部各责任中心之间进行内部结算和责任结转时所采用的价格标准。

制定内部转移价格时，必须考虑全局性原则、公平性原则、自主性原则和重要性原则。全局性原则强调企业整体利益高于各责任中心利益，当各责任中心利益冲突时，企业和各责任中心应本着企业利润最大化或企业价值最大化的要求，制定内部转移价格。公平性原则要求内部转移价格的制定应公平合理，应充分体现各责任中心的经营努力或经营业绩，防止某些责任中心因价格优势而获得额外利益，某些责任中心因价格劣势而遭受额外损失。自主性原则是指在确保企业整体利益的前提下，只要可能就应通过各责任中心的自主竞争或讨价还价来确定内部转移价格，真正在企业内部实现市场模拟，使内部转移价格能为各责任中心所接受。重要性原则是指内部转移价格的制定应当体现"大宗细，零星简"的要求，对原材料、半成品、产成品等重要物资的内部转移价格制定从细，而对劳保用品、修理用备件等数量繁多、价值低廉的物资，其内部转移价格制定从简。内部转移价格的类型包括以下几种：

第一，市场价格。市场价格是根据产品或劳务的市场价格作为基价的价格。采用市场价格一般假定各责任中心处于独立自主的状态，可自由决定从外部或内部进行购销，同时产品或劳务有客观的市场价格可采用。

第二，协商价格。协商价格也可称为议价，是企业内部各责任中心以正常的市场价格为基础，通过定期共同协商所确定的为双方所接受的价格。采用协商价格的前提是责任中心转移的产品应有在非竞争性市场买卖的可能性，在这种市场内买卖双方有权自行决定是否买卖这种中间产品。如果买卖双方不能自行决定，或当价格协商的双方发生矛盾而又不能自行解决,或双方协商定价不能带来企业最优决策时,企业高一级的管理层要进行必要的干预。协商价格的上限是市价,下限是单位变动成本,具体价格应由各相关责任中心在这一范围内协商议定。当产品或劳务没有适当的市价时,也只能采用议价方式来确定。各相关责任中心的讨价还价,形成企业内部的模拟"公允市价",作为计价的基础。

第三,双重价格。双重价格就是针对责任中心各个方面分别采用不同的内部转移价格所制定的价格。如对产品(半成品)的供应方,可按协商的市场价格计价;对使用方则按供应方产品(半成品)的单位变动成本计价。其差额最终进行会计调整。之所以采用双重价格是因为内部转移价格主要是为了对企业内部各责任中心的业绩进行评价、考核,故各相关责任中心所采用的价格并不需要完全一致,可分别选用对责任中心最有利的价格为计价依据。双重价格有两种形式:①双重市场价格,就是当某种产品或劳务在市场上出现几种不同价格时,供应方应采用最高市场价格,使用方采用最低市场价格。②双重转移价格,就是供应方按市场价格或议价作为基础,而使用方按供应方的单位变动成本作为计价的基础。

双重价格的好处是既可以较好地满足供应方和使用方的不同需求,又能激励双方在经营上充分发挥主动性和积极性。

第四,成本转移价格。成本转移价格就是以产品或劳务的成本为基础而制定的内部转移价格。由于成本的概念不同,成本转移价格也有多种不同的形式,其中用途较为广泛的成本转移价格有三种:①标准成本,即以产品(半成品)或劳务的标准成本作为内部转移价格。它适用于成本中心或半成品的转移。②标准成本加成,即按产品(半成品)或劳务的标准成本加计一定的合理利润作为计价的基础。③标准变动成本,它是以产品(半成品)或劳务的标准变动成本作为内部转移价格,这种方式能够明确揭示成本与产量的关系,既便于考核各责任中心的业绩,也有利于经营决策。不足之处是产品(半成品)或劳务中不包含固定成本,不能反映劳动生产率变化对固定成本的影响,不利于调动各责任中心提高产量的积极性。

2)内部结算。内部结算是指企业各责任中心清偿因相互提供产品或劳务所发生的、按内部转移价格计算的债权、债务。按照结算的手段不同,可分别采取内部支票结算、转账通知单和内部货币结算等方式。

第一，内部支票结算方式。内部支票结算方式是指由付款一方签发内部支票通知内部银行从其账户中支付款项的结算方式。内部支票结算方式主要适用于收款、付款双方直接见面进行经济往来的业务结算。它可使收付双方明确责任。

第二，转账通知单方式。转账通知单方式是由收款方根据有关原始凭证或业务活动证明签发转账通知单，通知内部银行将转账通知单转给付款方，让其付款的一种结算方式。转账通知单一式三联，第一联为收款方的收款凭证，第二联为付款方的付款凭证，第三联为内部银行的记账凭证。这种结算方式适用于质量与价格较稳定的往来业务。它手续简便，结算及时，但因转账通知单是单向发出指令，付款方若有异议，可能拒付，需要交涉。

第三，内部货币结算方式。内部货币结算方式是使用内部银行发行的限于企业内部流通的货币（包括内部货币、资金本票、流通券、资金券等）进行内部往来结算的一种方式。这一结算方式比银行支票结算方式更为直观，可强化各责任中心的价值观念、核算观念、经济责任观念。但是，它也带来携带不便、清点麻烦、保管困难的问题。所以，一般情况下，小额零星往来业务以内部货币结算，大宗业务以内部银行支票结算。

上述各种结算方式都与内部银行有关，所谓内部银行是将商业银行的基本职能与管理方法引入企业内部管理而建立的一种内部资金管理机构。它主要处理企业日常的往来结算和资金调拨、运筹，旨在强化企业的资金管理，更加明确各责任中心的经济责任，完善内部责任核算，节约资金使用，降低筹资成本。

（6）责任成本的内部结转。责任成本的内部结转又称责任转账，是指在生产经营过程中，对于因不同原因造成的各种经济损失，由承担损失的责任中心对实际发生或发现损失的责任中心进行损失赔偿的账务处理过程。

企业内部各责任中心在生产经营过程中，常常有这样的情况：发生责任成本的中心与应承担责任成本的中心不是同一责任中心，为划清责任，合理奖罚，就需要将这种责任成本相互结转。最典型的实例是企业内的生产车间与供应部门都是成本中心，如果生产车间多耗用原材料是供应部门购入不合格的材料所致，则多耗材料的成本或相应发生的损失，应由生产车间成本中心转给供应部门成本中心负担。

责任转账的目的是划清各责任中心的成本责任，使不应承担损失的责任中心在经济上得到合理补偿。进行责任转账的依据是各种准确的原始记录和合理的费用定额。在合理计算出损失金额后,应编制责任成本转账表,作为责任转账的依据。

责任转账的方式有直接的货币结算和内部银行转账。前者是以内部货币直接支付给损失方,后者只是在内部银行所设立的账户之间划转。

各责任中心在往来结算和责任转账过程中,有时因意见不一致而产生一些责、权、利不协调的纠纷,为此,企业应建立内部仲裁机构,从企业整体利益出发对这些纠纷做出裁决,以保证各责任中心正常、合理地行使权力,保证其权益不受侵犯。

(二)内部控制

1.内部控制的目标与要素

内部控制是指企业董事会(或者由企业章程规定的经理、厂长办公会等类似的决策治理机构,以下简称董事会)、管理层和全体员工共同实施的、旨在合理保证实现企业基本目标的一系列控制活动。

(1)内部控制的目标。内部控制的目标有五个方面:①企业战略。②经营的效率和效果。③财务会计报告及管理信息的真实可靠。④资产的安全完整。⑤遵循国家法律法规和有关监管要求。

(2)内部控制的要素。

1)内部环境。内部环境是影响、制约企业内部控制制度建立与执行的各种内部因素的总称,是实施内部控制的基础。内部环境主要包括治理结构、组织机构设置与权责分配、企业文化、人力资源政策、内部审计机制等内容。

2)风险评估。风险评估是及时识别、科学分析影响企业战略和经营管理目标实现的各种不确定因素并采取应对策略的过程,是实施内部控制的重要环节和内容。风险评估主要包括目标设定、风险识别、风险分析和风险应对。

3)控制措施。控制措施是根据风险评估结果,结合风险应对策略所采取的确保企业内部控制目标得以实现的方法和手段,是实施内部控制的具体方式和载体。控制措施结合企业具体业务和事项的特点与要求制定,主要包括职责分工控制、授权控制、审核批准控制、预算控制、财产保护控制、会计系统控制、内部报告控制、经济活动分析控制、绩效考评控制、信息技术控制等。

4）信息与沟通。信息与沟通是及时、准确、完整地收集与企业经营管理相关的各种信息，并使这些信息以适当的方式在企业有关层级之间进行及时传递、有效沟通和正确应用的过程，是实施内部控制的重要条件。信息与沟通主要包括信息的收集机制及在企业内部和与企业外部有关方面的沟通机制等。

5）监督检查。监督检查是企业对其内部控制制度的健全性、合理性和有效性进行监督检查与评估，形成书面报告并做出相应处理的过程，是实施内部控制的重要保证。监督检查主要包括对建立并执行内部控制制度的整体情况进行持续性监督检查，对内部控制的某一方面或者某些方面进行专项监督检查，以及提交相应的检查报告、提出有针对性的改进措施等。企业内部控制自我评估是内部控制监督检查工作中的一项重要内容。

2.内部控制的一般方法

内部控制的一般方法通常包括职责分工控制、授权控制、审核批准控制、预算控制、财产保护控制、会计系统控制、内部报告控制、经济活动分析控制、绩效考评控制、信息技术控制等。

（1）职责分工控制。职责分工控制要求根据企业目标和职能任务，按照科学、精简、高效的原则，合理设置职能部门和工作岗位，明确各部门、各岗位的职责权限，形成各司其职、各负其责、便于考核、相互制约的工作机制。企业在确定职责分工过程中，应当充分考虑不相容职务相互分离的制衡要求。不相容职务通常包括授权批准、业务经办、会计记录、财产保管、稽核检查等。

（2）授权控制。授权控制要求企业根据职责分工，明确各部门、各岗位办理经济业务与事项的权限范围、审批程序和相应责任等内容。企业内部各级管理人员必须在授权范围内行使职权和承担责任，业务经办人员必须在授权范围内办理业务。授权一般包括常规性授权和临时性授权。常规性授权是指企业在日常经营管理活动中按照既定的职责和程序进行的授权。临时性授权是指企业在特殊情况、特定条件下进行的应急性授权。

（3）审核批准控制。审核批准控制要求企业各部门、各岗位按照规定的授权和程序，对相关经济业务和事项的真实性、合规性、合理性以及有关资料的完整性进行复核与审查，通过签署意见并签字或者盖章，做出批准、不予批准或者其他处理的决定。

（4）预算控制。预算控制要求企业加强预算编制、执行、分析、考核等各环节的管理，明确预算项目，建立预算标准，规范预算的编制、审定、下达和执行程序，及时分析和控制预算差异，采取改进措施，确保预算的执行。

（5）财产保护控制。财产保护控制要求企业限制未经授权的人员对财产的直接接触和处置，采取财产记录、实物保管、定期盘点、账实核对、财产保险等措施，确保财产的安全完整。

（6）会计系统控制。会计系统控制要求企业根据《中华人民共和国会计法》《企业会计准则》和国家统一的会计制度，制定适合本企业的会计制度，明确会计凭证、会计账簿和财务会计报告以及相关信息披露的处理程序，规范会计政策的选用标准和审批程序，建立、完善会计档案保管和会计工作交接办法，实行会计人员岗位责任制，充分发挥会计的监督职能，确保企业财务会计报告真实、准确、完整。

（7）内部报告控制。内部报告控制要求企业建立和完善内部报告制度，明确相关信息的收集、分析、报告和处理程序，及时提供业务活动中的重要信息，全面反映经济活动情况，增强内部管理的时效性和针对性。内部报告方式通常包括例行报告、实时报告、专题报告、综合报告等。

（8）经济活动分析控制。经济活动分析控制要求企业综合运用生产、购销、投资、财务等方面的信息，利用因素分析、对比分析、趋势分析等方法，定期对企业经营管理活动进行分析，发现企业经营存在的问题，查找原因，并提出改进意见和应对措施。

（9）绩效考评控制。绩效考评控制要求企业科学设置业绩考核指标体系，对照预算指标、盈利水平、投资回报率、安全生产目标等业绩指标，对各部门和员工当期业绩进行考核和评价，兑现奖惩，强化对各部门和员工的激励与约束。

（10）信息技术控制。信息技术控制要求企业结合实际情况和计算机信息技术应用程度，建立与本企业经营管理业务相适应的信息化控制流程，提高业务处理效率，减少和消除人为操纵因素，同时加强对计算机信息系统开发与维护、访问与变更、数据输入与输出、文件储存与保管、网络安全等方面的控制，保证信息系统安全、有效运行。

3.内部控制制度设计的原则

现代企业在建立和设计内部控制框架时必须遵循与依据的客观规律及基本法则，称为内部控制的基本原则。同时，这些原则也是外部人员判断一个企业内部控制制度设计状况的基本依据。

（1）合法性原则。合法性原则是指内部控制制度应当符合法律、行政法规的规定和有关政府监管部门的监管要求。

（2）全面性原则。全面性原则是指内部控制制度在层次上应当涵盖企业决策层、管理层和全体员工，在对象上应当覆盖企业各项业务和管理活动，在流程上应当渗透到决策、执行、监督、反馈等各个环节，避免内部控制出现空白和漏洞。

（3）重要性原则。重要性原则是指内部控制制度应当在兼顾全面的基础上突出重点，针对重要业务与事项、高风险领域与环节采取更为严格的控制措施，确保不存在重大缺陷。

（4）有效性原则。有效性原则是指内部控制制度应当能够为内部控制目标的实现提供合理保证。企业全体员工应当自觉维护内部控制制度的有效执行。内部控制制度建立和实施过程中存在的问题应当能够得到及时地纠正与处理。

（5）适应性原则。适应性原则是指内部控制制度应当随着企业外部环境的变化、经营业务的调整、管理要求的提高等不断改进和完善。

（6）合理性原则。合理性原则是指内部控制制度应当合理体现企业经营规模、业务范围与特点、风险状况以及所处具体环境等方面的要求。

（7）制衡性原则。制衡性原则是指企业的机构、岗位设置和权责分配应当科学合理并符合内部控制的基本要求，确保不同部门、岗位之间权责分明和有利于相互制约、相互监督。履行内部控制监督检查职责的部门应当具有良好的独立性。任何人不得拥有凌驾于内部控制之上的特殊权力。

（8）成本效益原则。成本效益原则是指内部控制制度应当在保证内部控制有效性的前提下，合理权衡成本与效益的关系，争取以合理的成本实现更为有效的控制。

二、财务内部管理制度

（一）企业内部的审计制度

为进一步完善公司内部审计，增强公司自我约束，完善公司内部控制制度，优化公司业务流程，改善经营管理，提高经济效益，依据国家有关法规和公司的基本法规精神制定本制度。

1.审计的总要求

（1）公司的内部审计主要负责对公司经营管理的各个方面、各个环节进行独立监督和评价，以确定其是否遵循了公司的方针、政策和计划，是否符合公司规定的程式与标准，是否有效和经济地使用了资源，是否正在实现公司的目标。[1]

（2）公司审计部门依照本制度和总裁的指示独立行使审计职权，不受其他部门和个人的干涉。

（3）内部审计的基本原则包括独立性原则、合法性原则、实事求是原则、客观公正原则、廉洁奉公原则和保守秘密原则。

2.机构与审计人员

（1）公司设立审计部门，依照本制度行使审计职权，对公司最高领导层负责并报告工作。公司根据需要，可在所属公司派驻专职审计人员。

（2）公司审计部门应配备与工作相适应的专职人员。专职审计人员应具有审计、会计、经济和工程等相关技术职称，具备与所从事的审计工作相适应的思想素质和业务能力。

（3）公司审计部门应有计划地开展审计人员岗位培训和考核，不断提高内部审计人员的思想素质和业务能力。

（4）审计人员忠于职守，客观公正，保守秘密，不得滥用职权，徇私舞弊。

（5）审计人员办理审计事项，与被审计部门和审计事项有利害关系时，应当回避。

3.审计的管理规定

（1）审计时间。①定期审计：每半年，董事长指定适当人员执行审计工作。②临时审计：视情况，董事长随时指定适当人员执行审计工作。

（2）审计业务范围。①经营目标或承包经营合同规定的目标完成情况。②公司资产是否完整，有无损失浪费，有无短期经营行为。③公司内部控制制度的健全有效情况。④各项财务收支是否符合公司规定，有无违反财经纪律的问题。⑤各项专用基金的提取、使用是否符合规定。⑥销售收入、成本费用、营业

---

[1] 李建军.财务管理流程·制度·表格[M].上海：立信会计出版社，2017.

外收支、利润的真实性和合法性。⑦固定资产、流动资产、长期投资、在建工程以及其他资产是否完整真实，并为企业实际拥有。⑧收费是否按公司的有关规定执行，有无违规收费行为。⑨债权债务的形成是否合理、合法，清理是否及时，有无纠纷和遗留问题。⑩资本公积的来源、盈余公积的提取和使用、未分配利润的构成是否真实合法；⑪董事长认为需要审计的其他事项。

（3）审计人员的权利与义务。

1）权利。

第一，要求报送资料权。审计人员有权要求被审计单位报送或提供与审计事项有关的资料。

第二，核查权。审计人员有权审核与审计事项有关的财务及其他经营资料以及相应的信息软件系统。

第三，参加会议权。审计人员有权参加公司各级组织召开的、与内部审计工作有关的经营管理会议。

第四，调查取证权。审计人员有权就审计事项的有关问题向有关单位和个人进行调查，并索取有关文件和资料等证明材料。

第五，临时制止权。审计人员对被审计单位正在进行的违反公司规定的行为，包括转移、隐匿、篡改、毁弃有关资料的行为，越权、违规处置资产、严重偏离经营目标，违反公司财务规定和造成经营风险、损失浪费的行为，可做出临时制止决定。制止无效的，必须建议董事长采取强制措施进行制止。

第六，建议处理权。审计人员对阻挠、妨碍审计工作以及拒绝提供有关资料的人员，经董事长批准后，可以采取必要的临时措施并提出追究有关人员责任的建议。对严重违反规定和造成经营风险、损失浪费的直接责任人员提出处理的建议。

第七，建议纠正权与处理、处罚权。审计人员对被审计单位违反规定的经营管理行为，有权予以处理、处罚。审计处理包括责令限期停止违规行为，尽快采取纠正措施。审计处罚包括向董事长报告情况，提出行政处罚建议，按规定实施经济处理以及其他处罚措施。

2）义务。

第一，严格遵守职业道德，忠于职守、坚持原则、客观公正、实事求是、廉洁奉公、保守秘密、不徇私舞弊和不玩忽职守。

第二，保守职务上所得知的秘密，除呈报外，不得泄露或预先透露给检查单位。

第三，审计人员对审计报告的真实性、公允性负责。

第四，工作态度应力求亲切，切忌傲凌或偏私。

第五，对审计中发现的管理漏洞，应随时向被审计单位及有关人员提出改进的建议。

第六，审计事务完妥后，应据实撰写审计报告上呈董事长。

（4）被审计单位的权利与义务。

1）权利。①有权对审计人员的违规行为向董事长进行举报和申诉。②有权对审计报告的处理决定提出异议，并向董事长提出复审。

2）义务。①积极配合审计人员的审计工作，提供完整的审计资料，并对报送资料的真实性负责。②如实回答审计人员的询问，不得拒绝、隐匿、谎报。③不得以任何理由阻挠审计工作的开展，不得对审计人员进行打击报复。④不得威胁、恐吓、贿赂审计人员，干扰审计报告的真实性。

（5）审计程序。

1）审计实施准备阶段。①根据董事长的安排，审计人员根据公司的具体情况，确定审计工作计划，报请董事长批准后实施。②在实施审计前，审计人员根据审计实施方案内容，提前3天给被审计单位下达审计通知书（领导临时决定的突击性审计任务除外）。被审计单位或部门接到审计通知书后，应做好接受审计的各项准备工作，包括为审计人员提供必要的工作条件、提供审计所需的资料等。

2）审计工作实施。①审计中发现的问题，可随时向有关单位和人员提出改进的建议。审计终结，提出审计报告，征求被审计单位的意见，报公司分管领导审批。经批准的审计意见书和审计决定，送达被审计单位。被审计单位必须执行审计决定，进行相应的财务调整工作。②对主要项目进行后续审计，检查采纳审计意见和执行审计决定的情况。对拒不执行审计意见、审计决定的单位及其负责人，审计机构应向公司分管领导提出处置意见。③被审计单位对审计意见书和审计决定如有异议，可以在接到正式审计报告、审计意见书7天内向公司分管领导提出。分管领导应当及时处理，在领导未做出处理意见前，必须执行审计意见的审计决定。

（6）审计档案管理。

1）审计部门应当建立健全审计档案管理制度，审计档案的归档、保管由内部审计人员负责。

2）审计档案管理范围：①审计通知书和审计方案。②审计报告及其附件。③审计记录、审计工作底稿和审计证据。④反映被审计单位和个人业务活动的书面文件。⑤总经理对审计事项或审计报告的指示、批复和意见。⑥审计处理决定及执行情况报告。⑦申诉、申请复审报告。⑧复审和后续审计的资料。⑨其他应保存的资料。

3）档案管理具体办法参照公司档案管理制度、保密管理制度执行。如借阅审计档案，应经有关领导批准。审计档案的保管期限为10年。

（二）财务内部稽核制度

财务内部稽核是在财务部门内部设置稽核岗位，依据国家财经法规和公司财务会计制度，系统地检查、复核各项财务收支的合法性、合理性和会计处理的正确性，并对稽核中发现的问题及时进行处理的内部监督机制。具体包括对各项财务收支的事前、事中审查和对其他会计资料的事后复核。

1.财务内部稽核制度的原则

（1）防范性原则。及时发现和纠正企业实施财务管理、会计核算过程中出现的各种偏差，防范企业财务管理风险，不断提高企业财务管理水平和会计核算质量。

（2）经常性原则。财务内部稽核依据加强财务管理、防范财务管理风险、监控财务收支的内在要求，按照财务机构设置与相应的职责分工随时随地进行，并对稽核中所发现的问题及时进行处理。

（3）规范性原则。进行财务内部稽核，必须以国家财务会计法律、法规和企业财务会计制度为准绳，以事实为根据，客观评价企业财务收支的合法性、合理性和会计处理的正确性。

2.财务内部稽核人员的职责

财务内部稽核人员的基本职责有以下几个方面：

（1）财务部为内部稽核主管部门。稽核人员负责审查经总经理批准的财务收支计划、销售经营计划、投资计划、固定资产购置计划、资金筹集和使用计划、利润分配的执行情况，发现问题应及时向公司领导反映，并提出改进设想、办法及措施，对计划指标的调整提出意见和建议。

（2）稽核人员负责审查各项费用开支标准是否按标准执行，有无超标准、超范围开支。正确核算成本费用，严格划清成本界限。

（3）稽核人员负责审查财务部各项规章制度的贯彻执行情况，对违反规定的现象和工作中的疏漏应及时指出，并提出改正意见和建议。

（4）稽核人员、总经理、财务经理可随时对报表、明细账进行调阅、检查，对数字的真实性、计算的准确性、内容的完整性提出质疑，会计人员应对自己负责的账目清楚明确，据实回答。

（5）稽核人员、财务经理负责审核账务处理是否符合会计制度的规定，是否符合公司经营管理的需要，是否能真实、全面地反映公司实际情况。

（6）稽核人员审核会计人员每月是否对自己负责的科目进行自查、分析。如有入账错误或异常变动，是否及时查找原因，及时调整和更正。

3.财务内部稽核制度的内容

（1）会计凭证稽核。稽核人员审核会计人员制作的会计凭证是否由经管不同岗位的会计人员进行了复核、签章。会计凭证稽核的主要内容有以下几个方面：

1）审核原始凭证。原始凭证包括自制的入库单、出库单、调拨单、报销付款单据、回款收据、收入单据、销售小票，以及从外单位取得的发票或收据等。

第一，自制的原始凭证格式是否符合公司会计核算制度的规定；所反映的经济业务是否合乎公司的财务规定、是否合理；凭证填写日期与经济业务发生日期是否相符、单据是否齐全、数据是否准确、是否签批通过。

第二，各种原始凭证内容是否完整、是否列明接收单位名称；凭证的经济内容是否真实，品名、数量、单价是否填写齐全，金额计算是否准确。如有更改，是否有原经手人的签字证明。

第三，凡须填写大、小写金额的原始凭证，大、小写金额是否一致，购买实物的原始凭证是否有验收证明（即入库单）；支付款项的原始凭证是否有收款单位或收款人证明或签字；报销凭证的审批手续是否完备、是否经授权审批人签字同意。

第四，如果原始凭证遗失或未取得原始凭证，由原填制单位出具证明作为原始凭证或出具由两个以上经办人员签字证明的原始凭证，出具证明的内容是否合法，是否经查实无重复支付现象。

第五，自制的原始凭证是否有凭证名称、填制日期、收款人姓名、付款人姓名、部门经理或总经理及经手人签字；金额计算是否准确、大小写、齐全格式是否正确。对外开具的原始凭证是否盖有公章及经手人签章。

第六，对不合理、不合法或伪造、变造的原始凭证应严厉查处，按公司规章制度的规定进行处理；票据的填制按票据管理制度的规定进行规范。

2）审核记账凭证。

第一，记账凭证所附原始凭证是否齐全，内容是否与经济内容相符；对于需要单独保管的重要原始凭证或文件，以及数量较多，不便附在记账凭证后面的原始凭证，是否在记账凭证上注明或留有复印件等。

第二，记账凭证的制作是否规范；会计科目使用是否准确；借贷方向是否正确。

第三，记账凭证与原始凭证日期是否超过十天；内容、金额是否一致；摘要是否言简意赅，文理通顺，符合要求。

第四，记账凭证的制单、复核、财务经理是否签名盖章；收付款凭证是否由经手人及出纳签名盖章；附件张数是否如实填写。

第五，对调整账目的凭证，要审核调整依据是否充足、金额是否准确；摘要中简要说明调账原因，是否有相关附件。

（2）总账及报表稽核。稽核人员应核查会计人员是否每月核对报表、总账、明细账，发现不符或错漏，是否通知相关人员进行更正，是否能保证会计报表的真实、准确、完整和及时。

第十一章　财务信息质量管控规划与设计研究

在企业集团发展壮大的过程中，财务信息质量的好坏不仅影响企业集团健康发展和战略决策，而且会影响利益相关者对企业集团的信任和信心，甚至影响大资本市场的繁荣。然而，在财务分散管理模式下，企业集团各个分（子）公司独立进行核算并通过报表层层上报、汇总、合并，最终形成企业集团的财务信息。对于多组织、多层级的企业集团来讲，如何保证企业集团财务信息质量成为制约企业集团做大做强的首要问题，企业集团CFO（Chief Financial Officer，首席财务官）团队需要制定提高财务信息质量的策略。理论和实践表明：制定财务信息质量的管控策略，将IT同财务核算与管控理论融合，并进行财务集中核算与管控模式、财务核算共享服务模式的创新，能够提高全集团财务信息质量，并保证企业集团统一的制度得到有效执行。基于此，本章对财务信息质量管控策略的整体规划、财务统一核算制度与管控的组织设计、内部交易协同与控制流程设计、多视角动态查询与财务报告进行论述。

第一节　财务信息质量管控策略规划

一、财务核算模式的创新理念

随着企业集团的发展壮大，企业集团的管理难度加大，尤其是企业集团普遍存在跨地域经营现象，没有信息技术支持的分散财务管控模式导致财务信息失真、集团对分（子）公司管控弱化等，这些问题已经引起企业集团的高度重视。一些学者和企业集团纷纷进行财务管控创新。例如：实行财务总监委派制和财务人员资格管理制度，实现财务核算的集中和统一管理；通过建立统一的集团财务制度和内部审计制度，实现财务制度的集中核算与管控等。这些方法在提升企业集团财务管控水平上起到了一定的作用，但是也存在诸多问题。在信息时代，要提升企业集团财务管控水平，除了上述方法外，还可以将信息技术与先进的管理方法有机融合，构建互联网环境下的财务核算与管控模式。

（一）财务集中核算与管控模式

财务集中核算与管控模式指的是在全集团制定统一的核算制度、统一的核算流程、统一的控制机制、统一的会计报告模型，以及统一的网络核算信息系统，并将组织、制度、流程、模型等嵌入信息系统。实现全集团数据集中、信息集中和管理集中，使企业集团总部能够通过网络实时掌控全集团各个分（子）公司的经济业务和经济成果，保证全集团财务数据的真实、准确和有效。

这种模式的建立会涉及企业集团一些分（子）公司的利益，分（子）公司的职务消费、突破企业集团制度红线、粉饰报表等问题将会在一定程度上有所暴露，因此，分（子）公司与企业集团总部达成战略共识十分重要。目前，我国一些领先的企业集团已经实现了财务集中核算与管控模式，如三峡集团、中建国际、中国电子信息集团、中石油集团等，在保证财务信息真实、准确、有效的同时，解决了集团与成员单位的信息不对称性问题，能够对分（子）公司进行实时管控，并能够按照集团战略管理的需求，提供多视角的财务报告。

（二）财务核算共享服务模式

财务核算共享服务模式是在集中核算与管控模式的基础上，进一步进行财务组织的变革形成的，即将原来分散在企业集团不同分（子）公司或者业务单元的核算岗位和业务从原来的分（子）公司或者业务单元中分离出来，成立独立的组织——财务核算共享服务中心，由该中心为企业集团分（子）公司或者业务单元提供统一的财务核算、业务管控和服务业务。

跨国公司市场经营的主要特征是全球化、合并、兼并和整合，这就要求公司进行标准化经营以保持竞争优势。20世纪90年代后期，跨国企业集团为了提高效率、降低成本，纷纷建立起一个组织，将各个成员单位共同的、简单的、重复的、标准化的业务集中于这个组织，实施全集团的共享服务。因此，共享服务中心（Shared Service Centre，SSC）诞生了，并日益受到企业集团的欢迎。[1]

这种模式的建立在财务管理理念上是一种更大的突破，它不仅规避了分（子）公司或者业务单位的职务消费、突破企业集团制度红线、粉饰报表等问题的发生，而且将由分（子）公司或者业务单元直接管理的财务部和相应的核算业务剥离出来，财务核算人员不隶属于分（子）公司和业务单元，不由CEO（Chief Executive Officer，首席执行官）团队管理，一方面让分（子）公司或者业务单元的CEO团队专心从事业务活动，另一方面削弱了CEO团队对财务核算的控制，从组织上进一步强化了集团总部的管控能力。

财务核算集中管理模式、财务核算共享服务模式不是一日建成的，核算业务（如经营费用、应收账款、应付账款、总账、报表等）中哪些可以集中，哪些应从分（子）公司或者业务单元剥离到财务核算共享服务中心？何时剥离？应该在集团的哪个层级建立共享服务中心？这些问题没有统一的答案，应该根据企业集团的管控需求进行脑力的激荡、观点的辨析以达成共识，并进行渐进式的变革与创新。两种模式的组织设计的不同之处，如表11-1所示[2]。

---

[1] 成静，彭代斌.大数据管理与会计信息质量[J].中国注册会计师，2018（9）：3-56.
[2] 本章图表均引自：张瑞君.企业集团财务管控[M].北京：中国人民大学出版社，2015.

表11-1　两种模式的组织设计的不同之处

	财务核算集中管理模式	财务核算共享服务模式
管理理念	在全集团制定统一的核算制度、核算流程、控制机制、会计报告模型，以及统一的网络核算信息系统，并将组织、制度、流程、模型等嵌入信息系统	在集中核算与管控模式的基础上，进一步进行财务组织的变革，建立独立的组织——财务核算共享服务中心，从各个分（子）公司财务部门提供核算服务转变为由财务核算共享服务中心为企业集团分（子）公司或者业务单元提供统一的财务核算和服务
组织管理	财务核算组织隶属于分（子）公司或者业务单元，由CFO团队管理	财务核算组织完全独立于分（子）公司或者业务单元，由共享中心管理
服务对象	一个分（子）公司或者业务单元经济业务	企业集团各个分（子）公司或者业务单元的经济业务
管控要素	集团统一制定制度、流程、模型，并嵌入基于网络的IT环境	集团统一制定制度、流程、模型、信息系统，并嵌入基于网络的IT环境；另外由于财务组织远离服务对象，因此需要设计跨越组织和时空的审批流程等
信息系统	基于C/S技术架构的IT环境	基于云技术架构的IT环境，由于财务组织远离服务对象，因此需要应用更多、更新的信息技术，如图像扫描技术、云计算技术、电子签名技术等

二、IT 环境中财务核算与管控的目标与内容

（一）IT环境中财务核算与管控的目标

不同企业集团在不同阶段的财务核算与管控目标不尽相同，从总体上看，财务核算与管控的目标是在IT环境中建立集团统一的财务核算体系，正确、及时、有效地反映和管控企业集团经营活动，满足企业集团和利益相关者提供财务报告的要求。通常来讲，其目标包括以下几点：

（1）建立满足财务会计和管控要求的多元化组织结构。

（2）建立集团统一的核算基础和内控制度、流程、核算模型。

（3）建立集团统一的支持财务核算与控制的信息系统。

（4）按照集团统一的制度自动收集各个分（子）公司的数据，保证财务信

息及时、正确、有效。

（5）有效支持集团成员的内部协同交易，解决集团企业成员之间对账难的问题。

（6）及时提供对外的企业集团、各成员单位的财务报告和战略单元报告。

（7）实现企业集团对分（子）公司的财务状况的动态监控和管理。

（二）IT环境中财务核算与管控的内容

不同企业集团的财务核算与管控的内容也不尽相同，通常来讲，财务核算与管控的内容包括以下几点：

（1）核算：根据企业集团各个分（子）公司和业务单元发生的经济业务，实时收集信息，控制业务的真实性和合理性，并生成记账凭证和账簿等会计档案。这些会计档案不仅能够正确、真实、完整、及时地反映企业集团各个分（子）公司、管理部门的财务状况和经营成果，还能够反映整个企业集团的财务状况和经营成果，集团总部和各层级相关管理者可以跨越时空、实时穿透式查询，透视下属单位的科目、凭证、账簿。主要的核算内容包括网上报销业务、应收账款、应付账款、固定资产、存货、现金收支、投融资等。

（2）控制：企业集团总部、各个分（子）公司、业务单元、管理组织编制预算指标，财务人员在对经济业务处理和核算的过程中进行实时预算控制；通过网络获取业务部门的信息（如采购合同、销售合同等），对经营业务的合规性进行实时控制；根据企业集团制定的制度和流程，进行跨越时空的审批控制等，其目的是保证企业集团统一的制度和政策得到有效执行。

（3）报告：根据企业集团利益相关者（财政部门、税务部门、行业主管部门等）的需求，企业集团、分（子）公司提供反映企业财务状况和经营成果的对外报告；根据企业集团各级管理者经营管理的需求，动态、实时地提供各种管理报告。这些报告不是层层汇总、合并形成的，而是根据企业集团财务核算系统中同一共享数据和信息生成的。无论是企业集团总部还是分（子）公司和管理组织，生成的报告都具有高度的一致性。

为了完成上述财务核算与管控，CFO团队需要规划相应的IT平台并配置相应的软件资源。

三、规划财务核算与管控的 IT 平台和资源配置

企业集团的特点是跨地域、跨行业、经营多元化，在非网络化环境下，要实现信息资源的集中几乎是不可能的，即便是CFO团队达成了选择集中或共享模式，也只能是空中楼阁，无法落地。以网络为代表的信息技术的迅猛发展，能够使信息打破空间、时间的界限，为企业集团从根本上实现财务核算与管控模式创新提供保障。所以，CFO团队必须规划支持财务核算与管控模式的IT环境，配置支持核算与管控的组件，形成最终的财务核算与管控的软件架构。

如果企业集团管控选择集中模式，IT环境就要选择基于C/S技术架构的网络环境；如果企业集团管控选择共享服务模式，IT环境就需要引入新的技术（移动互联技术、图形扫描技术、智能手机短信技术、云计算技术等），不断完善IT环境，使其成为能够支持财务核算共享服务的云环境。

IT环境中的财务核算与管控软件架构通常需要配置以下组件：

（1）信息收集组件与监控组件、分析与评价组件。一般情况下这类组件包括：费用预算模块、总账模块、网上报销模块、应收应付模块、固定资产模块、存货模块、工资核算模块、财务分析与财务报告模块等，这些模块基本属于信息收集与监控组件，以及简单的分析与评价组件。

（2）定义与映射组件。为了保证企业集团纵向价值链财务管控的信息质量并降低管理成本，必须选择具有定义和映射组件概念的若干模块，这是集团财务核算、控制与报告同单一企业财务核算与报告最大的区别。企业集团CFO要站在整个集团财务战略管理的高度，选择多元化组织结构设置模块、统一科目体系设置模块、财务核算流程设置模块、集权与分权控制权度设置模块、集团内部协同单据设置模块、支持财务业务一体化凭证模板的设置模块、集团统一报告体系设置模块等。只有在这些模块被选择并嵌入优化价值链的IT环境后，集团CFO才能利用信息系统定义集团的统一的财务政策和制度等，将信息技术与集团管理制度和政策有机融合，支持集团财务信息的动态反映和实时管控。

（3）软件架构。将这些组件有机地组合，就形成了财务集中核算与管控的软件架构。

在认同财务核算与管控创新理念、明确具体目标和内容、规划IT环境的基础上，还需要CFO进一步思考，在基于财务核算与管控的IT环境中，如何进行组织

设计、制度设计、流程设计、模型设计等，并嵌入IT环境，最终形成支持企业提升财务信息质量的管控策略。

第二节　财务统一核算制度与管控组织设计

一、集团统一会计核算制度设计与策略

在传统的核算模式下，由于集团企业下属单位的会计核算基础不统一、不规范以及内控制度不健全，造成会计信息核算的口径不一致，成员之间会计信息不可比，汇总的信息不正确，集团无法正确掌控下属成员的信息，很难对下属企业实施财务监控。在IT环境下，通常通过定义和映射组件，对集团的会计核算政策（如存货计价方法、退库成本、固定资产折旧分配周期、折旧方法、坏账计提方法等）、会计科目体系、内控制度、核算流程、控制权进行设计，固化在共享的IT环境中，使得全国各地的分（子）公司通过网络共享集团的统一会计核算基础和内控制度，并有效地贯彻和执行，提高会计信息的可比性和一致性。下面就几个关键问题进行论述。

（一）集权与分权的"控制权"的设计与配置策略

随着市场经济的发展，我国企业集团呈规模化发展之势，企业发展越快、规模越大，管理和控制问题就越突出。为了提高企业集团的会计管理水平，有效地控制集团成员的资金、费用，支持集团或总部的管理决策，很多公司在集权和分权的"控制权"的选择上犹豫不定。

集权与分权中的"权"主要是指管理权，表现在生产权、经营权、财务权和人事权等方面。

事实上，对于企业集团而言，不同的战略，在不同的发展阶段，集权与分权的"控制权"选择和"权度"的安排也不尽相同。集团管理软件能够很好地支

企业集团就集权与分权做出选择。

在集中核算模式下，所有分（子）公司的财务信息都集中于集团的IT环境，各种财务制度、流程、模型等也可以保存在IT环境下的数据库中，并且集团财务部门可以通过定义组件（参数配置）将财务核算政策、资产折旧政策、薪酬政策、费用报销政策等设置在企业集团的不同组织层次[分（子）公司/事业部]上，即在不同控制层面上设置控制参数，并保存在数据库中；实施控制时，系统自动识别控制政策，指导、约束企业集团成员的行为，从而实现企业集团期望的集权或分权控制。

在集中核算和报告模式下，如果企业集团希望采用集权管理和控制方式，则会由集团出台各种政策，不允许下属成员单位修改，使所有成员都在系统的监督和控制下，严格按照集团出台的政策执行，在业务的组织、管理、执行和控制等方面实现高度集中。由于集中核算和报告模式建立在集成的IT环境中，集团总部和分（子）公司的信息实现实时共享，因此，行政集权下的决策效率低下问题可以得到有效解决。如果企业集团为了调动分（子）公司或者事业部的积极性，将不同的政策和控制设置在不同的层级，就可以有效地实现集权与分权相结合的控制模式。集团组织结构与控制权关联的配置，如图11-1所示。

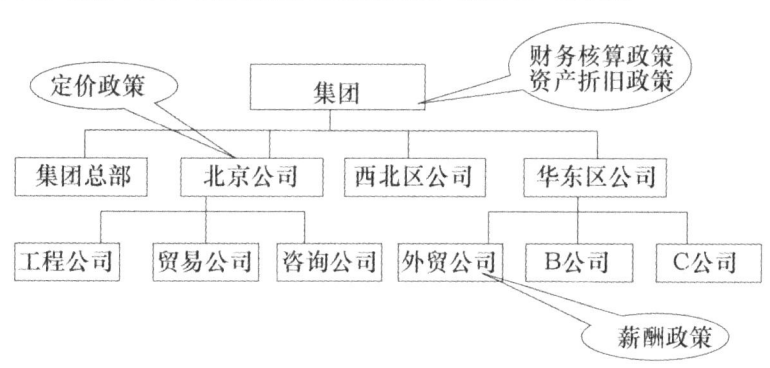

图11-1 集团组织结构与控制权关联的配置

从图11-1中可以看出，该集团拟实施统一的财务核算政策和资产折旧政策，则在集团层面上设置控制参数，这样集团可以对所有成员就财务核算和资产折旧进行控制；二级分公司（或子公司）北京公司需要特殊的销售政策，则可以在此层面上设置参数，这样二级分公司（或子公司）可以对其下属的三级、四级孙公司等进行销售控制；孙公司（并且是末级公司）是一个外资企业，有特殊的薪酬政策，则可以在此层面上设置参数，这样该公司的管理者可以对薪酬进行控制。

（二）集团与分（子）公司会计科目体系的设计与设置策略

会计科目在账务处理中用于对经济业务进行分类，是某类经济业务的分类标志，是核算的基础。所以，对于企业集团而言，制定统一的会计科目体系，就能够保证整个集团经济业务分类的一致性和可比性，保证资产、负债、所有者权益、收入、费用、利润等要素确认的唯一性和一致性。[①]但是，企业集团是经济利益的联合体，不同的分（子）公司所处的行业不同、性质不同、核算的要求不同，其会计科目体系也就不同。

在集中核算和报告模式下，既要制定集团统一的会计科目体系，保证整个集团经济业务分类的一致性和可比性，又要体现分（子）公司核算的特殊性。其解决问题的策略包括：

（1）企业集团总部财务部门首先了解集团成员单位的经济业务、会计科目体系的建立要求，然后设计能够涵盖整个集团经济业务分类的会计科目体系。

（2）集团财务通过集团管理软件的定义组件将整个集团的会计科目体系保存在共享数据库中。

（3）各个分（子）公司根据所处行业的性质和核算要求，通过映射组件将满足本公司核算要求的会计科目映射到相应的分（子）公司，在集团统一的科目体系的基础上，根据精细核算的需求，增加下级科目，保证整个集团会计核算口径和会计科目体系的一致性和规范性。

（三）集团内部控制制度的设计与配置策略

在非集中核算模式下，由于缺少有效的集成IT环境的支持，集团成为制度的倡导者，下属成员单位成为制度的设计者和执行者，集团制定的内部控制制度在下级单位无法得到有效的贯彻执行。在集中核算模式与共享服务模式下，集团管理软件提供定义组件支持集团参数设置、权限设置、审批设置、预警设置，将其

---

①王琪.会计政策选择对会计信息质量影响研究[J].广西质量监督导报，2018（12）：15.

保存在数据库中，在制度上和权限上加以落实，从而保障内部控制制度在整个集团的贯彻和执行。

（1）通过系统参数强制贯彻内部控制制度。一般来讲，集团管理软件支持很多控制参数的设置，参数分为集团级参数和公司级参数，可由集团进行统一设置。这些参数对业务处理流程和相关操作进行控制，有效落实内部牵制制度、不相容职务分离制度。例如：在业务流程中，制证、审核权限分开，从而贯彻相互牵制制度；在总账凭证审核中，本人不能审核自己提供的单据，强制贯彻不相容职务分离制度；在应收账款中，设置录入人和审核人是否为同一人，审核人和反审核人是否为同一人等，一旦设置，整个集团的成员不得修改，只能执行。

（2）以严格的权限设置来落实内部控制制度。一般来讲，集团管理软件支持权限设置，可以按照人员、角色分配权限，保证各操作人员在职责范围内进行相关业务处理，提高数据的安全性。可以设置的权限有：人员权限和角色权限、功能权限、主体账簿权限、数据权限等。

（3）对重大事项的审批流设置强化事中控制。针对整个集团在运营中的重点业务通过审批流程平台设置来加强控制，即通过审批人设置、审批人权限设置、审批流程设置、审批管理制度的制定和执行，以减少运营风险。

二、集团财务组织设计与管控

（一）母子公司组织结构下的财务组织设计与管控

传统集团的财务组织通常是按照法人的概念设立的。企业集团每开办一家新的分（子）公司，就应该成立一个新的财务组织，其目的是正确反映该公司的财务状况和经营成果，利用财务信息控制本企业的经济业务活动，并为企业外部的利益相关者（工商部门、税务部门、财政部门、银行等）和本企业的管理者提供财务报告。分（子）公司的财务组织由本企业CEO团队管理。

从纵向价值链视角看，集团总部的财务核算与管控主要是汇总、合并下属分（子）公司的财务报告，从而形成反映企业集团财务状况和经营成果的报告，并对集团重大经济活动进行监控。

（二）事业部组织结构下的财务组织设计与管控

随着时间的推移，企业集团面临的多元化相关问题开始增多，管理者必须寻找新的方式来组织他们的活动，以解决与组织有关的问题。许多企业集团管理者选择了事业部结构（Divisional Structure）。各事业部在集团总部的统一领导下，实行独立经营、单独核算、自负盈亏。事业部下的企业（法人组织）按照不同的性质与特征确定为成本中心、收入中心、利润中心，由事业部进行控制考核。事业部结构也称多部门结构（Multi Divisional Structure），主要有三种形式，即产品结构、区域结构、市场结构。典型的以产品来组织的事业部组织结构，如图11-2所示。

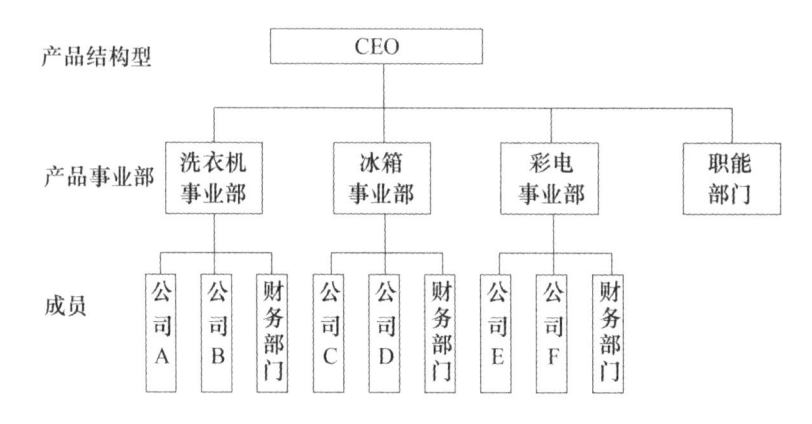

图11-2 事业部组织结构示例

在事业部组织结构下，分（子）公司设立财务部门，与此同时，还要突破法人概念，在事业部设立财务部门。

从财务控制权看，事业部组织结构下的财务控制通常采用分权控制，即将重大经济事项的控制权放在集团总部，将大部分财务控制权下放到事业部层级，总部和事业部分别安排不同的控制权。

（三）矩阵型组织结构下的财务组织设计与管控

产品、市场或者区域事业部结构使管理者可以对他们面临的特殊环境做出更迅速、更弹性的反应。然而，当环境是动态的、迅速变化且具有高度不确定性时，即使是事业部结构也不可能给管理者提供足够的弹性以迅速对环境做出

第十一章 财务信息质量管控规划与设计研究

反应。

当客户需求或者技术迅速变化，而且未来的经营环境非常不确定时，管理者必须设计最具弹性的组织结构：需要同时利用职能型和事业部型两种结构的优点，既需要职能部门内的专业技术知识，又需要职能部门之间的紧密横向协作。比如，一个跨国公司需要在职能部门、产品与地理位置之间进行协调。因此，一种矩阵型结构（matrix structure）诞生了。典型的矩阵型组织结构，如图11-3所示。

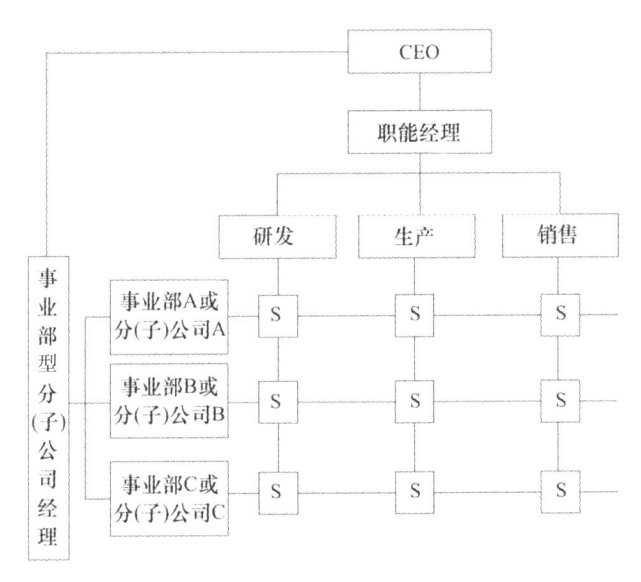

图11-3 矩阵型组织结构示例

在图11-3中，S是有两位上司的员工。当员工处于同一职能部门时，他们互相学习，从而变得更加熟练并具有更高的生产力；当员工被组合成事业部（或者分（子）公司）时，来自不同职能的小组成员一起工作，服务于某种产品的生产。

结果产品小组各职能之间形成了一种复杂的网络关系，使得矩阵型结构更具有弹性。事业部的每个员工向两位上司汇报：一位是职能上司，他把个人安排到事业部，并从职能的角度来评价员工的绩效；另一位是事业部的上司，他根据员工在事业部中的表现给予评价。

在分（子）公司和事业部都可以设立财务组织。

从横向视角看，每个事业部或者分（子）公司的财务核算与管控需求包括：

（1）财务部门对事业部或者分（子）公司的经营活动（采购、生产、销售

- 297 -

等）进行实时反映、核算、控制，并提交财务报告。

（2）财务部门提供双向信息：一方面为事业部或者分（子）公司各级管理者提供事业部或者分（子）公司、员工的财务报告和评价信息；另一方面从集团管理的视角按照纵向价值链的管理需求，为集团提供财务报告和评价信息。

从纵向视角看，集团的财务核算与管控需求包括：

（1）集团财务部门负责编制多角度的财务报告；除编制对外的财务报告（资产负债表、利润表、现金流量表）以外，还需要收集下属成员的财务信息，并按照员工、业务群组、业务线、经营板块等提供内部的管理和控制报告。

（2）集团财务部门负责对集团重大经济活动进行监控，并合理配置整个企业集团的资源。

从财务核算、控制和报告看，集团的财务核算与管控需求包括：

（1）战略层面。集团董事会和最高管理层承担组织结构、公司目标、营销策略、财务策略、长期计划等方面的责任。

（2）战术层面。区域组织高级管理人员在区域资产处置、资金调拨、经营过程控制等方面承担责任的同时，集团从纵向业务群组的角度承担此类业务的审批权。

（3）业务层面。突破了法人概念，横向组织的财会部门按照横向区域出具报表，对会计信息的准确性、可靠性承担责任；集团财务部门利用集成的IT环境从各个法人实体处收集信息，按照业务群组出具纵向报表，对会计信息的准确性、可靠性承担责任，并在横行和纵向上共同承担控制责任。

（4）财务控制权方面。集团财务的纵向控制权大于横向组织的控制权。例如，集团财务需要从企业集团管理的要求按产品（如某一系列产品、单一产品）、按某一特征（如订单、项目、小组）、按业务（独立核算的单位）、按群组（某些独立核算的单位）、按公司或集团进行多视角的分析，并实施财务控制。又如，集团财务通过制定控制制度来规范整个集团的控制体系并从横向和纵向实施控制：根据标准值的设定进行警告控制；根据项目计划进行费用支出控制；根据合同付款条款进行付款或费用支出的控制；通过系统设置权限，对查询数据范围进行控制；设定签字权限审批规范，对费用的支出、合同的签订，通过上一级审批方式进行控制。

（四）集团财务共享服务的组织设计与管控

随着企业集团的发展和壮大，企业集团的组织结构也不断发生变化。为了使财务部门能够核算、控制和报告不同组织的财务状况和经济成果，近年来一些跨国企业集团开始探索，将分散在企业集团不同公司、业务单元、集团总部中的财务部门分离出来，设立财务核算共享服务中心，由这个中心为全集团不同的业务单元、公司、项目等核算单元提供财务核算和报告。

财务核算共享服务中心不因企业集团组织形态的变化而变化，它是一个独立于业务单元的财务组织，并通过网络跨越时空地为全集团提供实时、高效、低成本的服务。

第三节　内部交易协同与控制流程设计

随着科学技术的迅速发展，企业的经营在地域上不断扩大；企业致力于开发新产品，开拓新市场，并向前、后环节渗透，将生产、分配、销售和其他经济活动过程结合起来；同时，随着经营的多元化，企业涉及的领域也不断扩张。这种纵向一体化和横向一体化的发展，使得在企业内部相互交易变得十分普遍。具体到集团公司内部，主要有以下五种内部交易：①实物商品转移交易。②劳务服务转移交易。③无形资产转移交易。④资金拆借转移交易。⑤租赁转移交易。

一、对企业集团财务管控中内部交易的影响

集团成员单位的内部交易促进了集团内部资源的利用和各主体的协同，同时使得企业集团财务管控与单一企业相比有了很大的不同。一方面，集团成员单位的内部交易改变了内部交易成员单位的资产、负债、收入、费用等，在交易过程中产生相应的单据（如应收单、应付单），在财务上反映交易双方的资产、负债、收入、费用等的增减变化。另一方面，内部交易不影响集团的资产、负债、利润等的增减变化，为了正确反映整个集团的财务状况和经营成果，需要在编制

集团资产负债表、利润表时将内部交易所产生的资产增加额、利润增加额等进行抵销，生成合并的集团财务报告。

但是，企业集团成员单位之间进行的内部交易，因双方入账的时间不一致、入账的科目不对应等原因，会导致月末内部交易对账困难重重，交易双方需要耗费大量的时间和资源寻找对账不平的原因，进行调账；与此同时，由于对成员单位内部交易的反映不正确、不及时，又给集团合并报表的编制工作造成了巨大影响。

在集中核算模式下，企业集团的成员单位都在共享的IT环境中，所以，集团CFO团队可以利用集团管理软件制定内部交易的协同策略：优化流程，提高内部交易的协同效率；进行协同凭证设置，实现内部交易数据的自动生成；建立集团内部交易的对账规则，解决企业集团成员之间对账难的问题，为企业集团正确反映整体财务状况和经营成果提供支持。

二、促进内部交易有效协同的优化流程策略

在企业集团内部成员单位比较少的情况下，反映内部交易的财务流程比较简单，实现内部交易单据协同处理比较容易。但是，当企业集团内部成员单位很多（几百个），内部交易业务很多，内部交易错综复杂，内部交易单据的生成、传递、转换、记账以及两个内部交易单位的对账等财务流程就变得更加复杂，企业集团内部交易对账难的问题就更加凸显。因此，集团CFO团队应该在集成的IT环境下优化流程，从理论层面上提出内部交易有效协同的策略。对于不同的企业集团来讲，优化哪些流程、如何优化流程不尽相同，CFO团队应该认真分析自身企业集团内部交易的财务流程，找出那些非增值环节，以价值链理论为指导，按照ESIA的原则优化流程。

三、IT环境下集团的单据协同处理策略

为了解决企业集团内部交易的协同处理，集团管理软件提供定义组件、信息获取组件等，支持财务人员定义业务单据的协同规则，为系统自动生成协同单据提供保证；支持财务人员定义凭证模板，为系统根据协同单据自动生成记账凭证提供保证。IT环境下的单据协同处理策略，如图11-4所示。

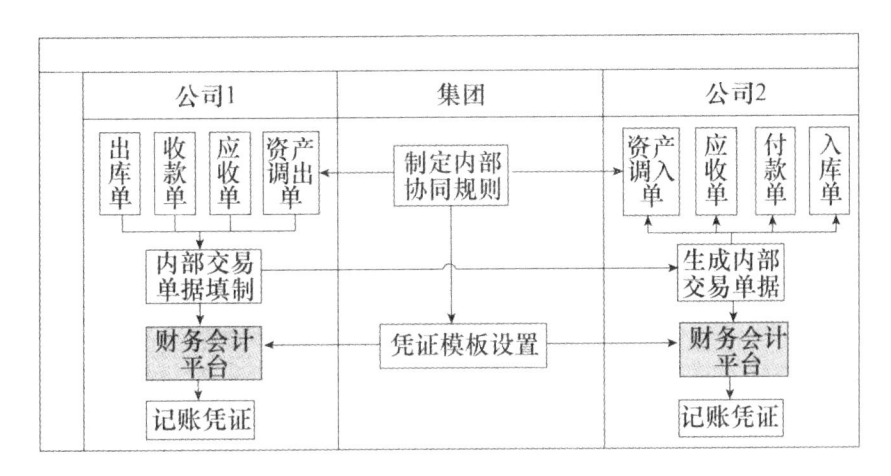

图11-4　IT环境下的单据协同处理策略

（1）通过定义组件设置集团内部交易的日常业务的单据协同规则。其目的是告知系统在处理内部交易业务单据时，根据规则直接触发并生成对方相关单据。一般来讲，协同处理的单据主要包括：①出库单—入库单。②应收单—应付单。③收款单—付款单。④固定资产调出单—固定资产调入单。

（2）通过定义组件在动态会计平台上设置相应的凭证模板。其目的是告知系统将相应单据自动转化成记账凭证的规则，从而保证系统能够自动根据内部交易各方的业务单据，通过动态会计平台生成协同记账凭证。

（3）协同处理过程的基本原理。内部交易双方发生经济业务时，系统根据定义的单据协同规则自动生成协同单据，并通过网络传递给内部交易的双方，经确认后生成内部交易协同单据，并将双方单据保存在同一数据库中；系统根据定义的凭证模板自动生成双方的记账凭证，并保存在同一数据库中。[①]IT环境下的内部交易处理过程，从根本上保证了集团交易双方的单据、入账金额、入账科目等的一致性、及时性和准确性，进而解决了集团内部交易对账难的问题。

四、跨组织的费用预算控制流程设计

当企业集团形成合力与竞争对手抗衡时，企业集团内部各个分（子）公司之间、部门与部门之间将越来越紧密地合作，通过集团内部的资源合理配置，来提高企业集团的响应速度和竞争力。

[①]彭伟.财务预测管理体系构建研究[J].财会学习，2019（11）：22-27.

下面以H集团为例阐述设计思路。H集团参与国际重大项目的竞标，为了成功夺标，集团选出内部最具实力的成员单位组成了竞标团队，由研发能力最强的研究院A、施工效率最高的施工企业B、国际服务能力最强的售后服务公司C、国际化业务能力强的国际贸易公司D组成。竞标费用由公司D承担。此时，跨组织的费用预算控制流程的设计显得非常重要。

（1）跨组织的费用借款与报销审批流程。跨组织的费用借款与报销审批流程，如图11-5所示。报销人（借款人）来自不同地区或者城市的分（子）公司A/B/C，参与集团竞标业务，不仅需要本公司或者部门领导审批，而且需要通过网络将信息跨时空地传递给费用承担单位的管理者审批，同时还需要经财务核算部门或者财务核算共享服务中心审批。每一位审批者都根据集团统一的制度对费用预算进行审批，一方面在网络环境下保证业务协同运作，另一方面在预算的指导下保证业务在借款环节的事前控制，在报销过程中的事中控制。

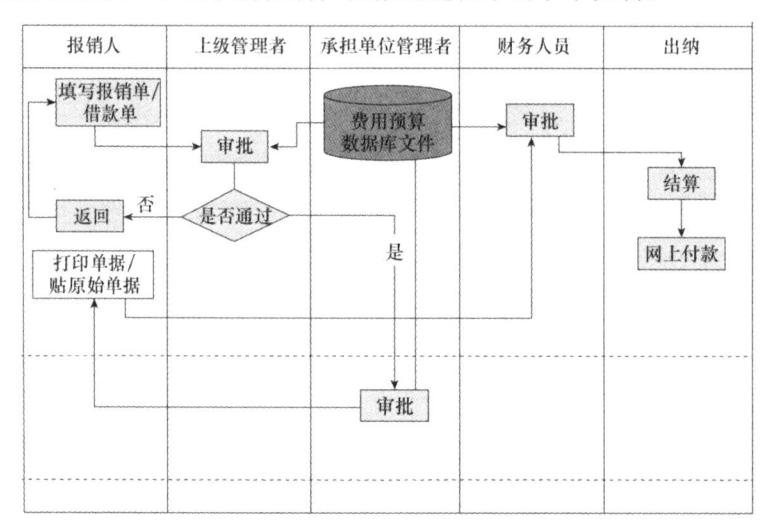

图11-5 跨组织的费用借款与报销审批流程

（2）预算控制的类型和方式。无论是财务集中核算模式还是共享服务模式，都在集团制定统一的费用预算，并将预算嵌入共享数据库，预算信息为集团所有成员单位共享，并作为费用控制的依据。不同分（子）公司、不同级别、不同部门的管理者都只有审批权限，可以从数据库中获得预算信息，并进行审批控制。

控制类型：可分为柔性控制与刚性控制。柔性控制是指在不符合预算的情况下，信息系统会自动给出提示信息，审批者可以根据主观判断完成审批。刚性控制是指在不符合控制要求时，信息系统自动给出提示，并且不允许审批人根据主观判断完成审批，而是严格根据系统中预算数与实际数的对比，自动给出审批结果，这使得公司的预算得以有效执行。在IT环境中，企业集团可以将业务分类，并通过设置，将柔性控制和刚性控制有机结合，保证预算控制的有效性。

控制方式：按照总额控制：对所选择的控制对象要求借款（报销）的合计总额不能超过所设置的金额，一旦超过，按对应的控制类型（提示、不通过）进行相应处理，在借款（报销）单据保存、审批时执行该控制规则。按照单据张数控制：对所选择的控制对象要求录入的单据数量不能超过所设置的张数，超过时，按对应的控制类型（提示、不通过）进行相应处理，在单据保存、审批时执行该控制规则。按照天数控制：针对所选择的控制对象，要求在所设置的天数之前提示还款（报销），日期为单据审批/生效日期加上设置的借款天数后对应的日期，超过还款日期时，按对应的控制类型（提示、控制）进行相应处理，在借款单据保存、审批时执行该控制规则。

第四节　多视角动态查询与财务报告

在集中核算与管控模式下，整个企业集团实现了信息集成和集中核算与管控，因此，可以利用集团管理软件建立查询模型，并通过查询与报告组件，实时查询和生成集团法人成员单位财务报告、集团对外财务报告以及各种内部管理报告。此外，借助网络可以实现报表—账簿—凭证业务的穿透查询。[1]

第一，成员单位的对外财务报告。在集中核算与管控模式下，企业集团实现了信息集成和集中核算与管控，因此，集团所有成员单位的财务信息都集中在总部的数据库中。此时集团财务人员只需提供单位代码、查询报告日期段、报告名称等，管理软件就会实时获取信息、组织信息、展现信息，并将生成的财务报告显示出来。此时可以通过财务报告了解企业的财务状况和经营成果，发现异常信

---

[1]陈琼.企业财务会计信息质量的影响因素与优化策略[J].纳税，2018，12（28）：117.

息，及时进行有效的监控。

第二，集团对外财务报告。集团对外报告的生成比单一法人对外报告的生成要多几个环节，即首先要对成员单位内部交易活动进行对账、抵销内部交易，然后才能生成正确的合并报表。因此，集团管理软件提供定义组件、信息获取组件等，支持集团财务人员定义内部交易抵销规则，并通过信息获取组件从共享数据库中获取内部交易业务单据，在按照相应规则生成抵销结果的基础上，生成合并报表。

第三，集团多视角管控报告。在集中核算与管控模式下，企业集团实现了信息集成和集中核算与管控，因此CFO应该从集团管理的视角设计更多的管控报告，并通过管理软件实时提供，以提升集团总部的管理和监控水平。

参考文献

[1] 马元兴.财务管理[M].北京：高等教育出版社，2002：2.

[2] 王欣荣，唐琳，刘艺.财务管理[M].上海：上海交通大学出版社，2018：2.

[3] 王明虎.财务管理原理[M].北京：中国商业出版社，2006：8.

[4] 乔世震，王满.财务管理基础[M].沈阳：东北财经大学出版社，2005：13.

[5] 田建军.现代财务管理基础[M].北京：对外经济贸易大学出版社，2008：16.

[6] 王红梅，赵胜刚.现代工业企业管理[M].南京：东南大学出版社，2007：189.

[7] 薛隽.企业理财[M].上海：复旦大学出版社，2011：14.

[8] 朱颖.工程经济与财务管理[M].北京：北京理工大学出版社，2016：110.

[9] 王毅，王宏宝.财务管理项目化教程[M].北京：北京理工大学出版社，2015：2.

[10] 游丽.金融学[M].北京：北京理工大学出版社，2017：203.

[11] 蒋玉洁.货币金融学[M].北京：中国轻工业出版社，2018：47.

[12] 熊楚熊，刘传兴，赵晋琳.公司理财学原理（第2版）[M].上海：立信会计出版社，2018：68.

[13] 杨全文，孔琳.财务报表一看就懂[M].上海：立信会计出版社，2018：19.

[14] 刘胜军.企业财务管理[M].哈尔滨：哈尔滨工程大学出版社，2015：267.

[15] 王新红.会计模拟综合教程[M].中国矿业大学出版社，2018：212.

[16] 康乐，彭红丽.财务管理[M].杭州：浙江工商大学出版社，2016：256.

[17] 王涛，刘泰然.创业原理与过程[M].北京：北京理工大学出版社，2019：218.

[18] 李怀宝，赵晶，白云.财务管理[M].长沙：湖南师范大学出版社，2018：224.